邓中夏工人运动思想研究

徐大兵　著

人民出版社

序 言

　　中共党史人物研究，是中共党史研究的重要载体，尤其是著名的中共党史人物，他们一般在党内的地位比较高，革命思想和革命实践也比较丰富，因此，他们的革命思想与实践，实际上是中共党史不可多得的重要内容。邓中夏就是这样的著名中共党史人物，他既是中国共产党早期领导人和中国工人运动的先驱者之一，又是为新中国成立作出突出贡献的100位英雄模范之一，深得党和人民的敬仰。

　　1979年8月10日上午，我曾在北京采访刘仁静，问道："一大代表是怎样产生的？"刘仁静回答说："1921年暑假，我们几个北大学生在西城租了一所房子，办补习学校，为报考大学的青年学生补课，不久接到上海的来信，要我们派代表到上海参加一大。张国焘、罗章龙、我、邓中夏、李梅羹五六个人一起讨论推代表，开始叫邓中夏去，邓在长辛店办工人夜校，走不开，不愿去，叫罗章龙去，罗章龙当时在搞铁路工作，也走不开，不愿去，后来就推张国焘和我去。"① 问题就是这么简单！当时他们恐怕谁也没有认识到出席中共一大将具有伟大的历史意义。不过，从刘仁静回忆看，邓中夏在中国共产党成立前，便注重工

---

　　① 　参见李良明：《中共一大代表刘仁静》，载《党史天地》2005年第7期。

人运动了。他与"中共一大代表"失之交臂，在其革命人生中留下些许遗憾。

由于邓中夏 1933 年 9 月 21 日就英勇牺牲了，所以对他的生平事迹与思想研究，总的看来是比较少的。这与他在党内的地位和他为革命所作出的贡献是不相匹配的。就我所知，在他牺牲五年后，才有一个叫林轶青的先生，编写了《中国的红星》一书，其中有《广东省委书记——邓中夏》。这应该是邓中夏的第一篇小传，对他从 1920 年 3 月在李大钊领导下，和高君宇等人发起组织"北京大学马克思主义学说研究会"，从事工人运动，参与领导京汉铁路工人大罢工，创办上海大学，指导青年运动，领导省港大罢工等重大史实都有记载。尤其对他艰苦奋斗、忘我工作的精神细节，描绘生动，称邓"为文甚佳，但在写文章时，嗜吸纸烟，常于某晚为'中国青年'写稿，自七时半起至夜一时止，共吸去大仙女牌香烟九包，并且只用过一根火柴，一时共党中人，莫不引为趣谈"①。新中国成立后，对邓中夏的研究也仅有几篇回忆录，如 1955 年 10 月 18 日，《刘长胜给邓中夏夫人夏明的信》，杨东莼的《回忆邓中夏》（1959 年 5 月 9 日《光明日报》），1959 年 2 月郑绍文写的《回忆邓中夏记事》，罗章龙 1961 年写的《回忆邓中夏同志》，等等。直到中共十一届三中全会后，对邓中夏的研究才逐渐活跃起来。1983 年，人民出版社推出《邓中夏文集》，为邓中夏研究者提供了宝贵的第一手资料。谭双泉老先生深入调查研究，利用《邓中夏文集》，撰写了《邓中夏》（约 5 万字），刊载在胡华教授主编的《中共党史人物传》丛书第 35 卷里，代表当时邓中夏研究的新水平。近年来，邓中夏研究又有一些新进展。2009 年，吉林大学出版社出版了杨军的《邓中夏思想研究》，这是邓中夏思想研究方面的第一本学术专著。2014 年，人民出版社在《邓中夏

①《中国的红星》，人民出版社 2019 年版，第 123 页。

文集》的基础上，又推出《邓中夏全集》（上、中、下），为研究者提供了更为丰富的研究资料。同年，中国文史出版社又出版了冯资荣等编写的《邓中夏年谱》。这是邓中夏的第一本年谱。尤其令人欣喜的是，一批年轻的邓中夏研究者开始成长起来，网上检索，共有 4 篇研究邓中夏的硕士学位论文，这就是华东师范大学付延功的《论邓中夏对工人运动的理论贡献》、河北师范大学吕芳的《论邓中夏的工人运动思想》、湖南师范大学樊妍的《邓中夏工人思想政治教育理论与实践初探》、湘潭大学郭浩月的《邓中夏工会思想与实践研究》。其他研究论文数也仅仅 50 多篇，由此可见，对邓中夏生平史实与思想研究，很有深入的必要。

徐大兵博士的《邓中夏工人运动思想研究》这部学术专著，是其在 10 年前通过的同名博士学位论文基础上，根据《邓中夏全集》等新史料重新修订的，这使我想起他在桂子山攻读博士学位的许多情状。徐大兵博士学习刻苦，以"板凳要坐十年冷，文章不写一句空"的精神激励自己，耐得住寂寞，潜心苦读，阅读了大量经典著作包括中国工运历史文献以及许多中共早期领导人的历史传记。每日"三点一线"，来往于学校图书馆、东区 15 栋博士楼与学子食堂之间，晚上 12 点以前很少休息。功夫不负有心人，在学位论文答辩时，他的学位论文得到评委一致高度肯定，并被评为学校 2010 年度优秀博士学位论文。毕业以后，他返回自己的工作单位华南农业大学，随后被选为该校马克思主义学院副院长，成为双肩挑的中坚骨干。我一直希望他早点出版自己的学位论文，但他很谦虚，总是觉得不满意。

2014 年，《邓中夏全集》出版，不久，他被评为教授，这才开始将修改、增补《邓中夏工人运动思想研究》提上议事日程。这说明徐大兵博士对出版自己的学术著作是十分谨慎的，完全没有功利思想。这在学术氛围浮躁的环境下实在难得。在他看来，一名学者，一生能做好一件事就很不容易，做就要尽量做好。经过修订、补充，《邓中夏工人运动思想研究》较之博士学位论文，质量有了很大提高。第一，征引史料更加丰富。不仅《邓中夏全集》中关于工人运动方面的思想尽量提炼、吸收其中，而且还发掘了共产国际、联共（布）与中国革命档案中关于中国工人运动的思想，使得这部专著史料更加翔实，成为信史。第二，由于史料发掘较深，因而在立论上更加有理有据，绝不凭空而论，特别是在论述邓中夏工人运动思想的内容方面，既全面又具体，代表了当前邓中夏工人运动思想研究的最新水平。第三，对邓中夏工人运动思想理论特色、总体评价客观公允，书中明确指出，邓中夏工人运动思想具有实践性、创新性、系统性和完整性的特点，同时，又指出邓中夏工人运动思想政策性很强，具有操作性，而且语言通俗易懂，容易被工人群众接受。因此，邓中夏工人运动思想是中国共产党工人运动思想的重要组成部分，不仅具有重要的历史指导价值，对新时代实现中华民族伟大复兴的中国梦也有现实作用。

当前，根据习近平总书记关于组织全国广大党员干部认真学习中共党史、新中国史、改革开放史和社会主义发展史（"四史"）的指示精神，一个新的学"四史"、守初心、担使命的活动正在全国各地广泛开展。《邓中夏工人运动思想研究》的出版恰逢其时。相信该著的出版，会受到学界和广大干部群众的欢迎。

在全国第一部研究邓中夏工人运动思想著作《邓中夏工人运动思想研究》出版之际，写下这些文字，聊表心迹，以示祝贺。

是为序。

李良明

2020 年 6 月 24 日于武昌桂子山

目　录

导　论

一、本课题研究的意义

（一）历史意义

1.有助于深刻领会邓中夏的思想并缅怀其丰功伟绩

邓中夏是"我党早期卓越的领导人、杰出的工人运动领袖"①。邓中夏在中国共产党早期工人运动中的领袖地位是由以下几个方面确定的：首先，他在中国从事工人运动工作时间较早，是中国共产党早期工人运动的开拓者之一。中国的马克思主义者领导工人运动是从长辛店开始的。1921年初，邓中夏创办了长辛店劳动补习学校，是长辛店工人运动领导人之一。其次，他是中国工会的创建者之一。1922年5月，邓中夏参加了第一次全国劳动大会，并当选为中国劳动组合书记部主任，他历任第二届、第三届、第四届中华全国总工会执行委员会委员，中华全国劳动总工会党团书记，全国总工会党团书记，中华全国总工会秘书长，宣传部部长。1928年，邓中夏出席在莫斯科召开的赤色职工国际第四次代表大会，并担任中华全国总工会驻赤色职工国际代表。"中夏同志是历次全国劳动大会的最积极的组织者和领导者，各次大会的宣言

---

① 《邓中夏全集》（下），人民出版社2014年版，第1939页。

和决议，多半是中夏同志参加起草的。"①再次，他是中国多次工人运动的主要决策者和领导者之一。邓中夏组织和领导了长辛店工人大罢工、开滦煤矿工人大罢工、京汉铁路工人大罢工、上海22家日本纱厂工人大罢工和省港大罢工等工人运动。1922年，邓中夏还在全国发起劳动立法运动，参与起草了《劳动法大纲》。最后，他对工人运动的经验及时总结，对中国共产党工人运动理论的形成和发展作出了杰出贡献，并以其理论指导中国早期工人运动实践。邓中夏先后撰写了大量关于工人运动方面的文章和论著，特别是他撰写的《中国职工运动简史（1919—1926)》，显示出其深厚的理论素养。这些文章和论著至今仍然是中国共产党理论宝库中的重要财富。瞿秋白同志在主持党中央工作期间曾多次说道："搞农运，我不如彭湃、毛泽东；搞工运，我不如苏兆征、邓中夏；论军事，我不如贺龙、叶挺。"②瞿秋白这段话既反映了中国共产党老一辈革命家的谦虚美德，也充分说明了邓中夏在领导工人运动方面的卓越建树和工人运动理论素养。可以毫不夸张地说，邓中夏的一生是革命的一生、战斗的一生。邓中夏一生的相当部分时间在从事工人运动，他撰写了大量的关于中国工人运动方面的著作，其工人运动思想博大精深。研究邓中夏工人运动思想，有助于深入了解其对于中国工人运动理论作出的杰出贡献，缅怀其丰功伟绩，激励后人。

2.有助于了解中国共产党早期工人运动的理论与实践

自第一次鸦片战争后，中国逐步沦为半殖民地半封建社会，这是近代中国最基本的国情。"认清中国的国情，乃是认清一切革命问题的基本的根据"③，是我们理解新民主主义革命理论的基础。对典型人物的研

---

① 《邓中夏文集》，人民出版社1983年版，第655页。

② 羊牧之：《霜痕小集》，载《党史资料丛刊（一九八一年第三辑)》，上海人民出版社1981年版，第66页。

③ 《毛泽东选集》第2卷，人民出版社1991年版，第633页。

究是管窥社会的一扇窗口。时代和社会造就了各种人物，时代和社会的特性既深藏于人物的一切活动之中，又无不打上个人特有的烙印。我们通过对典型人物的思想研究，不但可以了解人物的形象和个性，给人以实体感，而且也将加深对特定时代和特定社会的理解。"不同的历史条件是不同时代历史人物产生的育床。研究历史人物，首先必须研究人物所处的时代背景；反过来，通过研究历史人物又可进一步弄清历史事实。两者是相辅相成的。因为一定历史条件下的历史事件是由历史人物和广大群众的活动造成的。"① 因此，研究邓中夏工人运动思想，对于了解和研究党在新民主主义革命时期领导的工人运动历史，特别是第一次工人运动高潮和大革命时期的中国革命状况，深入了解中国革命的历史特点和时代特征，进一步认识当时中国社会的性质、中国革命的对象和动力等具有重要意义。正如李良明、钟德涛教授所说："中共党史人物是中共党史的重要载体，研究中共党史，必须研究中共党史人物。只有如此，才能将党的历史搞清楚，把党在历史上所走的路搞清楚。"②1921年中国共产党成立后，从中央到地方的各级组织都把主要精力放在工人运动上。邓中夏是中国共产党人中从事工人运动较早的领导人之一。研究邓中夏的工人运动思想，对于我们了解中国共产党早期领导工人运动的理论与实践，研究中共党史、中国工人运动史、中国革命史无疑是大有裨益的。

3. 有助于正确理解中国共产党工人运动思想和毛泽东思想发展史

邓中夏工人运动思想是中国共产党早期思想史上一份宝贵的精神遗产。邓中夏在长期革命斗争实践中，把马克思主义的基本原理与中国具体实际相结合，用马克思主义的基本观点分析中国社会，对中国社会各

---

① 王首道：《关于党史人物研究的几点意见》，《人民日报》1983年12月8日。
② 李良明、钟德涛主编：《恽代英年谱》，华中师范大学出版社2008年版，第376页。

阶级、中国革命的对象、革命的动力和领导权、革命的斗争策略等都有正确的论述,为新民主主义革命理论的形成,作出了巨大的理论贡献。毛泽东思想是集体智慧的结晶,毛泽东思想萌芽于党的创立和第一次国共合作时期,邓中夏对毛泽东思想萌芽作出过巨大的理论贡献。邓中夏在长期工人运动的实践中,较早认识到工人阶级在革命中的地位和作用。邓中夏关于中国民主革命中坚持无产阶级领导权的思想尽管没有毛泽东的系统,但在时间上,他提出这一思想比毛泽东早一年。邓中夏也是较早提出工农联盟思想的中国共产党人之一。可以说,邓中夏的工人运动思想是中国共产党宝贵的思想财富,为毛泽东思想的形成提供了重要的理论素材,是我们回顾历史、展望未来的思想宝库。分析和研究邓中夏工人运动思想,并给予实事求是的评价,对于分析和研究中国共产党早期思想史和毛泽东思想发展史具有非常重要的意义,也具有较高的学术价值。

(二)现实意义

1. 为正确认识和分析新时代工人阶级队伍及其作用提供历史镜鉴

邓中夏的工人运动思想,不仅在中国过去反帝反封建的革命运动中发挥过理论指导作用,在从事中国特色社会主义现代化建设的今天,仍具有十分重大的现实意义。工人阶级是国家的领导阶级,"全心全意依靠工人阶级,健全以职工代表大会为基本形式的企事业单位民主管理制度,探索企业职工参与管理的有效方式,保障职工群众的知情权、参与权、表达权、监督权,维护职工合法权益"①,是新时代充满活力的基层群众自治制度的重要内容之一。改革开放以来,我国工人阶级队伍发生了巨大变化,正确认识和科学分析工人阶级队伍,是中国共产党和工会

---

① 《中国共产党第十九届中央委员会第四次全体会议文件汇编》,人民出版社 2019 年版,第 31 页。

工作的重要课题。要做好工人方面的工作，必须全面了解和科学分析中国工人阶级的现状和历史。因为今天工人阶级的状况，是历史上工人阶级状况的沿革和发展。半殖民地半封建社会里产生的中国工人阶级及其特点（包括优点和缺点），不可能不影响今天工人阶级队伍。邓中夏提出，中国革命中必须发挥工人阶级的领导作用、对广大工人进行组织和教育、在从事工人工作时必须注意政策和策略等思想，至今仍具有现实指导意义。

2.有助于进一步认识和了解马克思主义中国化的历程

马克思主义中国化，就是将马克思主义基本原理同中国具体实际相结合。可以说，中国共产党的历史就是一部提出和探索马克思主义中国化，并在实践中不断推进马克思主义中国化的历史。马克思主义中国化经历了不断全面和不断深入的过程，在这个过程中，许多共产党人为马克思主义中国化进行了艰辛的探索并取得了卓越的成就，邓中夏就是其中的杰出代表人物之一。在中国共产党成立初期，邓中夏不断学习和宣传马克思主义，把马克思主义的基本原理与中国工人运动的实践相结合，对马克思主义中国化进行了初步探索。他较早提出无产阶级领导权问题，并强调，在工人运动中，必须注意工农联盟，不断巩固和扩大统一战线等思想，这些思想都是在实践中运用和发展马克思主义。研究分析邓中夏工人运动思想，有利于了解和认识中国共产党早期马克思主义中国化的历程。

3.为开展保持共产党员先进性和纯洁性教育活动提供典型素材

邓中夏为了中国工人阶级的彻底解放贡献了自己毕生的精力。他不仅学习和研究马克思主义，而且创办工人补习学校，出版刊物，对工人阶级进行马克思主义理论教育。邓中夏不仅从事工人运动，而且不断总结探索，把工人运动实践经验升华为理论，推动马克思主义理论创新，为中国工人运动进一步开展提供理论支撑和宣传动员。邓中夏工人运动思想既是邓中夏从事工人运动实践经验的总结和智慧的结晶，又是其为工人阶级解放而献身的光辉写照。研究邓中夏工人运动思想有利于我们在新时代继承和发扬老一辈革命家的光荣传统，对广大党员干部进行爱国主义、共产主义思想教育，保持共产党员的先进性和纯洁性，不断推进社会主义事业向前发展。

二、本课题研究现状分析

邓中夏作为中国共产党早期卓越的领导人之一，无产阶级革命家和理论家，杰出的工人运动领袖，在国内，新中国成立后特别是中国共产党十一届三中全会后，中共党史界以及其他有关学者对其研究显示了浓厚的兴趣，产生了一系列研究成果。主要研究成果有：首先，专著类。主要有：《邓中夏文集》（人民出版社 1983 年版），《邓中夏全集》（上、中、下）（人民出版社 2014 年版），晓北、姜伟的《邓中夏》（中国青年出版社 1994 年版），蔡小朋、南军编写的《中国早期无产阶级革命家的故事：邓中夏恽代英》（江西美术出版社 1993 年版），冯资荣、薛豪卓的《邓中夏青少年时代的故事》（贵州人民出版社 1985 年版），魏巍、钱小惠的《邓中夏传》（人民出版社 1981 年版），姜平的《邓中夏的一生》（南京大学出版社 1986 年版），谭双泉、何鹄志、谢豪卓等的《邓中夏》（该文被中共党史人物研究会编、胡华主编，陕西人民出版社 1987 年出版的《中共党史人物传》第 35 卷收录），杨军的《邓中夏思想研究》（吉林大学出版社 2009 年版）。其次，与邓中夏相关的著作。该方面学术成果比较多。主要有：中共中央党史研究室编写的《中国共产党历史》第 1 卷（上、下）（中共党史出版社 2011 年版），胡绳主编的《中国共产党的七十年》（中共党史出版社 1991 年版），郭德宏、刘晶芳主编的《中国共产党的历程》第 1 卷（河南人民出版社 2001 年版），李新、陈铁健主编的《中国新民

主革命通史》第 1—12 卷（上海人民出版社 2001 年版），沙健孙主编的
《中国共产党通史》第 1—2 卷（湖南教育出版社 1995 年版），刘明逵、
唐玉良主编的《中国工人运动史》第 1—6 卷（广东人民出版社 1998 年版），
高爱娣编著的《中国工人运动史》（中国劳动社会保障出版社 2008 年版），
卢权、禤倩红的《省港大罢工史》（广东人民出版社 1997 年版），等等。

最后，学术论文。与邓中夏有关的学术论文也较多，据笔者在学术期刊
网检索，1981 年至 2010 年，共有 494 篇。具有代表性的有：杨军的《邓
中夏对马克思主义中国化的初步探索及贡献》（《甘肃社会科学》2009
年第 5 期），谭献民的《为实现无产阶级由"自在"向"自为"阶级的
转变而奋斗——论一次劳大前后邓中夏工人运动思想的内涵与意义》
（《中国劳动关系学院学报》2007 年第 5 期），张玉玲的《论大革命时期
邓中夏的无产阶级领导权思想》（《河南大学学报（社会科学版）》2005
年第 6 期），葛洪泽的《邓中夏对新民主主义革命理论的历史贡献》（《毛
泽东思想研究》1995 年第 1 期），余三乐的《邓中夏与少年中国学会》（《中
共党史研究》1994 年第 6 期），左双文、郑建良的《邓中夏对革命统一
战线有哪些理论贡献？》（《毛泽东思想研究》1991 年第 4 期），陈守岭
的《邓中夏关于工会运动的几个重要思想》（《求是学刊》1991 年第 6 期），
夏霖的《邓中夏论中国工人阶级的特点》（《湖南师大学报（哲学社会科
学版）》1985 年第 6 期），吴家林的《邓中夏与我国工人运动》（《历史教学》
1982 年第 10 期），姜平的《邓中夏大革命时期对中国社会各阶级的分析》
（《近代史研究》1981 年第 2 期），等等。

在国外，苏联历史学博士 T. H. 阿卡托娃编撰的《中国工人运动——
1924—1927 的革命文献资料汇编》（莫斯科 1966 年版）为深入研究中
国工人运动提供了珍贵史料，其中一些篇目系统介绍了邓中夏及其相
关著作。1956 年，她发表了《一九二五——一九二六年的省港大罢工》
一文，指出："一九二五年七月，香港和沙面的罢工委员会便统一起来，

成立了省港罢工委员会，这是罢工的执行机构。罢工委员会的成员中有中共党员苏兆征、邓中夏、陈延年、杨殷、罗登贤等人。香港海员、全国总工会执行委员、共产党员苏兆征被选为罢工委员会的主席；副主席是中国共产党奠基人之一、全国总工会书记和宣传部主任邓中夏。""邓中夏曾经写过一些省港大罢工的书籍和论文。1928 年，他被选为赤色职工国际执行委员会委员。写过《中国职工运动简史》一书。1930 年又回国担任革命工作。1933 年在蒋介石命令下被杀害。"①1983 年，她又在苏联《远东问题》季刊 1983 年第 1 期发表《邓中夏——中国工人运动的著名活动家》一文，文章指出："邓中夏是中国工人运动的最有威信、最驰名的活动家之一，1928 年，他作为中华全国工会联合会驻工会国际的代表被派往莫斯科。在莫斯科期间，邓中夏写下了《中国职工运动简史》一书。这部书的意义非常重大，直至今日仍不失为一部研究中国工运史最有价值、最富权威的著作。"②美国学者裴宜理（Elizabeth J. Perry）在其著作《上海罢工：中国工人政治研究》一书中论及邓中夏在上海工人罢工中的领导作用。裴宜理指出："1923 年夏，上海共有 43名共产党员，分为 4 个小组，其中之一就在上海大学。上海大学的党小组有 11 名党员，包括邓中夏、瞿秋白等有影响的党的中央委员，他们担当起了领导工人运动的重任。""在统一战线的保护下，上海大学的师生开始关注劳工界。新成立的社会学系引人注目，瞿秋白和邓中夏要求学生们将课堂中的马克思主义社会学与工人运动实践相结合。"③美国哈佛大学 1971 年出版的《中国共产主义人物词典（1921—1965）》（*Bio-*

---

① ［苏联］T.H. 阿卡托娃：《一九二五——一九二六年的省港大罢工》，魏宏远、来新夏译，《历史教学》1956 年第 8 期。邓中夏在省港大罢工期间任省港罢工委员会中共党团书记和顾问，而非副主席。

② 转引自毛宇：《苏刊发表署名文章介绍邓中夏》，《国外社会科学》1983 年第 11 期。

③ ［美］裴宜理：《上海罢工：中国工人政治研究》，刘平译，江苏人民出版社 2001年版，第 109 页。

graphic Dictionary of Chinese Communism 1921—1965）两卷本，涉及我党的传记史人物有 1700 人，"不仅有毛泽东、周恩来、刘少奇、朱德等中央领导人的传记，而且恽代英、邓中夏、徐特立等党史人物，差不多都有传记"①。日本学者中村三登志在其著作《中国工人运动史》②中在不同部分分别论及邓中夏在长辛店创办劳动补习学校、组织京汉铁路工人罢工及在劳动大会中的作用。法国学者谢诺（Chesneaux Jean）1962 年在巴黎的木通（Mouton）出版社出版其博士学位论文《中国工人运动（1919—1927）》，该书也提到邓中夏在组织工人运动中的作用。

从国内外公开发表的著作和论文来看，关于邓中夏的研究成果及主要观点主要有如下方面。

（一）邓中夏生平事迹

邓中夏光辉的一生和主要成就是邓中夏研究的重点之一，学术成果也最多。主要著作有：魏巍和钱小惠的《邓中夏传》、冯资荣和薛豪卓的《邓中夏青少年时代的故事》、蔡小朋和南军编写的《中国早期无产阶级革命家的故事：邓中夏恽代英》、晓北和姜伟的《邓中夏》、姜平的《邓中夏的一生》和谭双泉等人的《邓中夏》等。在上述关于邓中夏生平事迹的论著中，魏巍和钱小惠的《邓中夏传》当属传记文学作品，作为一部文学作品，堪称上乘之作，但《邓中夏传》不是严格意义上的史学著作。冯资荣和薛豪卓的《邓中夏青少年时代的故事》、蔡小朋和南军的《中国早期无产阶级革命家的故事：邓中夏恽代英》是少年儿童文学作品，对中国少年儿童了解邓中夏的革命事迹有积极作用，但两者都不是严格意义上的学术著作。姜平的《邓中夏的一生》和谭双泉等人的

《邓中夏》是不可多得的研究邓中夏的学术论著，对了解邓中夏生平及成就，推动和深化邓中夏思想研究发挥着不可替代的作用。但由于历史原因，也留下一些历史空白，如邓中夏在共产国际活动的具体情况等，这就给后继者有进一步深化研究的空间。美国哈佛大学出版的《中国共产主义人物词典（1921—1965）》对邓中夏的介绍，便于美国等外国人对邓中夏的认知。此外还有许多论文介绍了邓中夏光辉的一生及成就：薛豪卓的《邓中夏》（《湖南党史通讯》1990 年第 8 期）；张艳丽的《学运先驱工运领袖——记邓中夏》，该文载于由中共河北省委党史研究室、中共唐山市委党史研究室、北京大学历史系编著的《一身正气　两袖清风——中国百位革命家纪事》（上）（中共党史出版社 2001 年版）。关于邓中夏的事迹，值得一提的是，相关人士撰写了一些回忆录，为我们了解邓中夏提供了宝贵资料。具有代表性的回忆录有：帅孟奇、塞先任的《永不熄灭的明灯——纪念邓中夏同志》，载于中共监利县委党史资料征编委员会办公室主编的《湘鄂西风暴——监利革命历史回忆》（长江文艺出版社 1986 年版）；马非百的《邓中夏同志在北大》，载于《〈红旗飘飘〉选编本》第 5 集（中国青年出版社 1983 年版）；杨东莼的《关于五四运动和邓中夏同志几点回忆》，载于中国科学院历史研究所第三所编的《五四运动回忆录》（中华书局 1959 年版）；大生的《忆邓中夏》，载于中国社会科学院近代史研究所编的《五四运动回忆录（续）》（中国社会科学出版社 1979 年版）；秦德君的《回忆邓中夏同志》，载于秦德君、刘淮的《火凤凰：秦德君和她的一个世纪》（中央编译出版社 1999 年版）；包惠僧的《邓中夏烈士的事迹拾遗》，载于《包惠僧回忆录》（人民出版社 1983 年版）；等等。

（二）关于邓中夏早期的思想转变

关海庭、郭钢在《邓中夏与北京大学》一文中指出："邓中夏的早期思想经历三次转变：1917 年 7 月至 1919 年 5 月，由一个封建文人转变为一个革命民主主义者；1919 年 5 月至 1920 年上半年，由一个革命民主主义者转变为一个具有初步共产主义思想的知识分子；1920 年下半年，由一个具有初步共产主义思想的知识分子转变为马克思主义者。邓中夏的这三次转变都是同北京大学紧密相联的。"①曾天雄、李小辉在《试析青年邓中夏共产主义思想形成中的三次转变》一文中提出，青年邓中夏共产主义思想的形成轨迹经历了三次伟大的转变："第一次转变：青年邓中夏由一个受封建思想影响较深的旧式知识分子转变为有一定爱国思想的民主主义者；第二次转变：青年邓中夏由一个民主主义者转变为初步接受马克思主义，初具共产主义思想的革命者；第三次转变：青年邓中夏由一个初步接受马克思主义的革命者转变到完全接受马克思主义，牢固树立共产主义世界观的坚定的共产主义者。"②

（三）邓中夏对新民主主义革命理论的贡献

研究者认为，邓中夏在长期革命斗争实践中，把马克思主义基本原理与中国具体实践相结合，不断总结斗争经验，形成比较系统的民主主义革命思想，对新民主主义革命理论的形成和发展作出突出贡献。谭双泉认为："邓中夏是我党早期工人运动杰出领袖之一。他在长期的革命实践活动中，对旧中国社会的特殊性质，进行了有益的探讨。在此基础上，他对现阶段中国革命的对象、任务，革命的动力、领导者，革命的斗争手段、策略，以及革命的前途等问题，都有比较正确的论断。当时，他虽然还没有明确提出新民主主义革命的概念，但却具有了关于它的一系列的基本观点，这对于党的新民主主义革命基本思想的形成，不能不是一个重要的贡献。"③葛洪泽认为，邓中夏较早提出民主革命是无产阶级领导的多阶级参加的革命，在这个革命过程中，工人阶级必须

① 关海庭、郭钢：《邓中夏与北京大学》，《湖南党史通讯》1985 年第 10 期。
② 曾天雄、李小辉：《试析青年邓中夏共产主义思想形成中的三次转变》，《湖南社会科学》2008 年第 6 期。
③ 谭双泉：《邓中夏对新民主主义革命基本思想的贡献》，《求索》1984 年第 4 期。

争取中国革命的领导权，必须建立和扩大统一战线，因此，"以毛泽东为代表的关于新民主主义革命的理论是在多次曲折的革命实践中完成的，它是党的集体智慧的结晶。在这个由集体完成的作品中，邓中夏写下了历史的重要一笔"①。罗礼堂也指出邓中夏在长期革命实践中，写下许多著作，对中国革命基本问题作出突出的理论贡献，他认为邓中夏对中国革命基本问题的理论贡献表现在以下三个方面："邓中夏在党内较早地提出了无产阶级领导权的思想，并在无产阶级领导权问题的全面分析阐述中，作出了独创性的理论建树。""邓中夏以马克思列宁主义为指导，分析我国具体国情下的农民阶级，总结工人阶级孤军作战的教训，在党内较早地论证了中国农民问题的极端重要性，提出了工农联盟的思想。""邓中夏科学地论述了中国革命和世界革命的关系、民主革命和社会主义革命的关系，明确地指出了中国革命是世界无产阶级革命的一部分，它的前途是社会主义。"②

对于邓中夏在新民主主义革命理论各个方面的具体贡献，学界还进行了专门研究。姜平认为邓中夏在大革命时期对中国社会各阶级进行的马克思主义的初步分析，在理论上对中国革命有许多重要贡献，他指出："邓中夏同志是我党早期著名活动家和领导人之一，也是重要理论家之一。他在理论上对中国革命有许多重要贡献，大革命时期对中国社会各阶级所作的正确分析，就是这种贡献之一。"③宋侠、张玉玲、王洪恩等专门探讨了邓中夏对新民主主义革命领导权的贡

---

① 葛洪泽：《邓中夏对新民主主义革命理论的历史贡献》，《毛泽东思想研究》1995年第 1 期。

② 罗礼堂：《邓中夏对中国革命基本问题的理论贡献》，《四川师范大学学报（社会科学版）》1992 年第 3 期。

③ 姜平：《邓中夏大革命时期对中国社会各阶级的分析》，《近代史研究》1981 年第 2 期。

献。①赵楚芸强调指出，关于中国无产阶级在民主革命中的领导权问题，"不少革命先辈作出了贡献。邓中夏是这一思想的首倡者和积极的宣传者"②。夏霖和左双文、郑建良等探讨了邓中夏对统一战线理论的重要贡献。③范忠程认为："1923—1926 年年间，他就农民问题发表一系列重要文章，对中国农村和农民现状，农民在革命和建设中的地位和作用，工农联合，以及农民运动的政略与方法等问题，进行了十分精要和别开生面的论述，指出农业是中国经济的基础，农民是国民革命的基本动力；农民中蕴藏有极大的革命热情和创造能力；工农联合是胜利之本；政策和策略是农民运动的生命等等。这些思想和理论，在一定程度上引领和指导了中国大革命时期的农民运动。"④

（四）邓中夏与中国工人运动

研究者一致认为，邓中夏以其卓越的领导才能和深厚的工人运动理论素养成为中国早期工人运动的杰出领袖。关于邓中夏与中国工人运动问题，学界主要从三个维度展开研究。第一，邓中夏与早期的工人运动。这方面研究成果最丰富，主要有：中共中央党史研究室撰写的《中国共产党历史》第 1 卷（上、下册）（中共党史出版社 2011 年版），李新、陈铁健主编的《中国新民主革命通史》第 1—12 卷（上海人民出版社 2001 年版），刘明逵、唐玉良主编的《中国工人运动史》第 1—6 卷

①　宋侠：《邓中夏关于革命领导权问题的理论贡献》，《党史研究》1980 年第 5 期；张玉玲：《论大革命时期邓中夏的无产阶级领导权思想》，《河南大学学报（社会科学版）》2005 年第 6 期；王洪恩等：《论邓中夏的无产阶级领导权思想》，《辽宁师范大学学报（社会科学版）》1982 年第 1 期。

②　赵楚芸：《邓中夏是无产阶级领导民主革命思想的首倡者——兼与宋士堂同志商榷》，《社会科学研究》1990 年第 1 期。

③　夏霖：《大革命时期邓中夏对统一战线理论的重要贡献》，《求索》1989 年第 2 期；左双文、郑建良：《邓中夏对革命统一战线有哪些理论贡献？》，《毛泽东思想研究》1991 年第 4 期。

④　范忠程：《大革命时期邓中夏对农民运动的理论贡献》，《求索》2008 年第 10 期。

（广东人民出版社 1998 年版），沙健孙主编的《中国共产党通史》第 1—2 卷（湖南教育出版社 1995 年版）。此外，学术界还专门探讨了邓中夏在开滦工人罢工、"二七"大罢工、省港大罢工中的重要作用，在该领域的代表作有：王永玺的《我国现代工人运动的开拓者——邓中夏》（《中国工运》1995 年第 2 期），郑景致和周敦义的《工人运动的领袖——邓中夏》（《山西师大学报（社会科学版）》1982 年第 2 期），吴家林的《邓中夏与我国工人运动》（《历史教学》1982 年第 10 期），王德夫的《战斗的一生　光辉的榜样——邓中夏的革命业绩和理论贡献》（《燧石》1994 年第 5 期），闫永增和刘云伟的《邓中夏与开滦工人运动》（《工会理论与实践·中国工运学院学报》2004 年第 1 期），钱小惠的《邓中夏与"二七"大罢工》（《武汉文史资料》2003 年第 1 期），江敏锐的《邓中夏与省港大罢工》（《广东社会科学》1985 年第 2 期），等等。第二，邓中夏工人运动思想。关于这方面的专著较少，其中较有影响的有杨军撰写、2009 年吉林大学出版社出版的《邓中夏思想研究》，该书共六章，作者从六个方面全面系统地探讨了邓中夏思想：邓中夏的早期思想及发展脉络、邓中夏的哲学思想及实践运用、邓中夏与新文化及理论的探索、邓中夏的工人运动思想、邓中夏的民主革命思想和邓中夏对马克思主义中国化的初步探索及历史贡献。"邓中夏的工人运动思想"这一章，主要内容包括：关于中国工人阶级的特点、关于工会组织的原则、工人阶级需要一个坚强的无产阶级政党、工会组织对敌斗争的策略、领导劳动立法运动的开展和"外交"思想。因为《邓中夏思想研究》的研究重心在于对邓中夏思想的"形成和思想内核以及对中国革命的指导作用，力求获得较全面的认识"①，作者只是简要地论述了邓中夏工人运动思想的核心内容，对邓中夏工人运动思想的形成历程、特点及其地位和作用

---

① 杨军：《邓中夏思想研究》，吉林大学出版社 2009 年版，第 3 页。

没有深入分析。这就给我们进一步深化研究预留了一定空间。关于邓中夏工人运动思想方面的论文主要有：夏霖的《邓中夏论中国工人阶级的特点》（《湖南师大学报（哲学社会科学版）》1985 年第 6 期），谭献民的《为实现无产阶级由"自在"向"自为"阶级的转变而奋斗——论一次劳大前后邓中夏工人运动思想的内涵与意义》（《中国劳动关系学院学报》2007 年第 5 期），吴家林的《试论邓中夏的工运思想》（《党校教学》1990 年第 4 期），陈守岭的《邓中夏关于中国工会运动的几个重要思想》（《求是学刊》1991 年第 6 期），等等。研究者认为，邓中夏对中国工人阶级的特点进行了全面系统的科学分析，提出只有工人阶级才能成为国民革命的领袖和主力军；工人阶级要想取得斗争的胜利，必须组建一个群众性的阶级组织，并要加强对广大工人群众的教育；工人在斗争中必须注意政策和策略；等等。第三，邓中夏对工人运动史学科的重大贡献。曾长秋指出，邓中夏撰写的关于中国工人运动的大量作品，特别是《中国职工运动简史（1919—1926）》，"第一次完整地勾画了中国早期工人运动的基本轮廓，理出其发展的历史线索"①，开创了工人运动史学的研究领域，保存了大量工人运动的珍贵史料。刘功成指出："李立三的《中国职工运动概论》、瞿秋白的《中国职工运动的问题》和邓中夏的《中国职工运动简史（1919—1926）》这些专著对中国工运史学科的建设起了一定的奠基作用。其中尤以邓中夏的《中国职工运动简史（1919—1926）》最为突出。"②此外，学术界还专门探讨了邓中夏与新文学运动、邓中夏在湘鄂西革命根据地的活动等。

综上所述，以上研究成果从整体来看，关于邓中夏工人运动活动、早期的思想转变和邓中夏对新民主主义革命理论的贡献，学术界的研究

---

① 曾长秋：《论邓中夏对中国工运史学的建树》，《郴州师专学报（综合版）》1994 年第 3 期。

② 刘功成：《简述中国工运史学科的形成过程》，《中国工运学院学报》1988 年第 3 期。

是比较深刻的，取得成果是丰硕的，为进一步研究邓中夏提供了厚实的理论平台和坚实的基础。特别是《邓中夏文集》《省港大罢工资料》和《中国历次全国劳动大会文献》《共产国际、联共（布）与中国革命档案资料丛书》《邓中夏全集》等文献资料的出版，为进一步研究邓中夏工人运动思想提供了宝贵的文献支撑。纵观中共十一届三中全会后，就邓中夏与工人运动研究而言，笔者认为，目前学术界对邓中夏的工人运动活动和实践研究的多，对其工人运动思想研究的少；对邓中夏工人运动思想内容的某一方面研究的多，全面系统研究的少，尤其关于邓中夏工人运动思想形成的背景、发展历程、特征及其历史地位进行系统研究的更少。特别是以下两个重要问题至今还无人涉及或涉及不深：一是邓中夏对毛泽东工人运动思想的贡献；二是对一些观点如何理解的问题。1924年，邓中夏提出："老实说罢，中国将来的社会革命的领袖固是无产阶级，就是目前的国民革命的领袖亦是无产阶级。"1926年底，邓中夏又提出："在国民革命中，领袖这个革命者自然是国民党，好似总司令；领导各阶级上前线与敌人决斗者乃是无产阶级，好似总指挥。"对于这些观点应当如何理解？本课题在消化吸收前人研究成果的基础上，把邓中夏的工人运动实践活动与其发表的论著有机结合，全面系统地探讨邓中夏工人运动思想，并对其历史地位进行实事求是的分析。

三、本课题的研究方法和原则

（一）研究方法

辩证唯物主义和历史唯物主义方法是本课题研究的基本方法。马克思主义辩证唯物主义和历史唯物主义是科学的世界观和方法论，也是本课题研究的最根本方法。分析和研究邓中夏工人运动思想坚持辩证唯物主义和历史唯物主义方法，就是把邓中夏的工人运动思想放在当时的历史背景下进行分析研究。如何研究历史，列宁指出："判断历史的功绩，不是根据历史活动家没有提供现代所要求的东西，而是根据他们比他们的前辈提供了新的东西。"①历史是不断发展的，我们研究一个历史人物，一定要把他放在特定历史框架内，从历史事实出发，既要肯定其成就，又不能用现在的眼光苛求前人，尽可能做到实事求是、全面科学。本课题坚持以马克思主义世界观和方法论为指导，解读邓中夏的工人运动思想，运用历史分析方法梳理、分析有关史料，概括其精神实质和内在逻辑性。

1.文献综合研究。文献分析法是通过对各种文献进行分析，以间接的方式获取研究对象信息的方法。通过文献分析研究法收集、整理有关邓中夏研究的论著、论文等相关资料，了解学术界研究现状。消化、吸收相关研究成果，注意不同文献之间的相互补充，进行分析、归纳和提炼。

2.纵向分析和横向研究相结合的方法。运用纵向分析和横向研究相结合的方法，既要厘清邓中夏工人运动思想发展变化的脉络，又要分析其不同时期的思想内容。

3.比较分析研究法。运用比较分析研究的方法，研究邓中夏工人运动思想与当时中国共产党早期领导人理论探索成果间的相互影响关系；研究邓中夏与马克思主义中国化以及毛泽东思想形成和发展的关系；研究邓中夏对共产国际和列宁等关于工人运动的理论观点的继承和发展。

4.系统研究方法。邓中夏工人运动思想是一个有机联系的整体，涉及背景、内容、特征和地位作用等，它们相互作用、相互影响。运用系统研究方法，全面系统地梳理和研究，分析概括其内在逻辑性。

5.逻辑分析法。通过概念、推理、判断等形式对资料、事实进行分析、归纳和概括，揭示事物发展的规律性。

---

① 《列宁全集》第 2 卷，人民出版社 2013 年版，第 154 页。

（二）研究原则

解放思想、实事求是是本课题的研究原则。在研究中坚持解放思想、实事求是的原则就是不断根据新的史料、新的研究方法，发现新问题，提出新见解。同时，必须注重从史实出发，不带任何主观偏见，不受传统的观点限制，既不因为邓中夏是中国共产党革命家和理论家、早期中国工人运动杰出的领导人而对其溢美、拔高，也不以现在时代发展和理论的完善而贬低邓中夏早期工人运动理论，做到秉笔直书，力求反映历史真实面目。邓小平指出："评价人物和历史，都要提倡全面的科学的观点，防止片面性和感情用事，这才符合马克思主义，也才符合全国人民的利益和愿望。"① 在分析邓中夏工人运动思想时，对其著作、事迹全面具体地分析，通过归纳和总结，把握其精神实质。

四、本书的结构及创新

（一）结构

本书由三部分组成：导论、五章正文和结语。

导论部分主要介绍本课题的目的和意义、国内外研究现状、研究的方法和原则、结构及创新之处。

第一章的主题是邓中夏工人运动思想产生的时代背景。该论述分两部分：第一部分是邓中夏工人运动思想产生的国际背景。历史具有传承性，是不能割裂的，国际背景部分首先简要回顾俄国十月革命前国际形势和国际工人运动状况。1917 年俄国十月社会主义革命的胜利，开创了世界历史的新纪元。十月革命胜利后，世界范围内工人运动和民族解放运动风起云涌，马克思主义在亚、非、拉等地广泛传播，各国纷纷成立共产党组织，特别是联共（布）、共产国际、赤色职工国际在世界

---

① 《邓小平文选》第 2 卷，人民出版社 1994 年版，第 244 页。

革命和工人运动中发挥总指挥作用。第二部分是邓中夏工人运动思想产生的国内背景。十月革命胜利后，马克思主义在中国广泛传播。五四运动后，工人阶级以一支独立的政治力量登上历史舞台。1921年，中国共产党成立，中国工人运动进入了一个新的发展阶段。1924年，中国国民党召开第一次全国代表大会，中国共产党党员以个人身份加入国民党，第一次国共合作正式形成。国共合作推动了工人运动的复兴。第一次国共合作的破裂和大革命的失败，中国革命遭到挫折，工农运动也暂时处于低潮。

第二章的主题是邓中夏工人运动思想形成和发展的基础。该论述分五部分：第一部分是邓中夏工人运动思想形成和发展的主观和客观条件。主观条件有：邓中夏个人认清形势，献身于工人运动和学习、接受马克思主义，实现了世界观、人生观、价值观的转变。客观条件有：北京大学的熏陶、李大钊的引导及中国共产党的教育培养等。第二部分是邓中夏工人运动思想形成和发展的理论基础。马克思主义关于无产阶级革命理论和阶级斗争学说是邓中夏工人运动思想的思想渊源，邓中夏工人运动思想是对马克思主义无产阶级革命理论的继承和发展。第三部分是邓中夏工人运动思想形成和发展的实践基础。任何理论都来源于实践，中国共产党早期工人运动实践，特别是邓中夏组织和领导工人运动的实践是邓中夏工人运动思想形成和发展的实践基础。第四部分是邓中夏工人运动思想形成和发展的理论来源。邓中夏工人运动思想具体内容主要来源于两方面——共产国际关于中国共产党早期工人运动的指示和中国共产党早期的工人运动政策。第五部分是邓中夏工人运动思想形成和发展的脉络走向。邓中夏工人运动思想可分为三个阶段：第一阶段是初步形成阶段（1920年至1925年5月），第二阶段是逐步成熟阶段（1925年5月至1927年大革命失败），第三阶段是进一步深化发展阶段（1927年大革命失败至1930年）。

第三章和第四章主要介绍邓中夏工人运动思想的主要内容。

第三章分三部分。第一部分是分析邓中夏关于工人阶级是中国革命的领导阶级的思想。主要论述工人阶级是中国革命领导阶级思想的提出、中国工人阶级是中国革命领导阶级的理论和实践依据及工人阶级如何实现领导地位问题等内容。此外还专门讨论了如何理解邓中夏关于"国民革命的领袖是国民党，而领导各阶级上前线与敌人决斗者乃是无产阶级"这一思想。第二部分论述邓中夏关于农民是工人阶级的天然同盟者的思想。主要论述建立工农联盟在中国国民革命中的极端重要性、建立工农联盟的可能性及工人阶级如何巩固和发展国内联盟。第三部分论述邓中夏关于加强对工人阶级组织建设的思想。在工人阶级组织建设方面，邓中夏要求工人阶级必须组织起来，成立工会。然后，邓中夏分析工会的性质、建立工会的组织原则和工会组织系统等，最后分析工会纠纷产生的原因及解决措施。

第四章分两部分。第一部分是论述邓中夏关于对工人阶级宣传教育的思想。主要论述了邓中夏关于对工人阶级进行宣传教育的必要性、对工人阶级进行宣传教育的主要内容和在宣传教育中应注意的问题。第二部分是论述邓中夏关于工人阶级的斗争政策和策略的思想。在工人运动中，邓中夏关于工人阶级的斗争政策和策略有：团结一切可以团结的力量，建立广泛的统一战线；不要四面出击，缩小打击面，集中力量打击主要敌人；加强无产阶级国际联合；经济斗争与政治斗争相结合；等等。

第五章的主题是邓中夏工人运动思想的理论特色和总体评价。该论述分两部分。第一部分是邓中夏工人运动思想的理论特色。邓中夏工人运动思想的理论特色有：实践性、创造性、系统性和完整性、政策性和可操作性、逻辑上的辩证性和语言上的通俗性等。第二部分是邓中夏工人运动思想的总体评价。邓中夏工人运动思想，在中国工人运动史、中国革命史、中国共产党历史上具有重要历史地位和指导意义。首先，继承和发展马克思主义工人运动思想，是中国早期工人运动的行动指南；其次，丰富中国共产党工人运动思想理论宝库，为新民主主义革命理论的形成提供了理论资料；再次，邓中夏为马克思主义中国化作出重大理论贡献，邓中夏关于工人运动的真知灼见成为中国化马克思主义理论——毛泽东思想的理论素材；最后，邓中夏工人运动思想是中国共产党和中国人民宝贵的精神财富。当然，由于历史等原因，邓中夏工运思想也有一些局限性。表现为：在无产阶级领导权问题上，邓中夏没有明确指出中国共产党必须掌握工人武装力量（军队）的领导权这一关键问题；在工人组织建设问题上，邓中夏没有分析中国共产党与工会的关系，中国共产党如何通过工会组织来领导工人运动，对待中国境内黄色工会存在着一些"左"倾意识；在工人斗争政策和策略方面，邓中夏没有提出公开斗争和秘密斗争相结合、合法斗争和非法斗争相结合的策略。

（二）创新之处

1. 构建了新的研究框架

本课题的研究目的就是全面、系统、科学地研究邓中夏工人运动思想。为了达到这一目的，在研究结构上，首先介绍邓中夏工人运动思想产生的国际、国内背景，接着系统分析邓中夏工人运动思想形成和发展的主观和客观条件、思想渊源、实践基础、理论来源和脉络走向。在此基础上，重点阐述邓中夏工人运动思想的主要内容，最后论述邓中夏工人运动思想的理论特色并作出总体评价。相信通过这一架构，我们更能科学、全面地理解邓中夏工人运动思想，更好地把握邓中夏工人运动思想在中国革命史、中国共产党历史上的历史地位和重要意义。

2. 史料发掘有新的突破

在充分发掘现有研究成果和史料的基础上，力争取得大量的第一手资料，主要是邓中夏在不同时期发表的著作、主要活动和当事人的回忆录等。本课题除了重点研读《邓中夏全集》、《建党以来重要文献选编》（第1—5卷）、《中国工会历史文献（1927.8—1930.3）》、《省港大罢工资料》、《邓中夏的一生》和《中共党史人物传》（第35卷）外，还参阅许德珩、杨东莼和马建群等撰写的有关邓中夏的回忆录。1997—1998年，中共中央党史研究室第一研究部翻译出版了《联共（布）、共产国际与中国国民革命运动》和《共产国际、联共（布）与中国革命文献资料选辑》系列丛书，里面有一些关于中国共产党早期开展工人运动的档案文献资料，这为本课题深入研究提供了重要史料，在研究中对这些史料加以吸收和消化。史料是历史研究的主要依据，因此，本课题研究在史料上力争做到全面，一些重大事件和观点，尽可能找到原始资料，用史料说话，用最新的资料和最新的研究成果说话。

3.思想内容上有新的拓展

目前学术界对邓中夏与中国工人运动研究的较多，也出版了《邓中夏的一生》《邓中夏全集》《邓中夏思想研究》，但关于邓中夏工人运动思想这方面的学术专著还没有。研究邓中夏的工人运动思想方面的论文多是研究其内容。由于受篇幅的限制研究多局限某一方面，关于邓中夏如何发展马克思主义工人运动思想，探索中国特色的工人运动道路，邓中夏工人运动思想发展变化的历程、理论特色、历史地位和局限性等，目前学术界缺乏系统研究。

4.研究方法上，注重运用多种研究方法进行综合研究

本课题运用文献综合研究法、纵向分析和横向研究相结合的方法、比较分析研究法、系统研究方法和逻辑分析法等进行研究。通过多种方法综合研究，既厘清邓中夏工人运动思想的发展历程，又横向比较邓中夏与其他中国共产党早期领导人在工人运动方面的异同。特别注重对文献的收集和分析，用史料说话，史论结合。

第一章　邓中夏工人运动思想
产生的时代背景

　　辩证唯物主义认为时势造英雄，即任何历史人物都是在特定时空背景下产生的，建立在一定的历史条件之上。因此，研究历史人物的思想，首先必须深刻分析这些思想产生的历史条件，只有如此，我们才能够不仅"知其然"，而且"知其所以然"。"邓中夏的思想和其他无产阶级革命家思想的孕育、发生、成长、成熟一样，都是在中国社会要求变革的时代大潮中应运而生的，是在俄国十月革命的胜利和马克思主义在中国的传播的影响下诞生的。总之，是具有极其深刻而复杂的时代背景和历史原因的。"①

第一节　国际背景

　　1917 年 11 月 7 日（俄历 10 月 25 日），在列宁和布尔什维克党的领导下，俄国无产阶级和劳动人民推翻了反动的资产阶级临时政府，建

---

　　①　杨军：《邓中夏思想研究》，吉林大学出版社 2009 年版，第 2—3 页。

立了世界上第一个无产阶级专政的国家政权。十月革命的胜利改变了 20 世纪世界历史的发展进程，开辟了人类历史的新纪元，标志着无产阶级革命和殖民地半殖民地民族解放运动新时代的开始。邓中夏的工人运动思想正是在这个大的国际背景下形成和发展的。

一、俄国十月社会主义革命前国际形势和国际工人运动状况扫描

14—15 世纪，英国和法国率先进入资本主义原始积累时期，开始出现了按资本主义方式经营的手工工场。到 16—17 世纪，资本主义生产方式迅猛地发展起来。18 世纪中期，以蒸汽机发明和使用为标志的第一次产业技术革命，促进了人类社会生产由手工劳动向机器生产的转变，催生了具有现代意义上的工厂制度。产业技术革命带来三个方面具有深远意义的影响：一是极大地推动社会生产力的提高和发展。"由于科技革命使机器工业代替了手工业，蒸汽机代替了人力、畜力，社会生产力获得了历史性的飞跃。工厂制度确立起来之后，资本主义国家都出现了许多新的工业部门，如采矿、冶炼、金属材料加工、火车运输等行业。大工业的发展也开始改变了工业与农业的比例关系，工业逐步占据了优势地位。1770—1840 年间，英国工人日劳动生产率提高了 20 倍，各主要部门的生产迅速发展。"[①] 马克思指出："自从蒸汽和新的工具机把旧的工场手工业变成大工业以后，在资产阶级领导下造成的生产力，就以前所未闻的速度和前所未闻的规模发展起来了。"[②] 二是进一步加剧了资本主义社会的固有矛盾。生产社会化与资本主义私人占有制之间的这一矛盾经过产业革命后暴露得更加充分。第一次产业技术革命没有消

---

① 黄宗良、孔寒冰主编：《世界社会主义史论》，北京大学出版社 2004 年版，第 49 页。

② 《马克思恩格斯选集》第 3 卷，人民出版社 2012 年版，第 798 页。

除资本主义社会的固有矛盾，反而使其基本矛盾进一步尖锐。在资本主义基本矛盾的作用下，资本主义个别企业生产的有组织性和整个社会生产的无政府状态的矛盾、生产无限扩大和劳动群众有支付能力需求下降的矛盾，越来越尖锐。与之伴随的是，自 1825 年英国爆发了第一次全国性的经济危机后，几乎每隔 10 年左右，资本主义国家就会爆发一次大规模的经济危机，而且一次比一次严重。三是它不仅创造了一个工业资本家阶级，而且也创造了一个人数远远超过资本家阶级的现代工业无产阶级。大量农民流入城市，变成了以出卖劳动力为生的雇佣劳动者，无产阶级进一步壮大。与此同时，资本主义社会两极分化的趋势越来越明显，一方面是财富日益集中到少数资本家手里；另一方面是广大的手工业者和农民日益沦为无产阶级，而无产阶级的贫困化也日益加剧。正如恩格斯指出："17 世纪和 18 世纪从事制造蒸汽机的人们也没有料到，他们所制作的工具，比其他任何东西都更能使全世界的社会状态发生革命，特别是在欧洲，由于财富集中在少数人一边，而另一边的绝大多数人则一无所有，起初使得资产阶级赢得社会的和政治的统治，尔后使资产阶级和无产阶级之间发生阶级斗争，而这一阶级斗争的结局只能是资产阶级的垮台和一切阶级对立的消灭。"①

"无产阶级经历了各个不同的发展阶段。它反对资产阶级的斗争是和它的存在同时开始的"。② 无产阶级反对资产阶级的斗争经历自发斗争和自觉斗争两个阶段。恩格斯指出："工人阶级第一次反抗资产阶级是在工业运动初期，即工人用暴力来反对使用机器的时候。"③18 世纪末至 19 世纪初，席卷整个欧洲的卢德运动就是这种运动的典型表现形式。这一阶段，工人对资本主义认识还处于感性阶段，大多不了解自己受剥

---

①　《马克思恩格斯选集》第 3 卷，人民出版社 2012 年版，第 999 页。
②　《马克思恩格斯选集》第 1 卷，人民出版社 2012 年版，第 408 页。
③　《马克思恩格斯选集》第 1 卷，人民出版社 2012 年版，第 106 页。

削和压迫的根源，认为造成自身受到不公正的待遇是生产工具的缘由，而不是资本主义的生产关系，因此，早期工人的斗争方式不是反对资本主义生产关系，而是攻击生产工具本身，工人主要采取捣毁机器、烧毁工厂、毁坏商品和破坏厂房等方式进行斗争。斗争的目的只局限于改善自身的雇佣劳动地位和出卖劳动力较好的条件。这一时期工人反对个别资本家的斗争是零星的、分散的，多带有突发性、短暂性的特征。尽管这一时期工人阶级反对资产阶级的斗争还处于起步阶段，但其作用是巨大的，工人反对资产阶级的压迫和剥削的优秀品质也初步显现出来。正如列宁指出："当时的斗争表现为工人的零星发动，如破坏厂房，捣毁机器，殴打厂长等等。这是工人运动最初的、开始的形式，这在当时也是必要的，因为对资本家的憎恨在任何时候和任何地方都是促使工人产生自卫要求的第一个推动力。"①

伴随着工业革命的推进，无产阶级反对资产阶级的斗争不断向纵深发展。工业革命的浪潮使无产阶级日益贫困，工人阶级队伍迅速壮大，他们把斗争矛头指向了资本主义制度本身。个别工人和个别资本家之间的冲突开始演变成两个阶级的冲突。19世纪30—40年代，西欧的工人运动已从产业革命初期破坏机器的自发斗争，发展成有组织的、大规模的政治罢工和武装起义的自觉斗争。其中最著名的有1831年和1834年法国里昂工人起义、1836—1848年英国工人的宪章运动和1844年德国西里西亚纺织工人起义。这三大工人运动标志着无产阶级已经作为一支独立的政治力量登上了历史舞台。

与早期的工人运动相比，以三大工人运动为标志的近代欧洲产业工人运动开始表现出一些新的特点：（1）在内容上，无产阶级从过去单纯提出经济要求，发展到明确地、公开地提出自己的政治主张，"当英国

---

① 《列宁全集》第2卷，人民出版社2013年版，第86页。

发生世界上第一次广泛的、真正群众性的、政治上已经成型的无产阶级革命运动即宪章运动的时候"①,斗争矛头直接对准了整个资产阶级和资本主义制度。(2) 在斗争方式上,无产阶级逐渐抛弃破坏机器等原始斗争手段,转而采取群众性的罢工、政治性的游行示威直至武装起义等形式反抗资产阶级,表明无产阶级与资产阶级的斗争进入了新的更高的阶段。(3) 在斗争规模上,无产阶级从局部斗争发展到大规模全国性的群众运动。为了适应斗争的需要,无产阶级开始建立起自己的工会组织,并进而成立了许多带有鲜明政治色彩的组织。如德国的流亡者同盟和正义者同盟、法国的四季社、英国的宪章派全国协会等。英国的宪章派全国协会一度拥有 400 多个地方组织,恩格斯曾称之为"这是近代第一个工人政党"②。

为了更有成效地进行反抗资产阶级的斗争,为统一的工人运动提供行动纲领。马克思、恩格斯适应时代发展的需要,在批判地继承和吸收前人理论成果的基础上,于1848年2月,在伦敦发表《共产党宣言》。《共产党宣言》的发表,划清了科学社会主义与其他各种"社会主义"的界限,标志着科学社会主义的诞生,为世界各国无产阶级反对资产阶级的斗争提供了强大的思想武器,从而推动国际共产主义运动的发展。斯大林指出,马克思、恩格斯以自己的《宣言》创造了一个时代。随着马克思主义的诞生和传播、资本主义世界体系的初步形成,国际工人运动从西欧扩展到世界其他地区,工人阶级要求加强国际团结的呼声也高涨起来。1864 年 9 月,来自英、法、德、意等国的工人代表在伦敦决定成立国际工人协会(第二国际成立后称第一国际),以加强各国工人间的团结与合作。

---

① 《列宁选集》第 3 卷,人民出版社 2012 年版,第 792 页。
② 《马克思恩格斯选集》第 3 卷,人民出版社 2012 年版,第 768 页。

从 19 世纪 70 年代开始，随着第二次科技革命的开展，人类社会由"蒸汽时代"进入了"电气时代"。第二次科技革命给社会各个领域带来深远的影响，正如恩格斯指出："蒸汽机教我们把热变成机械运动，而电的利用将为我们开辟一条道路，使一切形式的能——热、机械运动、电、磁、光——互相转化，并在工业中加以利用"，"生产力将因此得到大发展，以至于越来越不再需要资产阶级的管理了"。① 资本主义社会生产力的发展，竞争的加剧，使生产和资本的集聚与集中速度大大加快。资本主义生产关系发生了重大变化，卡特尔、辛迪加、托拉斯、康采恩等各种垄断组织在主要资本主义国家广泛建立起来，垄断资本的统治也随之确立。资本主义在欧美各国的迅速发展和垄断趋势的不断加强，不仅使资本主义制度的内部矛盾和主要资本主义国家的竞争和斗争日益激烈，而且国际无产阶级队伍和实力日益壮大和增强，无产阶级反对资产阶级的斗争也日益广泛地开展起来。1871 年 3 月，世界上第一个无产阶级政权——巴黎公社成立。正如马克思所指出："工人阶级反对资本家阶级及其国家的斗争，由于巴黎的斗争而进入了一个新阶段。"②

19 世纪末至 20 世纪的最初几年，工人运动的范围进一步扩大，规模和激烈程度也有进步和提高。随着 1873 年经济危机的爆发，各国工人运动进一步高涨。工人运动组织化程度进一步加强，不少国家建立了全国性行业工会或全国工会中心。为了推动国际无产阶级的联合和斗争，共同反对资本主义，1889 年 7 月，第二国际在巴黎成立。"在第二国际的动员和组织下，欧美各国工人争取经济和政治权力的罢工斗争一浪高过一浪。1890—1896 年间，法、美、意 3 国共发生 13855 次

---

① 《马克思恩格斯选集》第 4 卷，人民出版社 2012 年版，第 556 页。
② 《马克思恩格斯文集》第 10 卷，人民出版社 2009 年版，第 354 页。

罢工，卷入斗争的工人人数达 345.2 万人。1890—1896 年，英国发生罢工 5810 起，参加人数达 246 万人。德国在 1895—1899 年，共发生罢工 2598 次，平均每年 500 多次。"[①] 第二国际从成立到破产共召开了 9 次代表大会，极大地推动了世界工人运动的发展。"第一次世界大战爆发前夕，第二国际已拥有 30 多个全国性的工人政党，党员总数达到 356 万余人，选民 1200 万以上，各国工会会员达 1000 万以上，合作社社员达 700 万以上，不单有行业工会，而且成立了全国性统一工会组织，1913 年还成立工会的国际组织。"[②] 这一时期工人运动呈现新特点：第一，工人阶级人数迅速增加，各国工会组织、工人政党纷纷建立。工会运动在很多国家有了很大发展，逐渐由行业工会推进到产业工会，许多非熟练工人、农业工人包括女工也纷纷加入工会组织。在此期间，德国社会民主工党进一步壮大，1880 年法国工人党成立，1898 年俄国社会民主工党成立，1899 年芬兰工人党成立，1891 年保加利亚社会民主党宣告成立，1896 年阿根廷社会工人党成立。第二，合法性斗争成为主要形式。各国工人阶级政党积极参加选举，利用议会开展斗争，并在议会中取得数量不等的席位。由于这一时期资本主义统治也相对稳定，欧美各国暂时未形成革命时机，决定这一时期工人运动的总特点是：未雨绸缪，聚集和团结无产阶级的力量，准备进行未来的战斗。列宁概括这一阶段工人运动的特点时指出："西方进入了为未来变革的时代作'和平'准备的阶段。到处都在形成就其主要成分来说是无产阶级的社会主义政党，这些政党学习利用资产阶级议会制，创办自己的日报，建立自己的教育机构、自己的工会和自己的合作社。马克思学说获得了完全的胜利，并

---

① 姜琦、许可成主编：《国际共产主义运动史》，高等教育出版社 1993 年版，第 73 页。

② 周作翰、梁亚栋主编：《国际共产主义运动史》，高等教育出版社 1991 年版，第 110—111 页。

且广泛传播开来。挑选和集结无产阶级的力量、使无产阶级作好迎接未来战斗的准备的过程"①。

"20世纪初，世界经济进入了一个新阶段。从经济和物质的观点看，这个阶段的特点由于两个事实而变得显著。一是科学技术的持续发展而导致物质财富前所未有的巨大增长；二是资本主义工业化同时向纵深发展和横向扩散。"② 由于科技的进步，资本主义生产力迅速发展，资本主义由自由竞争阶段发展到垄断资本主义阶段。沙皇俄国是当时世界帝国主义体系中各种矛盾的焦点和薄弱环节，沙皇的专制统治使广大人民日益贫困化，1900—1903年世界经济危机的爆发和1904年沙皇政府在日俄战争中的失败，进一步激化俄罗斯国内矛盾。俄国无产阶级成为国际革命力量的先锋队，世界革命运动的中心也由西欧转移到俄国。20世纪初，俄国工人运动此起彼伏，"1900年罢工125次，参加罢工人数29384人；1903年达550次，参加罢工人数达86832人；1903年以后，罢工浪潮遍及全国"③。1903年，俄国社会民主工党第二次代表大会召开，党内出现以列宁为代表的布尔什维克和以马尔托夫为代表的孟什维克派。列宁领导的新型政党——布尔什维克党的成立揭开了国际工人运动史上新的篇章。

1914年8月，为了争夺和重新瓜分殖民地，以英、法、俄为首的协约国集团与德、奥、意为首的同盟国集团之间爆发了第一次世界大战。第一次世界大战是资本主义世界总危机的产物，它历时4年3个月，先后参战共有33个国家。第一次世界大战爆发后，由于各参战国社会党的领导人都毫无例外地站在本国垄断资产阶级政府一边，第二国

---

① 《列宁全集》第23卷，人民出版社2017年版，第3页。
② 徐天新、许平、王红生主编：《世界通史（现代卷）》，人民出版社2004年版，第9页。
③ 云光主编：《国际共产主义运动史》，群众出版社1986年版，第147—148页。

际破产。

列宁根据帝国主义时代资本主义国家经济和政治发展的不平衡规律，指出："社会主义不能在所有国家内同时获得胜利。它将首先在一个或者几个国家内获得胜利，而其余的国家在一段时间内将仍然是资产阶级的或资产阶级以前的国家。"[①]1905 年，第一次资产阶级民主革命遭到失败后，1917 年 3 月 8 日（俄历 2 月 23 日），彼得格勒工人和士兵发动武装起义，推翻沙皇专制政府。俄国二月革命推翻罗曼诺夫王朝后，由于无产阶级与资产阶级力量处于均势状态，俄国出现了资产阶级专政性质的临时政府和工农民主专政性质的工兵代表苏维埃两个政权并存的局面。

二、俄国十月社会主义革命后国际形势和国际工人运动

（一）俄国十月社会主义革命的胜利及其影响

1917 年 11 月 7 日（俄历 10 月 25 日），在列宁和布尔什维克党的领导下，彼得堡的工人群众发动武装起义，推翻资产阶级临时政府。在攻占资产阶级临时政府的所在地——冬宫的同时，全俄工兵代表苏维埃第二次代表大会于 11 月 7 日晚在彼得格勒的斯莫尔尼宫开幕。8 日，大会通过了列宁起草的《告工人、士兵和农民书》，宣布临时政府被推翻，"全部地方政权一律转归当地的工兵农代表苏维埃，各地苏维埃应负责保证真正的革命秩序"[②]。大会还通过了《和平法令》和《土地法令》，"向一切交战国的人民及其政府建议，立即就缔结公正的民主的和约开始谈判"，"立即缔结的没有兼并（即不侵占别国领土，不强制归并别的民族）没有赔款的和约"[③]，"立刻废除地主土地所有制，不付任何赎

---

① 《列宁全集》第 28 卷，人民出版社 2017 年版，第 88 页。
② 《列宁全集》第 33 卷，人民出版社 2017 年版，第 6 页。
③ 《列宁选集》第 3 卷，人民出版社 2012 年版，第 340 页。

金"①。大会决定组建第一届工农政府即人民委员会。"新政府由清一色的布尔什维克组成，人民委员会主席是列宁，内务人民委员是李可夫，外交人民委员是托洛斯基，民族事务人民委员是斯大林。"②世界上第一个共产党领导的无产阶级专政的社会主义国家诞生了。

俄国十月革命的胜利，开创了世界历史的新纪元。十月革命的胜利，在世界六分之一的土地上建立了第一个无产阶级专政的国家，第一次在一个国家内从根本上推翻人剥削人、人压迫人的旧制度，无产阶级和劳动人民成为国家的主人，极大地改变了 20 世纪世界历史的进程。在十月革命的影响下，西方无产阶级争取社会主义的斗争与东方殖民地半殖民地人民争取民族解放的斗争开始汇合，如海潮汹涌，冲击着资本主义世界的堤防。斯大林指出："十月革命的目的不是由一种剥削形式代替另一种剥削形式，不是由一个剥削者集团代替另一个剥削者集团，而是消灭人对人的任何剥削，消灭所有一切剥削者集团，建立无产阶级专政，建立至今所有存在过的被压迫阶级中最革命的阶级的政权，组织新的无阶级的社会主义社会。""正因为如此，十月革命的胜利是人类历史中的根本转变，是世界资本主义历史命运中的根本转变，是世界无产阶级解放运动中的根本转变，是全世界被剥削群众的斗争方法和组织形式、生活方式和传统、文化和思想上的根本转变。"③毛泽东也强调指出："因为第一次帝国主义世界大战和第一次胜利的社会主义十月革命，改变了整个世界历史的方向，划分了整个世界历史的时代。"④

十月革命开辟了帝国主义国家无产阶级革命的新时代。列宁和布尔

---

① 《列宁选集》第 3 卷，人民出版社 2012 年版，第 349 页。

② 徐天新、许平、王红生主编：《世界通史（现代卷）》，人民出版社 1997 年版，第 246 页。

③ 《斯大林选集》上卷，人民出版社 1979 年版，第 617 页。

④ 《毛泽东选集》第 2 卷，人民出版社 1991 年版，第 667 页。

什维克党在俄国建立了无产阶级专政的新型国家，为世界各国无产阶级树立了光辉的榜样并指明斗争方向，增强了无产阶级斗争的勇气和信心，激励各国无产阶级斗争。"十月革命卓越的地方，首先是它冲破了世界帝国主义战线，在一个最大的资本主义国家中推翻了帝国主义资产阶级并使社会主义无产阶级掌握了政权。""被雇佣阶级、被奴役阶级、被压迫被剥削阶级在人类历史上第一次上升到统治阶级的地位，并以自己的榜样来鼓舞世界各国无产者。""这就是说，十月革命开辟了一个新时代，即各帝国主义国家中无产阶级革命的时代。"[①]

十月革命开辟了民族解放运动的新纪元。十月革命的胜利在西方无产者和东方被压迫民族之间架起了一座桥梁，为全世界无产阶级和被压迫民族联合起来建立反对帝国主义战线创造了条件。它鼓舞被压迫民族的民族解放运动，动摇了帝国主义的后方，并为亚、非、拉民族解放运动的发展提供有利的外部条件，使民族解放运动成为世界无产阶级革命的一部分。"这就是说，十月革命开辟了一个新时代，即在世界各被压迫国家中，在同无产阶级结成联盟并在无产阶级领导下进行的殖民地革命的时代。"[②]

十月革命的胜利推动了马列主义在世界的传播，促进了马克思主义政党在各国的普遍建立。斯大林强调指出："十月革命不能认为只是经济关系和社会政治关系方面的革命。十月革命同时是意识上的革命，是工人阶级思想上的革命。十月革命是在马克思主义旗帜下，在无产阶级专政思想旗帜下，在帝国主义和无产阶级革命时代的马克思主义即列宁主义旗帜下诞生并巩固起来的。因此，十月革命标志着马克思主义对改良主义的胜利，列宁主义对社会民主主义的胜利，第三国际对第二国际

---

①　《斯大林选集》上卷，人民出版社1979年版，第618页。

②　《斯大林选集》上卷，人民出版社1979年版，第620页。

的胜利。"① 十月革命以前，马克思主义的传播主要是在欧洲和北美，十月革命的胜利，证明马列主义理论的正确性，促使马克思列宁主义在世界范围内的传播。在十月革命的影响下，世界各国建立了几十个马克思主义政党。"毫无疑问，布尔什维克革命与在它之前的法国大革命一样，仍然开辟了一个不仅局限于俄国历史的新纪元。1917 年 11 月 7 日（俄历 10 月 25 日）这一天像一个巨大的、不可摧毁的里程碑，永远屹立在人类历史前进的道路上。而且，尽管到了本世纪中期，当初发生的这场剧变的全部涵义还没有完全展示出来，但我们已经能够看出，十月革命已经开始大大地提高了俄国的地位，将使它成为一个世界强国，并且已经使中国革命成为它的伟大的续篇。"② 十月革命的胜利，极大地鼓舞了中国人民和中国的先进分子。中国的先进分子把马克思列宁主义与工人运动相结合，成立了中国共产党。中国共产党的诞生使中国革命的面貌焕然一新。

十月革命的胜利为各国无产阶级革命提供了宝贵经验。十月革命的胜利启示人们，无产阶级要想取得胜利："首先必须有一个马克思列宁主义革命政党的正确领导，制定一条正确的指导路线，这是取得革命胜利的根本保证。其次，通过暴力革命打碎资产阶级官僚军事机器，建立无产阶级专政，是无产阶级革命的一般规律。第三,十月革命的经验表明，无产阶级在进行社会主义革命斗争中，必须建立巩固的工农联盟，这是克敌制胜的决定力量。第四,十月革命还证明，加强无产阶级的国际团结与互相支援，是革命胜利的重要条件。"③

---

① 《斯大林选集》上卷，人民出版社 1979 年版，第 623 页。
② [英] C.L.莫瓦特编：《新编剑桥世界近代史》(12)，中国社会科学院世界历史研究所组译，中国社会科学出版社 1999 年版，第 566—567 页。
③ 黄澍霖主编：《国际共产主义运动史简明教程》，山东人民出版社 1986 年版，第 264 页。

（二）俄国十月社会主义革命后的国际形势及工人运动的特点

1. 工人运动和民族解放运动风起云涌

第一次世界大战加剧了资本主义国家的社会矛盾，欧洲许多国家陷入严重的社会危机之中。在俄国十月革命的影响下，1918—1923 年，欧洲掀起无产阶级革命风暴。"在西方，许多国家爆发了无产阶级革命。如 1918 年 3 月芬兰的无产阶级革命，同年 11 月，奥地利、德国和匈牙利爆发无产阶级革命；1919 年 3 月德国巴维里亚苏维埃的建立；1920 年 9 月意大利工人夺取工厂；1921 年 3 月德国爆发革命；等等。"[①] 此外，资本主义较为稳固的西欧，无产阶级也广泛开展反战运动、罢工和支援苏维埃等革命斗争。在法国，1919 年罢工人数达 100 万人。在英国，从 1918 年到 1921 年 4 年之内，罢工多至 4000 余次，参加人数达到五六百万人。1919—1923 年欧洲革命风暴具有以下特点："第一，范围广、规模大，欧洲大多数国家都卷入这场运动。第二，资产阶级民主革命和社会主义革命交织在一起。第三，广泛开展了苏维埃运动，不少国家工人阶级的斗争力图以十月革命为榜样，建立苏维埃政权。第四，各国工人阶级，尤其是英、法等国的工人阶级，将自身的解放斗争与保卫苏维埃俄国结合起来。第五，革命的组织性和自觉性大大增强，许多国家成立了共产党。"[②]

与此同时，美国、日本等国家的工人罢工运动和人民群众的斗争也蓬勃发展。1918 年，美国就发生 1500 多次罢工事件，1919 年，发生 3577 次罢工，罢工人数达 416 万人。在日本，1918 年工人进行了 417 次罢工。同年 8 月，因米价暴涨，日本还爆发一场全国性的群众自发斗

[①] 刘明逵、唐玉良主编：《中国工人运动史》第 2 卷，广东人民出版社 1998 年版，第 16 页。

[②] 张中云主编：《国际共产主义运动史》，中共中央党校出版社 1997 年版，第 151—152 页。

争——"米骚动",参加人数 1000 万以上,持续时间达 50 多天。

在俄国十月革命的影响下,亚洲殖民地半殖民地国家的民族解放运动和人民革命斗争,也迅速高涨起来。1919 年,朝鲜爆发反对日本殖民统治的三一运动,示威游行遍及全国 218 个郡中的 211 个郡。1918 年,印度爆发反对英国殖民统治、争取民族独立的斗争。1919 年,中国爆发了反帝反封建的五四运动。1919 年,土耳其爆发了凯末尔革命。此外,阿富汗、伊朗、埃及、古巴等国,也发生了革命运动。从整体上看,十月革命后爆发的亚、非、拉民族解放运动范围广、规模大、斗争形式多样化,具有反帝反封建性质。各国民族解放运动的领导阶级尽管是资产阶级,但主力军是广大工人和农民,属于资产阶级民主革命的范畴。

2.欧洲社会民主党分裂,马克思主义在亚、非、拉等地广泛传播,各国纷纷成立共产党组织

第二国际破产后,无产阶级和革命群众对社会民主党的本质有了清醒的认识,欧洲各国左派先后从社会民主党母体分离出来,在十月革命胜利的鼓舞下,它们以俄国布尔什维克为榜样,纷纷成立共产党组织。"从 1918 年 1 月起到 1922 年止,在欧洲,先后建立了 27 个共产党,它们是芬兰共产党(1918 年 8 月)、立陶宛共产党(1918 年 10 月)、荷兰共产党(1918 年 11 月)、希腊共产党(1918 年 11 月)、奥地利共产党(1918 年 11 月)、匈牙利共产党(1918 年 11 月)、波兰共产党(1918 年 12 月)、德国共产党(1918 年 12 月)、拉脱维亚共产党(1919 年 3 月)、南斯拉夫共产党(1919 年 4 月)、保加利亚共产党(1919 年 5 月)、丹麦共产党(1919 年 11 月)、英国共产党(1920 年 7 月)、爱沙尼亚共产党(1920 年 11 月)、法国共产党(1920 年 12 月)、卢森堡共产党(1921 年 1 月)、意大利共产党(1921 年 1 月)、瑞士共产党(1921 年 3 月)、葡萄牙共产党(1921 年 3 月)、捷克斯洛伐克共产党(1921 年 3 月)、

瑞典共产党（1921年）、罗马尼亚共产党（1921年5月）、比利时共产党（1921年9月）、西班牙共产党（1921年11月）、圣玛力诺共产党（1921年），以及白俄罗斯共产党、乌克兰共产党。"①欧洲各国共产党的成立，促使社会民主党分化、分裂和重组，重新举起被修正主义抛弃的马克思主义大旗，推动了各国工人运动的发展。

十月革命一声炮响，给亚洲各国送来了马克思列宁主义，鼓舞和激励被压迫民族进行民族解放斗争。在亚洲，一批初步具有共产主义思想觉悟的先进知识分子，宣传马克思主义，并以俄国为榜样，组建共产党，争取民族独立和人民解放。"从1920年起至1922年止，在亚洲先后有7个国家成立共产党，这就是巴勒斯坦共产党（1919年3月）、印度尼西亚共产党（1920年5月）、伊朗共产党（1920年6月）、土耳其共产党（1920年9月）、印度共产党（1920年10月）、蒙古人民革命党（1921年3月）、中国共产党（1921年7月）和日本共产党（1922年7月）。"②

"在十月革命的影响和俄共（布）的帮助下，美洲、拉丁美洲、大洋洲和非洲各国家也先后建立了共产党。从1918年至1922年在这些地区建立的共产党有：阿根廷共产党（1918年1月）、墨西哥共产党（1919年9月）、美国共产党（1920年5月）、乌拉圭共产党（1920年）、加拿大共产党（1921年5月）、智利共产党（1922年1月）、巴西共产党（1922年1月）、澳大利亚共产党（1920年10月）、新西兰共产党（1921年3月）以及埃及共产党（1920年）、南非共产党（1921年）。"③

---

① 高放主编：《国际共产主义运动通史教程》（上），北京师范大学出版社1986年版，第332—333页。

② 高放主编：《国际共产主义运动通史教程》（上），北京师范大学出版社1986年版，第338页。

③ 高放主编：《国际共产主义运动通史教程》（上），北京师范大学出版社1986年版，第340—341页。

3.联共（布）、共产国际、赤色职工国际在世界革命和工人运动中发挥总指挥作用

（1）共产国际、赤色职工国际基本情况

十月革命的胜利及苏维埃政权的建立，引起国内外敌对势力极大恐慌。国内外各种敌对势力相互勾结，企图扼杀新生的无产阶级政权于摇篮中。为了从根本上粉碎帝国主义的包围和封锁，列宁及布尔什维克热切期盼欧洲无产阶级革命，并对东方的民族民主革命，特别是中国无产阶级的觉醒寄予了厚望。列宁强调指出："为了援助国际工人革命，春季以前我们应当建立一支拥有 300 万人的军队。"① 为了适应第一次世界大战后新的国际形势和领导世界各国无产阶级斗争，1919 年 1 月，俄国、德国、波兰等 8 国共产党在莫斯科开会，决定以 8 国党的名义向全世界39 个共产党、左翼社会党及团体组织发出邀请书，邀请各国派代表出席共产国际第一次代表大会。

1919 年 3 月 2 日至 6 日，共产国际在莫斯科克里姆林宫举行第一次代表大会，来自世界 21 个国家 35 个政党组织共 52 名代表出席会议，列宁主持大会，并在会上作《关于资产阶级民主和无产阶级专政的提纲和报告》，强调无产阶级必须通过暴力革命来实现无产阶级专政。大会讨论并通过《共产国际行动纲领》和《共产国际宣言》，宣告共产国际正式成立。大会选举产生共产国际第一届执行委员会，执行委员会由俄国、德国、德属奥地利、匈牙利、巴尔干联盟、瑞士和斯堪的纳维亚 7 个国家共产党各派 1 名代表组成，规定各国共产党组织是它的一个支部，并决定将共产国际的总部设在莫斯科。《共产国际行动纲领》指出："革命时代要求无产阶级采用那种能将其全部力量集中起来的斗争手段，也就是群众行动的手段；这种行动必然会在公开的决战中，导致同资产阶级国家

---

① 《列宁全集》第 48 卷，人民出版社 2017 年版，第 323 页。

机器的直接冲突。其他一切手段，例如利用资产阶级国会进行革命活动等，都必须服从这一目的。""另一方面，还必须联合革命的工人运动中的某些分子，如部分工团主义分子；这些人以前虽不属于社会主义政党，但现在总的说来是站在苏维埃政权所体现的无产阶级专政的立场上的。""共产国际要使所谓国家利益服从国际革命的利益，它要体现各国无产阶级的相互支援；无产阶级没有经济方面和其他方面的相互支援，就不能组织新的社会。另一方面，无产阶级的共产国际也不同于社会爱国主义者的黄色国际，它将支援被掠夺的殖民地各族人民的反帝斗争，以促使世界帝国主义体系最后崩溃。"[1]《共产国际宣言》号召："全世界的无产者，在反对帝国主义兽行、反对帝制、反对特权等级、反对资产阶级国家和资产阶级所有制、反对各种各样的阶级压迫或民族压迫的斗争中联合起来！""全世界的无产者，在工人苏维埃的旗帜下，在夺取政权和实行无产阶级专政的革命斗争的旗帜下，在第三国际的旗帜下联合起来！"[2]

"1919年2月，战后首次国际工会代表会议在伯尔尼召开，做出了建立新的国际工会组织的决定。这年7月，国际工会第一次代表大会在阿姆斯特丹召开，成立了阿姆斯特丹工会国际，其宗旨是加强各国工会联系，阻挠工人群众转向共产主义和革命工会。由于该组织一直奉行战后第二国际的机会主义政策，宣扬改良主义，反对暴力革命和革命工会运动，被革命组织称之为'黄色职工国际'。"[3]阿姆斯特丹"国际职工协会"成立后，苏俄的工会组织为了加强国际工人阶级的团结和统一，

---

① 《共产国际、联共（布）与中国革命文献资料选辑（1917—1925）》，北京图书馆出版社1997年版，第62、63页。

② 《共产国际、联共（布）与中国革命文献资料选辑（1917—1925）》，北京图书馆出版社1997年版，第74页。

③ 杜万启：《初期红色工会国际与中国工人运动及建党的关系》，《北京党史研究》1996年第5期。

曾多次尝试与之联合及合作，均遭拒绝。在这种情况下，列宁与各国进步工会组织倡议成立一个革命的工会组织。在列宁和共产国际的领导和支持下，1921 年 7 月 3 日至 19 日，在莫斯科召开革命职业工会和产业工会第一次代表大会，中国代表张太雷和杨明斋等出席了大会，正式宣告赤色职工国际（亦称"红色工会国际"）成立。"大会强调，赤色职工国际应保持组织上的独立，同时与共产国际采取一致行动，为工人阶级的利益而奋斗。大会通过赤色职工国际章程规定，赤色职工国际的主要任务不是摧毁旧的工会，而是把旧工会争取过来，以便使国际无产阶级的力量同国际资产阶级相对抗。大会还选举了赤色职工国际中央理事会和理事会执行局作为领导机关，决定中央理事会和理事会执行局设在莫斯科。"① 赤色职工国际的宗旨是：组织全世界广大工人群众消灭资本主义，解放劳动者，建立社会主义国家。

（2）联共（布）、共产国际、赤色职工国际对世界工人运动领导概况

共产国际尽管也存在一些缺点和失误，但作为国际共产主义运动的领导和指挥中心，使各国共产党和工人党团结和统一起来，极大地推动了各国无产阶级斗争和民族解放运动。正如毛泽东 1925 年指出："因为现在世界上的局面，是革命和反革命两大势力作最后斗争的局面。这两大势力竖起了两面大旗：一面是红色的革命的大旗，第三国际高举着，号召全世界一切被压迫阶级集合于其旗帜之下；一面是白色的反革命的大旗，国际联盟高举着，号召全世界一切反革命分子集合于其旗帜之下。"② 共产国际从 1919 年成立到 1943 年解散，"历时 24 年，其间召开过 7 次代表大会和 13 次执行委员会，它领导过 76 个共产党组织，约 400

---

① 马洪武、王德宝、孙其明主编：《中国革命史词典》，档案出版社 1988 年版，第 193 页。

② 《毛泽东选集》第 1 卷，人民出版社 1991 年版，第 4 页。

万党员，对国际无产阶级的解放事业做出了巨大贡献"①。共产国际的历史作用主要有：首先，批判了第二国际右倾机会主义，捍卫了马列主义基本原则，在世界范围内广泛传播马克思列宁主义，帮助各国共产党提高了理论水平。其次，帮助各国建立共产党组织，培养一大批革命骨干力量。"第三国际建立后，就积极帮助各国建立新型的无产阶级政党，近60个国家的共产党都是在它的帮助下建立起来的。在加入共产国际的67个党中，欧洲有28个，亚洲有16个，美洲有18个，非洲有3个，大洋洲有2个，使共产主义真正具有世界规模。"②最后，它为各国无产阶级及其政党制定了一系列正确的路线，提出了民族殖民地革命斗争的理论、路线和策略，使无产阶级革命运动和民族解放运动汇合成一股洪流，极大地推动了各国革命运动的发展，给资本主义和殖民地以沉重的打击。

赤色职工国际在1937年12月30日停止活动。从成立到解散的16年历程中，赤色职工国际积极推动世界工会运动在行动上和组织上统一，捍卫工人权益，传播马克思列宁主义的工会学说，促成工人阶级先进政党的建立。"综观红色工会国际的历史，它首先是作为无产阶级革命的工会组织登上历史舞台的，因此，在其存在期间，它领导和参加了维护工人阶级日常利益的各种斗争，尤其是反战、反法西斯主义、反军国主义的斗争。作为共产国际和各国共产党联络、影响和争取工人群众的重要组织，红色工会国际推动了国际工人运动的发展，开辟了国际工会运动的新时代，并因此在国际工人运动史和国际工会运动史上占有重要的地位。"③

（3）联共（布）、共产国际、赤色职工国际对中国革命和早期工人

---

① 周作翰、梁亚栋主编：《国际共产主义运动史》，高等教育出版社1991年版，第179页。

② 周作翰、梁亚栋主编：《国际共产主义运动史》，高等教育出版社1991年版，第179页。

③ 林建华：《红色工会国际的历史轨迹初探》，《工会理论与实践·中国工运学院学报》1995年第3期。

运动的指导

联共（布）、共产国际和赤色职工国际在指导欧美各国无产阶级政党和工人进行革命斗争的同时，也密切关注中国的革命和工人运动情况，帮助中国成立中国共产党，积极支持和推动中国的民族解放运动。

首先，联共（布）、共产国际、赤色职工国际高度重视中国革命问题，成立机构、派遣代表指导中国革命，促成中国共产党的创建。

早在共产国际在莫斯科召开第一次代表大会期间，大会就邀请侨居俄国的旅俄华工联合会负责人刘绍周、张永奎作为中国代表列席会议，大会期间，列宁会见了中国代表。1919 年 11 月 19 日，"列宁在克里姆林宫办公室接见旅俄华工联合会主席刘绍周，同他谈论中国革命和华工联合会的工作"[①]。1920 年 3 月，共产国际批准俄共（布）远东局符拉迪沃斯托克（即海参崴）处派遣维经斯基一行赴华。他们的任务是"了解中国国内情况，同中国革命组织建立联系，同时考察是否有可能在上海建立共产国际东亚书记处"[②]。9 月 1—8 日，"共产国际执委会在巴库召开东方民族委员会，有中国、印度、日本、朝鲜、土耳其等国家和苏俄东部各民族的代表共 1891 名出席。大会发表了对东方人民的宣言，号召东方各国人民团结起来，展开反帝斗争。大会决定设立'东方民族行动和宣传委员会'，出版《东方民族》杂志"[③]。"为了就近掌握动态，有效地指导中国及其东方各国的职工运动，工会国际联合会在 1920 年 11 月增设远东书记处（又称东方局），并责成驻赤塔代表尤·德·斯穆尔

---

① 杨云若：《共产国际和中国革命关系纪事（1919—1943）》，中国社会科学出版社 1983 年版，第 2 页。

② 杨云若：《共产国际和中国革命关系纪事（1919—1943）》，中国社会科学出版社 1983 年版，第 3 页。

③ 杨云若：《共产国际和中国革命关系纪事（1919—1943）》，中国社会科学出版社 1983 年版，第 6 页。

基斯负责此事，旋即开展工作。"①1921 年 1 月，"工会国际委员会驻赤塔远东书记处代表斯穆尔基斯派遣弗兰姆堡到中国。弗兰姆堡到上海后，同维经斯基有过联系"。与此同时，"共产国际执行委员会采纳俄共（布）中央委员会西伯利亚局东方民族部的建议，决定在伊尔库茨克以东方民族部为基础建立共产国际远东书记处"②，负责指导中国、朝鲜、日本等国的民族解放斗争。1921 年 6 月，共产国际执委会代表马林和共产国际远东书记处尼科尔斯基先后到达上海，他们与赤色职工国际代表弗兰姆堡等经常一起商讨工作。据初步统计，"共产国际从 1920 年 3 月至 1942 年 11 月，先后向中国派遣驻中国代表、顾问、联络员 16 人，主要有维经斯基、马林、尼科尔斯基、达林、鲍罗廷、罗易、罗明那兹"等③。维经斯基到中国后，分别同李大钊、陈独秀等会谈，商讨成立中国共产党等有关事宜。在联共（布）和共产国际指导下，1921 年 7 月，中国共产党第一次全国代表大会在上海召开，中国共产党正式成立。中国共产党成立初期，共产国际在理论上、行动上给予指导，这对年幼的中国共产党来说无疑是非常宝贵的。

1925 年 5 月，第二次全国劳动大会在广州举行，赤色职工国际代表奥斯洛夫斯基出席大会并发表多次演说。大会通过《对于赤色职工国际代表报告的决议案》，强调："赤色职工国际团结了全世界各色人种的工人，确能真实的为全世界工人奋斗，为全世界工人的总指挥机关。中国工人阶级此后应强固自己的组织，加入赤色职工国际，并拥护他的一切

---

① 杜万启：《初期红色工会国际与中国工人运动及建党的关系》，《北京党史研究》1996 年第 5 期。

② 杨云若：《共产国际和中国革命关系纪事（1919—1943）》，中国社会科学出版社1983 年版，第 8 页。

③ 郭德宏主编：《共产国际、苏联与中国革命关系研究述评》，中共党史出版社1996 年版，第 3 页。

政策。"①1927 年 5 月，太平洋劳动大会在武汉召开，赤色职工国际委员长罗佐夫斯基出席大会并作了《关于中国革命与世界职工运动》的报告。从赤色职工国际第三次代表大会起，中华全国总工会一直派代表或代表团出席会议。李立三出席了第三次赤色职工国际代表大会。"1928 年 3 月，苏兆征、邓中夏等 15 名中国代表团出席了赤色职工国际第四次代表大会，邓中夏被选为赤色职工国际执行委员。大会以后，邓中夏以全总驻赤色职工国际代表的身份留在莫斯科工作，直到 1930 年上半年。"②赤色职工国际对中国工人运动有很多指示和决议，推动马列主义在工人阶级中的广泛传播，促成中国工会组织的统一，为中国工人国际交流提供了平台。

其次，创办学校，为中国革命培训干部。

在半殖民地半封建的中国，由于深受帝国主义、封建主义、官僚资本主义"三座大山"的压迫和剥削，工人阶级文化程度较低，缺乏斗争经验。中国革命运动的勃兴需要一大批具有较高思想素质和文化素质的领导人员。为此，联共（布）、共产国际和赤色职工国际为中国培养干部作出了积极努力。"在列宁的关怀和指导下，共产国际、红色工会国际和苏俄从 20 世纪 20 年代初，在极其艰苦的条件下，为中国和东方国家培养工人干部，办了一批学校。如 1921 年初，组建了东方训练班，同年 4 月转为东方共产主义劳动大学。这一年吸纳了来自亚洲的 622 名革命者，其中来自中国的 36 人。到 1922 年，中国学员增至 42 人，1930 年该校又增设了中国部，中国留学生占学员总数的一半。……1925 年 11 月，共产国际又在莫斯科建立中山大学，为中国革命培养骨干。1928 年秋，该校改为中国共产主义劳动大学。1926 年初该校有中国学员 300 人，年底增至 500 人。……从 20 年代中期起，国际又在符拉迪沃斯托克设立了列宁学校，

① 中华全国总工会中国职工运动史研究室编：《中国历次全国劳动大会文献》，工人出版社 1957 年版，第 23 页。

② 钱传水编著：《中国工人运动简史》，安徽人民出版社 1986 年版，第 85 页。

并为中国青年工人设立苏维埃党校。1932年，由红色工会国际发起，在莫斯科准备回国的高校中国学员开办了'工人运动'讲习班，等等。"①在国内，在联共（布）的帮助下，孙中山在广州创办黄埔军校，苏联共产党派遣一批有丰富经验的军事教官，为中国革命培训了大批军事干部。

最后，推动国共合作，声援中国革命和工人运动。

在联共（布）和共产国际的帮助下，第一次国共合作形成。第一次国共合作后，联共（布）、共产国际、赤色职工国际在人力、物力上大力援助中国，掀起了大革命的高潮，中国革命进入了新的历史阶段。随着北伐战争的顺利进行，工农运动的高涨，国内外敌对势力极为恐慌，不断挑衅，制造事端。在此关头，"共产国际和赤色职工国际曾号召世界各国工人阶级及其革命群众，开展声势浩大的'不许干涉中国'的示威游行和募捐，援助中国的反帝罢工运动。据国际济难会1925年8月在柏林召开的一次代表大会宣布，该会已为中国工人募集到罢工基金100万马克，其中五分之一来自苏联"②。四一二反革命政变后，联共（布）、共产国际、赤色职工国际曾采取多种措施力图挽救中国革命。1927年5月30日，《共产国际执行委员会给中共中央的信》强调指出："没有土地革命，就不可能胜利。没有土地革命，国民党中央委员会就会变成不可靠的将军们的可怜的玩物。""国民党中央委员会的某些老领袖害怕事变，正在动摇和妥协。必须从下面吸收更多的新的工农领袖到国民党中央委员会里去。""必须根除对不可靠的将军们的依赖性。动员两万左右的共产党员，加上湖南、湖北约5万的革命工农，编成几个新军，用军官学校的学生来充当指挥人员，组织（目前还不迟）一支可靠的军队。否则就不能保证不失

---

① 杜万启：《初期红色工会国际与中国工人运动及建党的关系》，《北京党史研究》1996年第5期。

② 唐玉良：《赤色职工国际与中国工运相互关系的初步探讨》，《中国工运学院学报》1989年第3期。

败。"" 组织以有声望的，不是共产党员的国民党人为首的革命军事法庭。惩办和蒋介石保持联系或教唆士兵残害人民、残害工农的军官。"[1]6月2日，联共（布）中央政治局听取温施利赫特和加拉罕关于中国问题的汇报，决定："在组建第3军和第9军时，务必考虑到5月30日的指示，并把尽可能多的共产党员、共青团员、革命的工人和农民编入这两个军。"[2]1928年3月18日，赤色职工国际第四次会议探讨并通过《中国职工运动的行动大纲》，大会"拥护中国劳苦民众反对流血的恐怖——谴责蒋介石、汪精卫对中国革命运动的残酷镇压和制造的白色恐怖，号召世界革命工人在政治上、经济上支持中国的劳苦大众"[3]。联共（布）、共产国际、赤色职工国际上述行为对处于非常时期的中国人民无疑是雪中送炭，鼓舞和激励他们继续进行斗争。

第二节　国内背景

一、中国工人阶级不断成长壮大，开始以独立的姿态登上政治舞台

毛泽东在《中国革命和中国共产党》一文中指出："中国无产阶级的发生和发展，不但是伴随中国民族资产阶级的发生和发展而来，而且是伴随帝国主义在中国直接地经营企业而来。所以，中国无产阶级的很

---

[1] 《共产国际、联共（布）与中国革命文献资料选辑（1926—1927）》（上），北京图书馆出版社 1998 年版，第 447 页。

[2] 《联共（布）、共产国际与中国国民革命运动（1926—1927）》（下），北京图书馆出版社 1998 年版，第 297—298 页。

[3] 钱传水编著：《中国工人运动简史》，安徽人民出版社 1986 年版，第 86—87 页。

大一部分较之中国资产阶级的年龄和资格更老些，因而它的社会力量和社会基础也更广大些。"① 毛泽东的这段论述高度概括了中国工人阶级产生发展的历程及其部分特点。

（一）中国工人阶级的产生

1. 中国工人阶级首先在外国资本企业中产生

1840 年，第一次鸦片战争爆发。由于清政府腐败无能，中国战败，被迫同英国于 1842 年 8 月签订中国近代史上第一个丧权辱国的不平等条约——《中英南京条约》，清政府向英国割地、赔款，开放广州、厦门、福州、宁波和上海等 5 个城市为通商口岸。此后，外国资本主义不断对中国进行侵略以获取更多的特权。1858 年，《天津条约》又开放了南京、汉口等 10 个城市为通商口岸。1860 年，《北京条约》又被迫开放天津为通商口岸。第一次鸦片战争后，外国列强以军事侵略为前奏，在政治上侵犯中国主权，经济上掠夺中国财富。从 1840 年到 1894 年，尽管外国资本主义对中国的掠夺以商品输出为主，但是他们在中国的沿海、沿江一些通商口岸兴办了一批为其商业活动服务的航运业和各种加工业，如船坞厂、造船厂和制糖厂等，这些工厂雇佣华工，于是中国最早的近代产业工人便出现了。据不完全统计："从 1840 年鸦片战争到 1894 年甲午战争期间，外国资本在中国开办了 191 个近代企业，投资达 2800 万元。雇佣中国工人共约 3.4 万人，其中不包括海员和搬运工人，占当时中国工人总数的 34%。"②

2. 随着早期官僚资本企业的开办，中国又产生一批产业工人阶级

鸦片战争的失败以及镇压太平天国运动的需要，清政府内部一部分官僚认识到必须学习西方坚船利炮等先进技术，以建立强大的使用新式

---

① 《毛泽东选集》第 2 卷，人民出版社 1991 年版，第 627 页。

② 樊济贤：《中国工人阶级的形成及早期特点》，中国工运学院、工人运动历史研究所编：《中国工人运动史研究文集》，中国工人出版社 2000 年版，第 17 页。

武器的军队。从 19 世纪 60 年代起，清政府内部以曾国藩、李鸿章和左宗棠等为代表人物的"洋务派"，在"自强""求富"的口号下，兴办一些采用机器生产、以军事工业为主体的近代企业，如，1861 年曾国藩创办的安庆军械所，1862 年李鸿章创办的上海制炮局，1866 年左宗棠创办的福州船政局和崇厚创办的天津机器局，1890 年张之洞建立的湖北枪炮局，等等。这些企业采取"官办""官商合办""官督商办"等形式。在这些洋务派创办的军事工业和民用工业中，中国出现了第二批产业工人。"从 1862 年至 1894 年中日甲午战争以前，清政府在所谓'洋务运动'中，共计办有军事工厂 19 个，民用工矿交通企业 28 个。根据不完全的统计和估计，在这个时期的官办军事工业中，大约雇有工人 1 万余人……这个时期官办工矿交通企业总数当在 4.5 万人左右。"[1]

3. 民族资本企业的发展又促进了近代中国工人阶级的诞生

外国资本主义的侵入，中国社会自然经济逐步解体，商品市场和劳动力市场不断扩大，为中国民族资本主义的发展创造了条件。西方科技文明的影响和资本丰厚利润的吸引，也激发了一部分官僚、地主、商人、买办投资新式工业的积极性。中国民族资本企业于 19 世纪 70 年代开始出现，主要分布在面粉、火柴、纺织等行业。于是，在这些民族资本企业里，中国又产生了一批产业工人。由于受到外国资本主义和国内官僚封建势力的压迫，民族资本主义企业规模小，发展缓慢。据刘明逵、唐玉良估计："1894 年前民族资本经营的各种近代加工工业，共计雇用工人 27250 人。加上民族资本经营的矿业工人约 5000 人，再加上民营航运和公用事业等方面的工人，总数当在 33000 人以上。"[2]

---

① 刘明逵、唐玉良主编：《中国工人运动史》第 1 卷，广东人民出版社 1998 年版，第 27 页。

② 刘明逵、唐玉良主编：《中国工人运动史》第 1 卷，广东人民出版社 1998 年版，第 31 页。

（二）中国工人阶级队伍进一步发展壮大

19 世纪 90 年代，世界各主要资本主义国家都先后过渡到垄断资本主义阶段，对外侵略由商品输出转变为资本输出。在中日甲午战争后，英、美、日、德、俄、法等帝国主义国家，愈来愈不满足于只开辟通商口岸、最惠国待遇、协定关税等殖民特权，为了获取更多的利润，强迫清政府签订一系列不平等条约，获取在中国投资设厂的特权。他们纷纷在中国开设工厂、修建铁路、开发矿藏等。到 1913 年，各国在中国直接或间接投资修筑的铁路 10944 公里，投资建立新式煤矿 29 个，开办各种工厂 166 家。[①] 随着垄断资本主义在中国的资本扩张，中国产业工人队伍进一步壮大。中日甲午战争后，民族危机空前加深，许多地方兴起"实业救国""收回路权"等运动，与此同时，清政府也开始允许和鼓励民间投资工业，这些客观上促进了中国民族工业的发展，工人人数也不断增加。"据统计：到 1913 年，民营企业为 463 家；雇佣 7 个人以上的工厂，共有 21700 余家，工人 65 万余人。这时期中国工厂的工人人数增加速度较快。加上其他产业工人及海员、邮电等工人，估计约 100 万左右。"[②]

1914 年至 1918 年期间，欧洲帝国主义列强忙于第一次世界大战，暂时放松了对中国的侵略，中国民族工商业发展进入一个"黄金时期"。美国、日本趁欧洲列强无暇东顾之际，扩大对华投资。中国的产业工人队伍也不断壮大起来。一般估计，"五四"前后中国产业工人的人数约 200 万至 300 万人。根据刘立凯和王真的"不完全的统计和估计，1919 年即五四运动时期，中国工人总数约为 300 万人"[③]。另据刘明逵、唐玉

---

① 刘明逵编：《中国工人阶级历史状况（1840—1949）》第 1 卷第 1 册，中共中央党校出版社 1985 年版，第 3 页。

② 盖军主编：《中国工人运动史教材简编（1919—1949）》，华东师范大学出版社 1988 年版，第 4 页。

③ 刘立凯、王真：《一九一九至一九二七年的中国工人运动》，工人出版社 1953 年版，第 9 页。

良估算，1919 年前后，"全国共有产业工人 288.5 万人，其中，中国工厂工人 80 万，外资工厂工人 40 万，近代矿业工人 70 万，轮船航运业（海员）15 万，船务、栈房、码头工人 40 万，铁路工人 16.5 万，邮电工人 4 万，电车、汽车工人 3 万，近代建筑工人 20 万"①。

（三）五四运动后，中国工人阶级以一支独立的政治力量登上历史舞台

中国工人阶级从它诞生的第一天起，就进行了不屈不挠的反抗斗争。"五四运动前，中国工人阶级虽处于'自在的阶级'，其罢工次数仍是递增的。据不完全统计，全国的罢工，1870 年至 1919 年共 105 次，平均每年 3 至 4 次；1912 年至 1919 年 5 月，共 130 次，平均每年 16 次。其中，1916 年为 17 次，1917 年为 23 次，1918 年为 30 次，1919 年头 5 个月多达 19 次。仅 1918 年一年的罢工次数，就超过了辛亥革命时罢工次数最多的 1911 年和 1912 年两年的总和（24 次）。"② 在 1919 年的五四运动以前的工人运动，尽管斗争多是自发的、分散的，并以经济斗争为主，受封建性的行会、"帮口"等影响较大，但反帝反封建的政治斗争已初见端倪，它为中国工人阶级登上政治舞台、成为中国革命的领导阶级，准备了阶级基础和物质条件。

1918 年 11 月 11 日，第一次世界大战以德国集团战败而宣告结束。1919 年 1 月，美、英、法、日、意等 27 个战胜国在法国巴黎召开"和平会议"，中国政府也应邀以战胜国的资格派代表团参加会议。"巴黎和会"被英、法、美、日、意 5 个帝国主义国家操纵，拒绝中国北洋政府代表提出的废除外国在中国的势力范围、取消"二十一条"、归还租界

---

① 刘明逵、唐玉良主编：《中国工人运动史》第 1 卷，广东人民出版社 1998 年版，第 73 页。

② 郭德宏、刘晶芳主编：《中国共产党的历程》第 1 卷，河南人民出版社 2001 年版，第 14 页。

等正当要求，决定把第一次世界大战前德国在山东的特权无条件转让给日本。中国在巴黎和会上的外交完全失败。北洋政府不顾民族利益，屈从帝国主义列强的压力，准备在丧权辱国的和约上签字。为了捍卫民族权益，1919 年 5 月 4 日，北京大学等 13 所大中专学校学生 3000 余人在天安门前集会，中国爆发了五四爱国运动。

1919 年 6 月 3 日和 4 日，北京学生重新走向街头演讲。北洋军阀政府再次大规模地逮捕学生。为了声援学生爱国运动，6 月 5 日，上海日资棉纱厂工人首先罢工，接着，"上海许多行业的工人以及店员等纷纷参加罢工，高潮时达到 10 多万人。上海商人也举行罢市。上海工人的行动推动了全国各地罢工风潮。沪宁铁路和沪杭铁路工人、京汉铁路的长辛店工人、京奉铁路的唐山工人也相继罢工。工人罢工的浪潮迅速扩展到全国 20 多个省 100 多个城市"①。自"六三"运动以后，运动的中心由北京转到上海，运动的主力由学生变为工人。北洋军阀政府迫于工人运动和社会舆论的压力，很快释放全部被捕学生并免除曹汝霖、章宗祥和陆宗舆三个卖国贼的职务，拒绝在巴黎和约上签字。

"五四运动是反帝国主义的运动，又是反封建的运动。五四运动的杰出的历史意义，在于它带着为辛亥革命还不曾有的姿态，这就是彻底地不妥协地反帝国主义和彻底地不妥协地反封建主义"②，它不仅标志着中国旧民主主义革命的终结和新民主主义革命的开始，而且是中国工人运动的重要转折点，标志中国工人阶级作为一支独立的政治力量登上历史舞台。

与五四运动前工人运动比较，五四运动中的工人运动具有以下特点：

---

① 中共中央党史研究室：《中国共产党历史（1921—1949）》第 1 卷上册，中共党史出版社 2002 年版，第 51 页。

② 《毛泽东选集》第 2 卷，人民出版社 1991 年版，第 699 页。

首先，工人运动不是为了经济目的，而是有明确的政治诉求，工人阶级在斗争中表现出高度的爱国主义热情。五四运动前，工人罢工通常是为了提高经济待遇和改善工作条件，而这次斗争"既不是为了增加工资，也不是为了缩短工时"，为的是"革政府之心，救灭亡之祸"[①]，避免"看到我们的国家将要沦为朝鲜第二"[②]。许多工人在生活困难的条件下还为在街口兴建"毋忘国耻"的牌楼捐款，以激励国人的爱国热情。工人们在罢工中明确提出："救国必须从根本解决，就是要推翻卖国政府。……另起炉灶，组织新政府。"[③] 在五四运动中，工人斗争的矛头直指帝国主义和军阀政府，拯救濒临危亡的国家和民族，具有鲜明的反帝反封建的性质。工人们在斗争中爱国热情空前高涨，思想觉悟迅速提高，在罢工启示中强调："敝同人为政府之不良，压制学界，同人等自愿于7号9时全体罢工，一致要求，以尽国民之义务。"[④] 这也表明中国工人阶级开始实现由自在阶级向自为阶级的转变。

其次，在这次运动中，中国工人阶级不再是资产阶级的追随者，而是一支态度鲜明、斗争坚决的独立政治力量。

五四运动之前，部分工人曾作为资产阶级和小资产阶级的追随者参加了一些反帝反封建的斗争。由于资产阶级的软弱性和妥协性，害怕和阻挠工人运动，导致工人运动屡屡受阻。在五四运动中，工人们不仅自发举行罢工，支援学生爱国运动，而且比资产阶级和小资产阶级表现出更为坚定的斗争精神。上海工人在罢工宣言中称："第一步举行工人游行示威运动。第二步举行工界大罢工。第三步牺牲吾辈数十万工人赤

---

① 中国科学院历史研究所第三所近代史资料编辑组编辑：《五四爱国运动资料》，科学出版社1959年版，第699页。

② 上海社会科学院历史研究所编：《五四运动在上海史料选辑》，上海人民出版社1960年版，第307页。

③ 《七月一日上海国民会议开会讨论拒约救亡办法》，《时事新报》1919年7月2日。

④ 《英商别发印书房工人决定全体罢工》，《新闻报》1919年6月8日。

血，与野蛮的强权战。"① 当资产阶级和小资产阶级在群众运动面前开始动摇时，工人阶级义无反顾、勇往直前。如上海铁路工人决定罢工时，面对各方面的劝说和阻挠，工人们不为所动，声明："国家败亡，甘愿待毙，非得政府圆满允可（人民要求），誓不开驶火车。"② 当一些商人开始动摇，酝酿开市，工人们表示："即令商界营业开市，工界同胞决不因此终止，誓当再接再厉，继续罢工。"③ 工人阶级鲜明的革命态度、义无反顾的革命精神已表明工人阶级成为反帝反封建的主力军，其社会地位和威望空前提高。邓中夏在《中国职工运动简史（1919—1926）》中指出："中国工人阶级的政治罢工开始于这一次，后来中国工人阶级能发展自己阶级的独立力量与独立斗争，显然的此次罢工有很大的影响。"④

最后，开始摆脱行会、帮口的约束，实行同盟罢工，形成全国性的联合行动。

行会、帮口不是阶级组织，而是一种封建性的组织。我国早期工人运动，有些是通过行会、帮口来动员和组织的，它们在早期工人运动中发挥了一定作用。但随着工人运动的深入，其消极作用逐步显现出来，甚至被资本家和反动力量利用来分化工人阶级和破坏工人运动。五四运动前，上海工人中仍有安徽帮、宁波帮、湖北帮和广东帮等，他们之间相互争夺地盘和工作机会，甚至发生械斗。在五四运动中，虽然还没有现代工会组织的出现，但工人们已开始突破行会、帮口的组织和观念，打破行业、地区的限制，联合起来，举行同盟罢工。上海的"水木工人

---

① 中国科学院历史研究所第三所近代史资料编辑组编辑：《五四爱国运动资料》，科学出版社 1959 年版，第 459 页。

② 《字林西报》1919 年 6 月 12 日。

③ 中国社会科学院近代史研究所近代史资料编辑组编：《五四爱国运动》（下），中国社会科学出版社 1979 年版，第 544 页。

④ 《邓中夏全集》（下），人民出版社 2014 年版，第 1353 页。

有本帮、宁绍帮、苏帮之分，此次风潮发生之后，该工人等激于义愤，久欲于学商两界一致行动，经该公所人极力抚慰，暂且有待。至昨日起，该董事无法劝阻，遂一律罢工"①。"上海耶松公司老船坞和瑞熔机器造船厂 1000 余工人罢工后，举行大会，曾决议劝告工部局电灯厂工人和他们采取一致行动。慎昌洋行的电器工人在罢工以后，还去礼查饭店，和那里的电器工人商议，动员他们也举行罢工。沪宁、沪杭甬两铁路工人的罢工，最初是由沪宁铁路机器厂发起，在吴淞厂内提议，全体签名赞成；然后知照上海、南京与闸口机厂工人，征得同意和一致签名赞成，才于 6 月 8 日宣布行动的。"②

二、马克思主义与中国工人运动相结合，中国共产党的成立，掀起中国工人运动的第一次高潮

（一）马克思主义在中国的传播

马克思主义产生在 19 世纪 40 年代的欧洲，是人类进步思想的结晶，是科学的世界观和方法论，是无产阶级的科学思想体系。中国人很早就接触过马克思主义，1899 年英国传教士在《万国公报》中第一次提到马克思及其学说，资产阶级改良派梁启超在 1902—1905 年也介绍过马克思主义。但在十月革命前的中国，对马克思主义的介绍是片面的、零碎的，甚至是曲解的，由于缺乏社会条件，马克思主义对中国没有产生什么社会影响。

新文化运动促使了中国人民的思想解放。十月革命的胜利和五四运动的影响使马克思主义在中国的传播具备了客观条件。毛泽东指出：

---

① 中国科学院历史研究所第三所近代史资料编辑组编辑：《五四爱国运动资料》，科学出版社 1959 年版，第 470 页。

② 刘明逵、唐玉良主编：《中国工人运动史》第 2 卷，广东人民出版社 1998 年版，第 82—83 页。

"第一次世界大战震动了全世界。俄国人举行了十月革命，创立了世界上第一个社会主义国家。过去蕴藏在地下为外国人所看不见的伟大的俄国无产阶级和劳动人民的革命精力，在列宁、斯大林领导之下，像火山一样突然爆发出来了，中国人和全人类对俄国人都另眼相看了。这时，也只是在这时，中国人从思想到生活，才出现了一个崭新的时期。中国人找到了马克思列宁主义这个放之四海而皆准的普遍真理，中国的面目就起了变化了。""中国人找到马克思主义，是经过俄国人介绍的。在十月革命以前，中国人不但不知道列宁、斯大林，也不知道马克思、恩格斯。十月革命一声炮响，给我们送来了马克思列宁主义。十月革命帮助了全世界的也帮助了中国的先进分子，用无产阶级的宇宙观作为观察国家命运的工具，重新考虑自己的问题。走俄国人的路——这就是结论。"[①]

俄国十月革命的胜利，引起了中国各阶层人民的广泛关注，极大地鼓舞了中国人民和中国的先进分子。"中国的先进分子立即把目光从西方转向东方，从英美转向了俄国，产生了学习俄国、研究马克思主义的愿望。"[②]

十月革命和五四运动后，马克思主义在中国的传播表现在以下几个方面：

首先，宣传马克思主义的刊物大量涌现。十月革命的胜利特别是五四运动后，宣传马克思主义的刊物如雨后春笋般地出现。"李大钊在北京《晨报》副刊开辟《马克思研究》专栏，大量刊登马克思等译著。他在1919年10月发表名著《我的马克思主义观》，第一次较为全面系统地介绍了马克思主义的三个组成部分——唯物史观、政治经济学和科学社会主义。杨匏安于1919年11月在《广东中华新报》发表《马克思主义——一称科学社会主义》一文，也对马克思主义的基本原理作

---

① 《毛泽东选集》第4卷，人民出版社1991年版，第1470—1471页。

② 萧超然、沙健孙主编：《中国革命史稿》，北京大学出版社1984年版，第48页。

了系统的介绍。"①1920 年，由陈望道翻译的中国第一个《共产党宣言》中文全译本在上海正式出版。据初步统计："自十月革命胜利消息传到中国至 1922 年为止，在中国，先后有近三十种马克思主义经典著述被译成中文。"②此外，中国还出现一大批宣传和探讨马克思主义的进步刊物，如《新青年》《每周评论》《湘江评论》等。

其次，出现了一些宣传和研究马克思主义的个人和团体。在宣传马克思主义理论方面，除李大钊、杨匏安和陈望道外，当时还有陈独秀、李达、李汉俊、毛泽东和邓中夏等。特别值得一提的是，"一些国民党人士虽然不信仰马克思主义，但在传播马克思主义方面也做了具有积极意义的努力，如胡汉民、戴季陶等"③。与此同时，研究马克思主义的团体也相继涌现，比较有影响的有：北京的马克思主义学说研究会和少年中国学会、上海的马克思主义研究会、湖南的新民学会、湖北的利群书社、天津的觉悟社等。

再次，一批初步具有共产主义思想的知识分子向工人宣传马克思主义。五四运动后，许多知识分子认识到工人阶级的作用，提出"到工人中去"的口号。吴玉章一段话代表了当时许多人的共同心声："从前我们搞革命虽然也看到过群众运动的场面，但是从来没有见到过这种席卷全国的雄壮浩大的声势。在群众运动的冲激震荡下，整个中国从沉睡中复苏了，开始焕发出青春的活力，一切反动腐朽的恶势力，都显得那样猥琐渺小，摇摇欲坠。以往搞革命的人，眼睛总是看着上层的军官、政客、议员，以为这些人掌握着权力，千方百计运动这些人来赞助革命。

---

① 郭德宏、刘晶芳主编：《中国共产党的历程》第 1 卷，河南人民出版社 2001 年版，第 23—24 页。

② 林茂生：《马克思主义在中国的传播》，书目文献出版社 1984 年版，第 10—11 页。

③ 张静如主编：《中国共产党通史（插图本）》第 1 卷（上），广东人民出版社 2002 年版，第 61 页。

如今在五四群众运动的对比下，上层的社会力量显得何等微不足道。在人民群众中所蕴藏的力量一旦得到解放，那才真正是惊天动地、无坚不摧的。特别是一向被人轻视的工人群众也发出了怒吼，象上海那样的大都市，自 6 月 5 日开始，一声罢工、罢市令下，整个城市的繁华绮丽顿时变成一片死寂，逼得北洋军阀政府不得不免去卖国贼曹汝霖、章宗祥、陆宗舆的官职。工人阶级的奋起，这是一支真正能制一切反动派于死命的伟大生力军。"[①]一批初步具有共产主义思想的知识分子通过创办通俗刊物、工人俱乐部和劳动补习学校等方式向工人宣传马克思主义。

最后，马克思主义在论战中不断传播。在中国，早期介绍马克思主义的既有初步具有共产主义思想觉悟的知识分子，也有无政府主义者，甚至还有一些资产阶级知识分子。随着马克思主义的广泛传播，新文化运动的阵营开始分化，于是马克思主义者与非马克思主义者之间爆发了三次论战：第一次是问题与主义的论战，第二次是关于社会主义的论战，第三次是对无政府主义的论战。通过这些论战，马克思主义者批判了资产阶级改良主义、假社会主义和无政府主义思潮，初步阐述了马克思主义基本原理，并使一批初步具有共产主义思想觉悟的知识分子受到锻炼，不少原来受无政府主义影响的青年纷纷转变到马克思主义立场上来，推动了马克思主义在中国的传播。

（二）中国共产党的诞生，中国工人运动开始进入有意识有组织的经济斗争和政治斗争的新阶段

1921 年 7 月，中国共产党第一次全国代表大会在上海召开。大会讨论和通过了《中国共产党第一个纲领》和《中国共产党第一个决议》，选举产生了以陈独秀为书记的中央局。"中国共产党第一次代表大会宣

---

① 《吴玉章回忆录》，中国青年出版社 1978 年版，第 111—112 页。

告中国共产党正式成立。从此，在古老落后的中国出现了完全新式的，以马克思列宁主义为行动指南的，以实现社会主义和共产主义为奋斗目标的统一的无产阶级政党。这是中国历史上开天辟地的大事件。"①

中国共产党成立后，从中央到地方的各级组织都把主要精力放在从事工人运动上。为了大力开展工人运动，1921 年 8 月，中国共产党"成立一公开的做职工运动的总机关，定名为中国劳动组合书记部"②。中国劳动组合书记部总部开始设在上海，后迁往北京，张国焘、邓中夏先后担任主任，下设北京、武汉、湖南、广东和上海等地方分部。《中国劳动组合书记部宣言》呼吁："劳动者没有组织，或者只有公所和无意义的工会组织，自然这种团结是不能够自卫，也自然是无反抗的能力。而且劳动者把他们自己分成什么宁波帮、广东帮、江北帮等等是不行的。这是把自己分裂的办法，怎样能拿着这种团体来和资本家奋斗呢？我们只有把一个产业底下的劳动者，不分地域，不分男女老少，都组织起来，做成一个产业组合。因为这样一个团体才能算是一个有力的团体，要这样的组织法，劳动者才能用他们的组织力，做奋斗事业，谋改良它们的地位呢。"③ 中国劳动组合书记部出版了《劳动周刊》，作为宣传工人运动的机关刊物。1922 年 5 月，中国劳动组合书记部发起在广州召

---

① 中共中央党史研究室：《中国共产党历史（1921—1949）》第 1 卷上册，中共党史出版社 2002 年版，第 88 页。

② 《邓中夏全集》（下），人民出版社 2014 年版，第 1360 页。关于中国劳动组合书记部的名称，张国焘在《我的回忆》中记述："我们谈到新中央将如何根据大会决议展开工作时，马林提出那个已经决定了要组织起来的工人运动的中央机构，应该用什么名称。我告诉他，这个名称还在考虑之中，我们不能称之为总工会，因为害怕不是由各地工会所产生出来的机构，并反问他，根据各国工人运动的经验，以使用什么名为最适当？他建议可以叫做'中国劳动组合书记部'，并说明这个名称适合于一般共产主义者从事工会组织工作的称号。这个名称的提出，似是马林对于中共第一次的具体贡献。"

③ 俞祖华主编：《中国通史教程教学参考（现代卷）》，山东大学出版社 2001 年版，第 23 页。

开全国第一次劳动大会，参加大会的有来自全国12个城市的代表173人，代表110多个工会和34万有组织的工人。大会讨论通过的《全国总工会组织原则决议案》决定："在全国总工会未成立以前，先设一全国总通讯处，委托中国劳动组合书记部担任。"① 这事实上是承认中国劳动组合书记部在全国工人运动中的领导地位。在中国劳动组合书记部和各地分部的组织领导下，仅1921年下半年，就发生了粤汉铁路武（昌）长（沙）段大罢工、上海英美烟厂新旧厂大罢工、陇海铁路机工大罢工和汉口租界人力车夫大罢工等。

在中国共产党的领导下，在中国劳动组合书记部的积极推动下，工人阶级迅速觉悟和组织起来。从1922年1月香港海员大罢工到1923年2月京汉铁路工人大罢工，全国出现工人运动第一次高潮。这次工人运动高潮"经过继续到一十三个月之久，大小罢工当在一百次以上，参加人数当在三十万人以上"② 。由于军阀的残酷镇压，"二七"惨案后，全国工人运动暂时转入低潮。这次工人运动虽然失败了，但它沉重地打击了帝国主义和封建主义，显示了中国工人阶级坚定的革命性和坚强的战斗力，培养和锻炼了一批领导工人运动的党员干部，为中国共产党领导工人运动积累了经验教训。

三、第一次国共合作，推动了大革命运动的兴起和工农运动的复兴

"二七"惨案使中国共产党认识到，在半殖民地半封建的中国，面对强大的敌人，单靠无产阶级的孤军奋战是不能取得胜利的。无产阶级必须团结一切可以团结的力量，争取一切可能的同盟军，建立广泛的统

---

① 俞祖华主编：《中国通史教程教学参考（现代卷）》，山东大学出版社2001年版，第23页。

② 《邓中夏全集》（下），人民出版社2014年版，第1363页。

一战线，才能取得反对帝国主义和反对封建军阀的革命运动的胜利。

对于中国如何取得新民主主义革命的胜利，联共（布）、共产国际也不断在思考。1922 年 7 月 11 日，共产国际代表马林在《向共产国际执行委员会的报告》中指出，"国民党同罢工者之间的联系非常紧密，在广州、香港和汕头约有 12000 名海员加入了国民党"，国民党的纲领"为各不同派的人入党提供了可能性。其性质是民族主义的，奉行的是反对外来统治，主张民主，让国民的人格受到尊重，过上幸福生活为内容的三民主义"①。马林建议中国共产党要"改变对国民党的排斥态度并在国民党内部开展工作，因为通过国民党同南方的工人和士兵取得联系要容易得多。同时，共产主义小组必须不放弃自己的独立性"。他强调指出中国共产党"若不在组织上同国民党结合，那他们的宣传前景暗淡"②。根据马林的建议，1923 年 1 月 12 日，共产国际执行委员会讨论并通过《关于中国共产党与国民党的关系问题的决议》。决议指出："一、中国唯一重大的民族革命集团是国民党，它既依靠自由资产阶级民主派和小资产阶级，又依靠知识分子和工人。二、由于国内独立的工人运动尚不强大，由于中国的中心任务是反对帝国主义者及其在中国的封建代理人的民族革命，而且由于这个民族革命问题的解决直接关系到工人阶级的利益，而工人阶级又尚未完全形成为独立的社会力量，所以共产国际执行委员会认为，国民党与年青的中国共产党合作是必要的。三、因此，在目前条件下，中国共产党党员留在国民党内是适宜的。四、但是，这不能以取消中国共产党独特的政治面貌为代价。党必须保持自己原有的组织和严格集中的领导机构。中国共产党重要而特殊的任务，

---

① 《共产国际、联共（布）与中国革命文献资料选辑（1917—1925）》，北京图书馆出版社 1997 年版，第 235 页。

② 《共产国际、联共（布）与中国革命文献资料选辑（1917—1925）》，北京图书馆出版社 1997 年版，第 239 页。

应当是组织和教育工人群众，建立工会，以便为强大的群众性的共产党准备基础。在这一工作中，中国共产党应当在自己原有的旗帜下行动，不依赖于其他任何政治集团，但同时要避免同民族革命运动发生冲突。……七、只要国民党在客观上实行正确的政策，中国共产党就应当在民族革命阵线的一切运动中支持它。但是，中国共产党绝对不能与它合并，也绝对不能在这些运动中卷起自己原来的旗帜。"①

1923 年 6 月 12 日至 20 日，中国共产党在广州召开第三次全国代表大会。经过激烈讨论，大会接受共产国际关于中国共产党同国民党合作的指示，大会通过的《关于国民运动及国民党问题的决议案》指出："工人阶级尚未强大起来，自然不能发生一个强大的共产党——一个大群众的党，以应目前革命之需要，因此，共产国际执行委员会议决中国共产党须与中国国民党合作，共产党党员应加入国民党，中国共产党中央执行委员会曾感此必要，遵行此议决，此次全国大会亦通过此议决。""我们加入国民党，但仍旧保存我们的组织，并须努力从各工人团体中，从国民党左派中，吸收真有阶级觉悟的革命分子，渐渐扩大我们的组织，谨严我们的纪律，以立强大的群众共产党之基础。""我们须努力扩大国民党的组织于全中国，使全中国革命分子集中于国民党，以应目前中国国民革命之需要。"② 与此同时，伟大的革命先行者孙中山在共产国际代表和中国共产党的帮助下，总结辛亥革命后国民革命多次失败的教训，着手改造国民党。

1924 年 1 月 20 日至 30 日，中国国民党第一次全国代表大会在广州举行。大会审议并通过了《中国国民党总章》《改组国民党政府之必

---

① 《共产国际、联共（布）与中国革命文献资料选辑（1917—1925）》，北京图书馆出版社 1997 年版，第 436—437 页。

② 《建党以来重要文献选编（1921—1949）》第 1 册，中央文献出版社 2011 年版，第 259 页。

要案》《中国国民党第一次全国代表大会宣言》等文件。《中国国民党第
一次全国代表大会宣言》对三民主义作了符合潮流的解释，使之发展成
新三民主义。在民族主义中，强调"国民党之民族主义，有两方面之意
义：一则中国民族自求解放；二则中国境内各民族一律平等"。在民权主
义中，强调"国民党之民权主义，于间接民权之外，复行直接民权，即
为国民者不但有选举权，且兼有创制、复决、罢官诸权也"。在民生主
义中，强调"国民党之民生主义，其最要之原则不外二者：一曰平均地
权；二曰节制资本"。①《中国国民党第一次全国代表大会宣言》成为第
一次国共合作的政治基础和共同纲领。中国国民党第一次代表大会的召
开，标志着以国共合作为基础的革命统一战线的正式形成。会议通过的
《中国国民党总章》，确定共产党员和社会主义青年团员以个人身份加入
国民党的原则。国民党的改组和革命统一战线的形成，为国民革命高潮
的到来，做了政治上、组织上和思想上的准备。

　　国共合作促进了工人运动、农民运动的发展。大会闭幕后，国民党
中央决定设立工人部和农民部，国民党左派廖仲恺为首任工人部部长，
共产党人林祖涵（即林伯渠）为农民部第一任部长。国民党在广东和中
国中部以及北方各省的各级委员会下面，也都设立了工人部和农民部；
工人部和农民部的秘书、干事大都由共产党员担任。同年11月，孙中
山又发布《工会条例》，承认工人有组织工会、言论、出版、罢工等自
由。此后，工人罢工斗争、农民运动在全国展开，此起彼伏。1924年
7月15日，广州沙面数千名工人反对英、法帝国主义颁布限制中国人
自由出入沙面租界的"新警律"，举行全体罢工。经过30多天的斗争，
罢工取得胜利。广州沙面工人罢工打破"二七"惨案以后工人运动的
沉寂局面，对中国北方地区的工人运动产生了巨大影响，成为全国

---

　　① 《孙中山文粹》下卷，广东人民出版社1996年版，第698—701页。

工人运动重新走向高潮的起点。

"从 1924 年初开始，北方工人运动逐渐打破二七惨案后的消沉状态，得到恢复和发展。1924 年下半年和 1925 年 2 月，唐山华新纱厂工人两次举行罢工，迫使资本家答应了工人提出的增加工资等要求。1925 年 2 月，青岛四方机场工人在邓恩铭等发动下举行罢工，向胶济铁路局提出承认工会权利等五项条件，最后取得胜利。北京工人的罢工斗争此起彼伏，仅 1925 年 3 月就有六起之多。"①

国共合作后，在中共广东区委和国民党中央农民部的领导下，广东各县纷纷建立农民协会，组建农民自卫军，向封建势力发起进攻。为了适应农民运动发展的需要，培养从事农民运动的骨干力量，在中国共产党人的倡议和主持下，以国民党中央执行委员会的名义，先后在广州举办了六届农民运动讲习所。农讲所的开办，为中国革命培养了大批农民运动人才，对推动广东农民运动的发展产生了重大影响。

1925 年 5 月 15 日，上海内外棉七厂的日本资本家枪杀工人顾正红。5 月 28 日，中共中央召开紧急会议，决定发动学生和工人于 30 日在租界举行大规模的反帝示威活动。5 月 30 日，上海各大、中学学生 2000 余人到公共租界进行宣传、讲演和示威游行，租界的英国巡捕在南京路上突然开枪，打死学生、工人等 13 人，伤者数十人，这就是震惊中外的"五卅"惨案。以后几天，在上海和其他地方又连续发生英、日等国军警枪杀中国民众的事件。为了加强对工人运动的领导，6 月 1 日，上海总工会成立，李立三和刘华分别担任正、副委员长。4 日，上海成立工商学联合会。"五卅"惨案后，在中国共产党领导和推动下，全国形成以工人阶级为骨干和先锋，各阶层群众积极参加的反帝爱国运动。全

---

① 中共中央党史研究室：《中国共产党历史（1921—1949）》第 1 卷上册，中共党史出版社 2002 年版，第 176 页。

国各地约有 1700 万人直接参加了运动。

在全国支援五卅运动的反帝斗争中，影响最大的是广州、香港工人举行的省港大罢工。6 月 19 日，香港的海员、电车等 10 余万工人举行罢工。21 日，广州沙面工人举行罢工。为了加强对罢工运动的统一领导，在中国共产党的推动下，7 月 3 日成立了以苏兆征为委员长的省港罢工委员会，作为省港罢工工人代表大会的最高执行机关。在全国人民和广州国民政府的大力支援下，罢工坚持 16 个月之久，这在中国工人阶级斗争史上是空前的，在世界工人运动史上也属罕见。省港大罢工在经济上、政治上给英帝国主义者以沉重打击，巩固了广东革命根据地，显示了中国工人阶级的伟大力量和奋斗精神，在中国革命史上写下了光辉的一页。

为了夺取全国范围内国民革命的胜利，1926 年 7 月，国民革命军开始北伐。北伐战争的顺利推进，为沿途各省工农运动的发展创造了有利条件。"在北伐战争期间，全国以两湖为中心的工农运动，在中国共产党的组织领导下，得到了迅猛发展。据统计，全国农会会员 1926 年 6 月有 88 万人，1927 年初发展到 900 多万人。北伐开始时，全国工会人数为 124 万人，1926 年底增加到近 200 万人，1927 年 4 月增至 306 万余人。"① 在北伐军经过的湖南、湖北和江西，农民运动很快高涨，特别是毛泽东领导的湖南农民运动成为全国农民运动的中心。这些省份纷纷成立农民协会，组建农民自卫军。"在农村出现大革命形势的同时，城市的工人运动也高涨起来。湖南、湖北两省总工会在 9、10 月间相继成立。到 1927 年 1 月，两省的工会会员发展到七十万人。武汉参加工会的人数从北伐前的万余人猛增到十万人。许多县也陆续成立县工会。不久，江西省总工会也正式成立。在湖南、湖北、江西等省，都仿效省

---

① 郭德宏、刘晶芳主编：《中国共产党的历程》第 1 卷，河南人民出版社 2001 年版，第 71 页。

港大罢工的经验，组织了武装的工人纠察队。长沙、武汉、九江等城市的工人相继举行大规模的罢工，提出增加工资、减少工时、改善劳动条件、反对封建性工头和包身工制等要求。这些斗争大都取得了胜利。"[①]这期间影响较大的有：1927年初汉口、九江收回英租界的斗争和1926年10月至1927年3月间的上海工人三次武装起义。

四、第一次国共合作的破裂和大革命的失败，工农运动暂时处于低潮

(一) 革命阵营的分化和中共党内的不同意见

工农运动的迅速发展，革命形势的不断高涨，国民党右派感到恐惧。他们一方面诬蔑农民运动是"痞子运动""惰农运动"，通过其操纵的招牌工会对工人运动进行控制和压迫；另一方面，还通过由他们控制的军队杀害工会、农会干部，镇压工人运动、农民运动。与此同时，蒋介石的反共面目也越来越明显，国内各种反动势力以蒋介石为中心迅速集结。革命统一战线随时有破裂之危险。在此关键时刻，中共中央于1926年12月13日在汉口召开特别会议。陈独秀在政治报告中指出："此次会议的政治报告，主要点还是关于国民党问题。因为自江西战争胜利之后，我们与国民党的关系又发生许多新的变化，我们有重新讨论之必要。"[②]陈独秀认为造成目前联合战线破裂的危险的原因有："一因江西战胜后，军事势力有离民众而往右走之倾向；二因工农运动之发展，使资产阶级恐惧；三因帝国主义改用新的分离政策；四因我们之失策。"[③]

---

① 胡绳主编：《中国共产党的七十年》，中共党史出版社1991年版，第65页。
② 《建党以来重要文献选编（1921—1949）》第3册，中央文献出版社2011年版，第493页。
③ 《建党以来重要文献选编（1921—1949）》第3册，中央文献出版社2011年版，第494页。

会议根据陈独秀所作的《政治报告决议案》指出："各种危险倾向中最主要的严重的倾向是一方面民众运动勃起之日渐向'左'，一方面军事政权对于民众运动之勃起而恐怖而日渐向右。这种'左'右倾倘继续发展下去而距离日远，会至破裂联合战线，而危及整个的国民革命运动。"挽救措施"一方面重新提出'武力与民众结合'的口号，督促国民党国民政府继续对外对内在城市在乡村中反封建势力的争斗，在城市在乡村扩大民主主义的宣传运动，扶助国民党左派领袖获得在政府及党的领导地位，以推动国民党的军事政权向左，至少也要不继续更向右；一方面改善我们和国民党的关系，纠正同志们关于我们党独立之误解，纠正同志们否认左派存在之错误，一切群众运动尽可能的与左派合作，使左派获得他们的群众（农民及城市小资产阶级），在工农群众实际争斗中勿存幻想（如手工业工人过高要求，工人纠察队执行一部政权，实行耕地农有等），以防止我们过于向'左'"。① 这次会议幻想通过压制群众运动、对国民党右派妥协退让来挽救中国革命，没有解决党在迫在眉睫的危局中如何生存并坚持斗争的问题。

当时，中国共产党党内一部分同志反对这种右倾机会主义错误。瞿秋白于 1927 年 2 月在其撰写的《中国革命中之争论问题》一文中，对党内出现的右倾机会主义错误进行了比较系统的批判，指出："中国革命即使是资产阶级性的民权革命，也非由无产阶级取得领袖权不能胜利，因为他根本是农地革命；何况中国革命是世界无产阶级革命之一部分，革中国地主阶级的命，就等于革世界资产阶级的命，因为中国地主阶级（军阀——官僚买办）是帝国主义统治中国的代理人。"② 我们"要

---

① 《建党以来重要文献选编（1921—1949）》第 3 册，中央文献出版社 2011 年版，第 501 页。

② 中共武汉市委党史研究室、中共五大会址纪念馆编著：《中国共产党第五次全国代表大会》，中共党史出版社 2007 年版，第 10 页。

用'劳工阶级的方法实行国民革命'——以苏维埃的方法创造国民会议制度的平民共和国"①。"无产阶级应当首先联合工匠农民兵士的小资产阶级，领着一般的城市小资产阶级，反对那妥协卖民的民族资产阶级，以此正确的策略日益组织团结更广泛的群众，——这样去领袖中国的革命。"②1927年初，毛泽东在湖南做了32天的考察工作，撰写了《湖南农民运动考察报告》，公开为农民运动辩护，强调农民运动的重要性。

（二）失败后的反击和反思

在帝国主义和买办资产阶级等的支持下，1927年4月12日凌晨，蒋介石以"工人内讧"为名，强行收缴上海工人纠察队的武器。4月13日上午，上海工人及各界群众10万多人发动总罢工和游行示威，表示强烈抗议。当游行队伍行进到宝山路时，第二十六军士兵突然开枪扫射，打死100多人，伤者不计其数。此后，疯狂的搜捕和屠杀继续进行。到4月15日，上海工人300多人被杀，500多人被捕，5000多人失踪。这就是震惊中外的四一二反革命政变。大屠杀后，蒋介石下令解散上海总工会。

继上海的四一二反革命政变后，国民党反动派在江苏、浙江、安徽、福建、广东、广西等地相继以"清党"为名，大规模搜杀共产党员和工人群众。单广东一地，"黄埔军校及省港罢工委员会纠察队的武装被解除，罢工工人的宿舍也被封，革命的工会、农民协会、学生组织都被搜查破坏。有2100余人被捕，100多人被秘密枪毙。省港罢工委员会副委员长何耀全、中共中央候补委员中华全国铁路总工会委员长邓培、广州工代会主席刘尔送、中华全国总工会委员兼省港罢工委员会干

---

①　中共武汉市委党史研究室、中共五大会址纪念馆编著：《中国共产党第五次全国代表大会》，中共党史出版社2007年版，第13页。

②　中共武汉市委党史研究室、中共五大会址纪念馆编著：《中国共产党第五次全国代表大会》，中共党史出版社2007年版，第14页。

事局局长李森等工人领袖都被杀害，还有 2000 余铁路工人被驱逐"①。工人运动又一次遭到严重的挫折。

7 月 15 日，汪精卫在武汉召开国民党中央常务委员会扩大会议，正式同共产党决裂。随后便封闭工会、农民协会等群众团体，在武汉地区对共产党员和革命群众实行大逮捕、大屠杀。持续三年多的中国大革命失败了。大革命失败后，以蒋介石为代表的国民党反动派在南京建立了政权。南京政府取缔革命工会，逮捕和杀害工人运动领袖，工会会员由大革命高潮时期的 280 余万人减至几万人。中国革命由全国范围的高潮转入低潮。

为了挽救中国革命，1927 年 8 月 1 日，中国共产党在南昌发动武装起义。南昌起义在危急关头打响了武装反抗国民党反动派的第一枪。随后，中国共产党又领导秋收起义和广州起义。由于敌我力量悬殊等因素，这些起义都先后失败。

为了审查和纠正党在大革命后期的错误，决定新的路线和政策，中共中央于 1927 年 8 月 7 日在湖北汉口召开紧急会议。大会清算了以陈独秀为代表的右倾机会主义错误，确定了土地革命和武装反抗国民党反动派的方针。会议通过的《最近职工运动决议案》指出："我们革命已经到了最严重而向新的方向进展的时期，必须有新的策略去领导劳动群众起来，发展伟大的组织，猛往直前的奋斗，方能使无产阶级真正获得领导权，而求达工农独裁之实现，只有如此，才能真正联合并领导小资产阶级的群众，完成民权革命，而进于社会革命。""此种总的任务之下，职工运动目前的重要点，就是真工会与假工会之战。……我们无产阶级政党必须坚决的领导工农群众反对这些政府，反对北方军阀的政府。对

---

① 盖军主编：《中国工人运动史教材简编（1919—1949）》，华东师范大学出版社 1988 年版，第 121 页。

于他们摧残工会或所谓改组工会，都应当立刻坚决的号召群众起来反对。"①《最近职工运动决议案》还指出："本党应当领导群众力争真正工会之公开，实行工人结社、集会、言论、罢工的自由之政治斗争，再则工人阶级目前最急切的要求，便是经济问题……本党应当领导工人努力于反抗这种反攻及一切剥削的经济斗争。"并要求"工人阶级应时刻准备能领导并参加武装暴动"。②《最近职工运动决议案》充分反映了当时党内的"左"倾情绪，对在革命处于低潮形势下党应当组织必要的退却缺乏认识，没能实现从进攻到防御策略的转变。此后，"左"倾情绪继续发展，11 月 9—10 日，中共中央在上海召开临时政治局扩大会议。会议讨论通过的《中国现状与党的任务决议案》指出："中国革命的无间断的性质，只要看最近各重要省份里农民暴动的高涨，就可以证明。""现时形势中之中国共产党的总策略，便是：（一）努力使群众自发的革命斗争得有最高限度的组织的性质；（二）努力使互相隔离零星散乱的农民暴动，变成尽可能的大范围内的农民总暴动；（三）努力保证工人阶级的爆发与农民暴动互相赞助互相联络。"③ 这次会议通过的《职工运动决议案》进一步指出："要把政治决议所指出的任务实现于职工运动方面，首先便应坚决的与有意或无意忽略职工运动的倾向奋斗，事实上使职工运动成为党在群众中的最主要最根本的工作，事实上使工人阶级能成为农民贫苦民众的领导者和先锋队。同时应坚决的肃清职工运动中机会主义的余毒，从同志和工人群众的脑海中洗去一切妥协、退缩和军事投机对国民党幻想等反革命思想。在组织上应当从工会指导机关和党内

---

① 《建党以来重要文献选编（1921—1949）》第 4 册，中央文献出版社 2011 年版，第 444 页。

② 《建党以来重要文献选编（1921—1949）》第 4 册，中央文献出版社 2011 年版，第 445、446 页。

③ 《建党以来重要文献选编（1921—1949）》第 4 册，中央文献出版社 2011 年版，第 623、624 页。

职工运动指导机关中彻底撤换一切投机腐化退缩消极的分子，代以积极勇敢的工人分子。"①"党的职工运动主要路线是从不断的领导工人作经济的政治的斗争，从斗争中严密工人的组织，加紧工人的政治训练，扩大工人的武装组织和训练，一直发展到武装暴动夺取政权。……现时经济罢工是开创新的职工运动的唯一道路，而且是如干柴着火一般极容易爆发的，我们党应当有计划的、有组织的站在工人群众前面勇敢的领导他们。党的中央应当以各地能否爆发经济罢工为考察各地改造职工运动之成绩的标准。""党在工人阶级中应作的政治工作应不仅限于宣传工作，应当利用机会实行政治的集会示威游行，以至于政治罢工，特别是当现在新旧大小军阀的混战时期，在战争的区域中应当发动反军阀战争的争斗，至少应当做到开会游行示威并在紧急的当中夺取武装的工作。"② 在"左"倾盲动错误的影响下，一些地区不顾敌强我弱、革命暂时处于低潮的现实，发生强迫工人罢工和盲目举行武装暴动等情况，使革命力量蒙受不应有的损失。

为了系统总结大革命失败的经验教训，批评右倾机会主义和"左"倾盲动主义的错误倾向，1928 年 6 月 18 日至 7 月 11 日，中国共产党第六次全国代表大会在莫斯科召开。六大通过的《政治议决案》指出："中国革命现在阶段的性质是资产阶级性的民权主义革命，如认中国革命目前阶段为已转变到社会主义性质的革命，这是错误的，同样，认为中国现时革命为'无间断革命'也是不对的。"③ 大会提出反对"左"、右两种错误倾向，指出："现在，第一个革命浪潮已经因为历次失败而

① 《建党以来重要文献选编（1921—1949）》第 4 册，中央文献出版社 2011 年版，第 669 页。

② 《建党以来重要文献选编（1921—1949）》第 4 册，中央文献出版社 2011 年版，第 670 页。

③ 《建党以来重要文献选编（1921—1949）》第 5 册，中央文献出版社 2011 年版，第 377 页。

过去了，而新的浪潮还没有来到，反革命的势力还超过工农，党的总路线是争取群众，党要用一切力量去加紧团结收集统一无产阶级的群众，使他们围绕党的主要口号"①。大会指出，党在职工运动的主要任务是积蓄力量，"争取工人阶级的大多数"，为此，"坚决的反对对于自己阶级应用强制和命令的办法，反对强迫罢工、强迫进行武装斗争的办法"。②六大之后，中共中央在工人运动的组织策略上进行了必要的调整，提倡利用合法的组织形式和合法条件，重视工人日常的经济斗争，加入黄色工会，争取群众，等等。经过党的耐心细致的工作，工人运动有了一定程度的恢复和发展。"据中华全国总工会的统计，1928年下半年，上海发生的94起罢工中，由资本家方面引起的占32%，由工人反抗引起的占60%。斗争结果，工人完全胜利的占25%，相当胜利的占19%，失败的占13%。从工人罢工的实际结果看，贯彻党的六大的工运策略，也取得了成效。例如，1928年10月，上海邮务职工为改善薪津举行的大罢工取得胜利。这次斗争震动上海，波及全国。1929年4月，唐山开滦五矿10多万名工人为增加工资、改善待遇举行大罢工，迫使矿方答应工人提出的条件。10月，武昌福源纱厂等工厂的工人先后举行数十次反抗资本家和当局压迫的斗争，推动了武汉地区工人运动的复兴。特别是1930年6月上海发电工人持续57天的大罢工，利用合法手段，采取正确的斗争策略，最后取得了胜利。"③

---

① 《建党以来重要文献选编（1921—1949）》第5册，中央文献出版社2011年版，第390页。

② 《建党以来重要文献选编（1921—1949）》第5册，中央文献出版社2011年版，第396页。

③ 中共中央党史研究室：《中国共产党历史（1921—1949）》第1卷上册，中共党史出版社2002年版，第341—342页。

第二章　邓中夏工人运动思想
形成和发展的基础

第一节　邓中夏工人运动思想形成和发展的
主观和客观条件

一、邓中夏工人运动思想形成和发展的主观条件

（一）认清形势，献身于中国工人运动

邓中夏工人运动思想的创立离不开个人的主观努力。他怀着对祖国、对人民的热爱之情，站在时代潮流的潮头，从事革命和工人运动，积极思考工人阶级解放道路，探求救国救民的真理。对此，唐玉良指出："邓中夏出身于官僚地主家庭，能够在 1919 年五四运动前后走上革命的道路，并进而由一个激进的民主主义者转变成为一个共产主义者和坚定的无产阶级革命家，这是由他本身的品质和他所处的时代条件决定的。"[1]

对祖国无比忠诚、对人民无比热爱，这是邓中夏优秀品质之一。正是这种爱国主义情怀使他自觉把自己的前途命运与国家的兴衰、人民的

---

[1]　唐玉良：《功业永在　浩气长存——纪念中华全国总工会主要缔造者之一邓中夏烈士诞辰 110 周年》，中国工人历史与现状研究会组织编写：《中国工人历史与现状研究》，中国劳动社会保障出版社 2006 年版，第 21 页。

幸福联系在一起。"苟利国家生死以，岂因祸福避趋之"，在中华民族面临内忧外患时，他放弃安逸生活，投身于工人运动的洪流中。爱国主义是中华民族的优良传统，是振奋民族精神、凝聚全民族力量的精神支柱，是动员和鼓舞人们团结奋斗的一面旗帜，是个人实现人生价值的力量源泉。湖南师范大学谭双泉教授强调指出："爱国主义是邓中夏走上革命的起点……邓中夏是由爱国主义、激进民主主义到共产主义思想转变的光辉典范。"[1]

"爱国主义体现了人民群众对自己祖国的深厚感情，揭示了个人对祖国的依存关系，是人们对自己家园以及民族和文化的归属感、认同感、尊严感与荣誉感的统一。它是调节个人与祖国之间关系的道德要求、政治原则和法律规范，也是中华民族精神的核心。"[2] 爱国主义的基本要求是热爱祖国的大好河山、祖国的灿烂文化和自己的骨肉同胞等。爱国主义是一个历史的范畴，在社会发展的不同阶段、不同时期有不同的内涵。毛泽东指出："爱国主义的具体内容，看在什么样的历史条件之下来决定。"[3] 在半殖民地半封建的旧中国，帝国主义和中华民族的矛盾、封建主义与人民大众的矛盾是中国社会的主要矛盾，爱国主义主要表现为对外反对帝国主义的侵略，对内反对同列强勾结出卖祖国利益的反动统治阶级，把黑暗的旧中国改造成光明的新中国。

邓中夏早就表现出对祖国的关爱之情。辛亥革命爆发的消息传到湖南，正在湖南省宜章县高等小学学习的邓中夏，听此消息，极为兴奋，"从此，他开始关心国家大事，把全部课余时间用于广泛阅读各种新书和报刊。他很崇拜孙中山、黄兴、宋教仁等革命家，热心寻找和阅读他

---

① 老史：《杰出的工运领袖——邓中夏生平和思想研讨会综述》，《毛泽东思想论坛》1995 年第 1 期。

② 《思想道德修养与法律基础(2018 年版)》，高等教育出版社 2018 年版，第 55 页。

③ 《毛泽东选集》第 2 卷，人民出版社 1991 年版，第 520 页。

们的著作，开始接触资产阶级革命派的民族民主思想。"①1915 年，邓中夏"考入湖南高等师范学校文史专修科文科乙班，与蔡和森同学。他早诵夜读，刻苦用功，开始对王船山的《读通鉴论》中的民族思想和陈天华的《猛回头》中的爱国思想发生兴趣。同时，他也受到伦理学教授杨昌济新思想的影响，还是 1915 年出版的鼓吹新文化运动的《青年杂志》的热心读者。是年冬，窃国大盗袁世凯阴谋复辟帝制，他感慨赋诗，斥责权奸，表达忧国忧民的思想感情"②。在湖南高等师范学校学习期间，"在进步书刊的影响下，在杨昌济等老师的启发教育下，邓中夏的爱国主义思想和民主主义思想越来越强烈。他关心国家命运和社会状况，痛恨帝国主义对我国的侵略，痛恨封建顽固势力阻挠社会的进步，决心以陈天华、邹容等革命先烈为榜样，随时准备为救国救民贡献自己的一切"③。

1917 年，邓中夏考入北京大学国文系。在北京大学学习期间，邓中夏对祖国、对人民的关爱之心开始付之于行动。于是，他抛弃"一心只读圣贤书"的单纯想法，走出书斋，"开始冲破封建思想的禁锢，探索救国救民的真理。他曾毫不犹豫地将一位同乡花三块银元买来送他的王先谦所注《庄子》撕得稀烂，并且明确表示：在这种大变革的时代，不能再埋首书堆，要寻找解决实际问题的方法，勇敢地投身到火热的斗争中去"④。

1918 年 5 月，日本政府和北洋军阀秘密签订《中日共同防敌军事协定》。5 月 21 日，邓中夏和许德珩等人一起发动、领导北京大学、高等师范等大专院校学生反对段祺瑞政府与日本帝国主义签订《中日共同

---

① 姜平：《邓中夏的一生》，南京大学出版社 1986 年版，第 4 页。

② 谭双泉等：《邓中夏》，中共党史人物研究会编：《中共党史人物传》第 35 卷，陕西人民出版社 1987 年版，第 2 页。

③ 姜平：《邓中夏的一生》，南京大学出版社 1986 年版，第 10—11 页。

④ 谭双泉等：《邓中夏》，中共党史人物研究会编：《中共党史人物传》第 35 卷，陕西人民出版社 1987 年版，第 3 页。

防敌军事协定》的请愿活动。同年秋，他又与许德珩等人联络北京、天津、济南、南京、上海等地的爱国学生，"经过一个多月的工作，学生们成立了一个全国性的秘密团体——学生救国会。救国会总部设在北京，邓中夏、许德珩等北大学生被推选为负责人"①。在教育救国思想的支配下，邓中夏又创办《国民》杂志，对国民进行爱国主义宣传。邓中夏是《国民》杂志的编辑之一，他在杂志中发表文章，抨击时弊。在1919 年 2 月至 4 月的三期《国民》杂志中，邓中夏先后发表了《欧洲和议吾国委员之派遣》《国防军之成立》等八篇文章。"在这些文章中，邓中夏借助国内外报刊舆论，以大量的事实，犀利的笔锋，向全国人民揭露了日本帝国主义收买北洋军阀，控制我国军事、财政大权，侵占我国领土，妄图吞并中国的狼子野心；同时也揭露了军阀头子段祺瑞为扩张自己的势力，不惜充当帝国主义走狗，出卖国家利益的滔天罪行。"②

在创办《国民》杂志的同时，邓中夏在北京大学校长蔡元培与李大钊的支持下，于 1919 年 3 月发起组织北京大学平民教育讲演团，并被推选为总务干事，负责主持该团的工作。平民教育讲演团经常到北京各地进行演讲，向工人、农民等传播新思想。在爱国主义思想指导下，邓中夏不顾个人安危，领导和参加了五四爱国运动。5 月 3 日晚，在北京大学学生大会上，邓中夏愤慨地说："我们要不做亡国奴，就要外争国权、内惩国贼。我们要求政府拒绝在和约上签字。我们要抗议，要用实际行动反对帝国主义。"③五四运动后，邓中夏又组织一批具有爱国思想的进步学生在离北大不远的东黄城根达教胡同四号大院，成立"曦园"公寓。"曦园"以互助、学习、共同生活、亲身劳动为宗旨，经常举办

---

① 许德珩：《回忆五四时期的邓中夏同志》，《光明日报》1959 年 4 月 17 日。

② 姜平：《邓中夏的一生》，南京大学出版社 1986 年版，第 21 页。

③ 史兵：《邓中夏》，《中国工人运动的先驱》第 2 集，工人出版社 1983 年版，第 13 页。

读书报告会，交流心得。"曦园"活动大都是由邓中夏主持。当年参加过"曦园"公寓学习的张国焘说："那位有学究气味倡导新生活的邓中夏常向人一本正经鼓吹社会改革的大道理，使人感觉到他具有'秀才'和'牧师'两种风格。"①

为了改造中国，救民于水火，他"坚决拒绝了父亲为他在北洋政府农商部找到的一个待遇优厚的差事，明确地表示：'我要做公仆，我要联合各同志，做到人人有饭吃，个个过富裕的生活。我的目的是要为广大民众谋利益，绝不为个人自私自利，单独发财'"②。五四运动后，他"毅然谢绝胡适保送他出国留学的厚爱，决心留在国内搞社会改造运动"③。

国家的危亡、人民的痛苦，使青年邓中夏具有了忧国忧民的情操和救国救民的抱负。受十月革命的影响，他决定"走俄国人的路"，献身于工人阶级的解放事业，领导工人运动，从而成为一名无产阶级革命家和杰出的工人运动领袖。

（二）学习和接受马克思主义，实现世界观、人生观、价值观的转变

邓中夏在北京大学学习期间，受十月革命的影响，在李大钊等人的指导下，开始研究和接受马克思主义。据他的同班同学、亲密朋友许宝驹回忆："中夏同志在初入北大时……常焦愁慨叹中国国家民族之将陷于沦亡，他这种焦急、愤怒的心情，在日常谈话中随时都表现出来。约在一九一七年底到一八年初，约有三个月的时间，中夏忽然非常沉默寡言（他一向是爱讲话、议论风生的），除拼命蒐集、阅读各种进步书籍

---

① 张国焘：《我的回忆》（上），东方出版社 2004 年版，第 51 页。

② 谭双泉等：《邓中夏》，中共党史人物研究会编：《中共党史人物传》第 35 卷，陕西人民出版社 1987 年版，第 6 页。

③ 谭双泉等：《邓中夏》，中共党史人物研究会编：《中共党史人物传》第 35 卷，陕西人民出版社 1987 年版，第 7 页。

杂志外，经常陷入于深思渊虑的状态。经过这个短短时期，他又活跃起来了。他向我不止一次地说：'只有接受列宁、马克思主义，走苏俄的道路，中国人民才能得救。'从此，他总是兴致勃勃地、终日辛勤地进行革命工作，我此后永远没有再看见他有过愁苦的脸。"①

五四运动后，各种社会思潮在中国涌现。在李大钊的指导下，邓中夏如饥似渴地学习马克思主义。当时，"国内各种期刊报纸，从《新青年》、《建设》、《晨报》、《觉悟》、《每周评论》、《星期评论》到《东方》、《今日》、《亚细亚》，只要登载有关马克思主义学说和俄国革命后的情况的文章和资料，他都细心阅读，重要的还摘录在笔记本上，并经常剪报贴报，分别归类。学习中偶有所得，中夏一定要找几个朋友漫谈，交换意见，互相启发。他是最健谈的，谈话时热情奔放，滔滔不绝"②。那时，有关马克思主义的译著还很少，他与人凑钱汇到德国去购买德文版的马克思著作，并组织同学翻译和阅读。他听说日本翻译了很多马克思主义著作，就努力学习日文。在他的倡导下，办了一个日文补习班，他自己带头报名，克服困难，坚持学习，他成为十月革命后中国最早接受马克思主义的先进分子之一。

1920 年 3 月，邓中夏、高君宇、黄日葵和何孟雄等人发起组织"北京大学马克思学说研究会"。邓中夏等人在《北京大学日刊》上刊登马克思学说研究会成立启示，明确宣告研究会"以研究关于马克斯派的著述为目的"，"对于马克斯派学说研究有兴味的和愿意研究马氏学说的人，都可以做本会会员。入会手续，由会员介绍或自己申请，但须经会中认可"。启示刊出后，许多学生积极报名参加。马克思学说研究会的主要活动有四项内容："一是搜集马克思、恩格斯和列宁的原著；二

---

① 转引自姜平：《邓中夏的一生》，南京大学出版社 1986 年版，第 15—16 页。
② 杨东莼：《回忆邓中夏同志》，《光明日报》1959 年 5 月 9 日。

是学习和探讨马克思主义；三是翻译马克思主义的著作；四是组织讲演会。"① 研究会建立马克思学说研究会图书室，收集大量马克思主义书籍。邓中夏"每天一早就到北大三院去阅读马列书刊，并认真撰写读书笔记。在自己的书刊上，他还喜欢加眉批，有些'书眉上的批语和提要写得密密麻麻'。下午邓中夏通常从事政治和社会活动。晚上再和大家聚在一起，交流学习心得，或讨论革命工作的有关问题，每天总要到午夜以后方能就寝"②。

邓中夏在学习马克思主义过程中逐渐确立对马克思主义的坚定信仰。"他在《少年中国学会会员终身志业调查表》中填写：'达尔文生物学说，马克思经济学说'是自己终身研究的学说。"③1920年秋，他撰写《过洞庭》一诗："莽莽洞庭湖，五日两飞渡。雪浪拍长空，阴森疑鬼怒。问今为何世？豺虎满道路。禽狝歼除之，我行适我素。莽莽洞庭湖，五日两飞渡。秋水含落晖，彩霞如赤炷。问将为何世？共产均贫富。惨淡经营之，我行适我素。"④ 这首诗充分表达了邓中夏已经确立用马克思主义对中国进行改造的信念。1921年，"少年中国学会给每个会员发一张调查表，调查会员'抱何种主义'？'对本会会务之改进究抱何种态度？'""邓中夏在调查表上这样写的：'久已抱定马克思共产主义。依历史进程，认定现在中国应实行国民革命。国民革命只是世界革命之一部分，故反对狭义的国家主义。'"⑤

---

① 马连儒：《风云际会：中国共产党创始录》，中国社会科学出版社2001年版，第63页。

② 姜平：《邓中夏的一生》，南京大学出版社1986年版，第36页。

③ 史兵：《邓中夏》，《中国工人运动的先驱》第2集，工人出版社1983年版，第16页。

④ 吉狄马加主编：《东方之光——献给中国共产党建党八十周年诗选》，云南人民出版社2001年版，第22页。

⑤ 史兵：《邓中夏》，《中国工人运动的先驱》第2集，工人出版社1983年版，第21页。

　　在学习马克思主义的同时，邓中夏还注意向工人群众宣传马克思主义，促使马克思主义与工人运动相结合。1920 年秋，邓中夏到长辛店调研，与工人促膝谈心，创办劳动补习学校，向工人灌输马克思主义思想，启发工人的阶级觉悟。1920 年 11 月，邓中夏又负责编辑《劳动音》杂志，用通俗易懂的语言对工人进行社会主义宣传。他在阐述为什么要创办这个杂志时指出："今日世界上最重大的事情是什么？就是社会改造问题——直言之就是'劳动问题'，你瞧英、美、法、德、意、荷、俄、日等国今日的现象，那一国不发生罢工问题，以实行劳动运动，那一国劳动者不有坚固团结的工人团体呢！所以我们出版这个《劳动音》，来介绍世界的智识，普通的学术及专门的技能，又纪述世界劳动者的运动状况，以促进国内劳动同胞的团结，及与世界劳动者携手，共同去干社会改造的事情。""我们更希望国内的劳动同胞与我们携手，时常将其所在的工厂、制造场和一切生产机关的内容组织，现在办理情形，所出产的物品概况，工人的数目种类——如男女老幼，待遇的情形，工钱的制度，做工的时间，工场的规则等，和工人自己个人的生活情形，感想的意见，对于家庭的关系等一切情形，随时详详细细的告诉给我们，使我们发表出来，使国内各工人容易联络，及使留心社会问题的人，做研究的资料，使热心社会改革的人，去求解决的方法，更使世界的劳动者和社会改造家，明白我们国内的劳动真相，来设法帮助我们解决，共促文化的进步，世界的和平，人类的幸福，那就是我们出版这《劳动音》的本意"。①

　　至 1920 年底、1921 年初，邓中夏经过五四运动的洗礼，通过对马克思主义的学习，把马克思主义基本原理与工人运动结合起来，由一个满怀爱国思想、忧国忧民的先进知识分子，转变成为一个具有共产主义

---

①　《邓中夏全集》（上），人民出版社 2014 年版，第 78—79 页。

理想信念的马克思主义者。理想信念是激励人们向前奋进的精神动力，是人生力量的源泉。共产主义理想信念是共产党人的精神支柱，习近平总书记指出："为什么我们过去能在非常困难的情况下奋斗出来，战胜千难万险使革命胜利呢？就是因为我们有理想，有马克思主义信念，有共产主义信念。"① 正是在共产主义理想信念的引领支撑下，邓中夏树立了正确的人生观、价值观，坚定地走与工农群众相结合的道路，探索工人阶级彻底解放、当家作主的理论。

二、邓中夏工人运动思想形成和发展的客观条件

（一）北京大学的熏陶

在邓中夏的人生旅途中，北京大学是重要一站。北京大学是"中国近代第一所国立综合大学，是新文化运动的摇篮和五四运动的发祥地，是传播民主、科学思想和马克思主义的中心，还是中国共产党诞生的衣胞之地和党在早期战斗、活动的重要场所"②。可以毫不夸张地说，在社会变革的历史关头，如果没有北京大学的教育、熏陶，邓中夏也许不会成为一个坚定的马克思主义者和杰出的工人运动领袖。邓中夏于1917年7月进入北京大学国文系。三年后，他由国文系结业，转到哲学系继续学习，直到1923年夏季才正式从北大毕业，前前后后，邓中夏在北大学习、生活了整整六年时间。在这六年时间中，邓中夏开始由一个普通的青年学生，转变为一位坚决而彻底的革命者，进而成长为中国共产党早期的领导人之一，成为中国工人运动的著名领袖。

初入北京大学，邓中夏只是一个具有爱国主义思想的青年学生。在北京大学，他实现了世界观、人生观的转变，并最终确立了共产主义

---

① 习近平：《在庆祝中国人民解放军建军90周年大会上的讲话》，人民出版社2017年版，第7页。

② 萧超然：《北京大学与近现代中国》，中国社会科学出版社2005年版，第35页。

坚定信念。关海庭和郭钢指出："邓中夏的思想经历了三次重要的转变：
1917 年 7 月至 1919 年 5 月，由一个封建文人转变为一个革命民主主义
者；1919 年 5 月至 1920 年上半年，由一个革命民主主义者转变为一个
具有初步共产主义思想的知识分子；1920 年下半年，由一个具有初步共
产主义思想的知识分子转变为马克思主义者。邓中夏的这三次转变都是
同北京大学紧密相联的。"[①]

北京大学的前身是京师大学堂，它是中国近现代第一所国立综合性
大学。北京大学创立后，为中国培养了大量的人才，但在蔡元培出任北
京大学校长前的二十多年，北京大学仍深深打下封建的烙印，官僚习气
浓厚。1916 年冬，蔡元培出任北京大学校长。蔡元培做过南京临时政
府教育总长，在教育界有极高的威望。蔡元培就任北京大学校长后，对
北京大学进行大刀阔斧的改革，强调大学要研究高深之学问，提出了
"兼容并包、思想自由"的办学方针，使北京大学成为各种思想发育、
冲突、成长的活动舞台。蔡元培整顿教师队伍，新文化运动的倡导者、
《新青年》杂志的主编陈独秀被蔡元培聘请担任文科学长，胡适、鲁迅、
李大钊、杨昌济等被聘为文科教授。蔡元培整顿教学内容，实行学术自
由，各种学派，只要言之有理，持之有据，都允许在北大自由发展。蔡
元培整顿学生课外生活，积极提倡组织社团，创办刊物，丰富同学们的
业余生活，于是各种社团、刊物如雨后春笋般在北京大学涌现。对于学
生参加政治活动，蔡元培采取包容态度。

正是蔡元培这种包容态度，北京大学才能成为马克思主义传播的
中心，李大钊等人才能在北京大学讲坛上宣讲马克思主义，邓中夏等
当时北大学子才能够从古书堆中觉醒过来，学习、接受和最终信仰马克
思主义，从中寻求救国救民的真理。五四运动后，当马克思主义在中国

---

① 　关海庭、郭钢：《邓中夏与北京大学》，《湖南党史通讯》1985 年第 10 期。

传播时，"北洋军阀和北京政府对马克思主义学说是仇视的，目为洪水猛兽，严加防范，明令禁止。但在蔡元培主长的北大，不仅学生可以成立组织，自由研究，而且允许教授把马列主义搬上了讲台，作为正式课程开讲并考核。这是需要勇气的，充分表现了蔡元培的远见与胆识。五四运动以后不久，李大钊就在经济、史学、政治等系，开设了'唯物史观'、'工人的国际运动与社会主义的将来'等马列主义理论课程，随后，政治系教授陈启修、高一涵等也参加了进来，讲授有关的马列理论课。蔡元培并不信仰马列主义，但却一直主张研究马列主义"①。在五四运动前后，北大开一代风气之先："北大第一个，也是全国第一个接受和高举传播马克思主义旗帜的人是时任北大图书馆馆长的李大钊"；"在北大，以李大钊为中心，一批学习和传播马克思主义的进步知识分子结合成立'北京大学马克斯学说研究会'，这是我国最早研究和宣传马克思主义的民主革命团体之一"；"北京大学在中国破天荒第一次开设马列主义理论课"；"北大最早建立了学习、研究马克思主义的文献资料中心——'亢慕义斋'（亢慕义为 Communist 的音译，即共产主义之意）"。② 在北京大学时，蔡元培还积极倡导平民教育，强调要让平民和劳苦大众的子弟有受教育的权利。在蔡元培和北京大学的支持下，"五四时期的北大学生、后来成为著名共产党人的邓中夏，和后来成为著名民主主义者的许德珩、杨钟健等发起成立了平民教育讲演团，到北京市民和郊区的工人农民中宣传讲演，传播文化知识，启迪政治觉悟，为五四爱国运动做了重要准备"③。

"马克思主义在北大的广泛传播和北大学生中间深入社会实际学风的深入发展，使邓中夏迅速找到了马克思主义这个科学的思想武器。而

---

① 萧超然：《北京大学与近现代中国》，中国社会科学出版社 2005 年版，第 297 页。

② 萧超然：《北京大学与近现代中国》，中国社会科学出版社 2005 年版，第 29 页。

③ 萧超然：《北京大学与近现代中国》，中国社会科学出版社 2005 年版，第 296—297 页。

马克思主义理论和社会实践两者的结合，又象一条金色的桥梁，很快就沟通了邓中夏走向马克思主义的道路，完成了向具有初步共产主义思想的知识分子的转变。"① 在北京大学学习、生活六年期间，邓中夏不仅受到良好的教育，打下了坚实的文学功底，而且领导、参加五四运动，创办《国民》杂志，发起组织"北京大学马克思主义学说研究会"，参加北京共产主义小组和中国劳动组合书记部。这为他以后从事工人运动打下坚实基础。北京大学是邓中夏人生历程中的重要一站，北大的学习和生活使其坚定共产主义信念，献身于祖国和人民的解放事业。"应该说，我党早期的共产主义者如李大钊、陈独秀、毛泽东、邓中夏的思想转变都同北大有着密切的联系，这绝不是偶然。它有力地表明：当时的北大确实是一个促使人们思想转变、创就一代历史巨人的理想环境。"②

（二）李大钊的引导和指引

"在邓中夏寻求真理的过程中，中国马克思主义的先驱者李大钊作为邓中夏的良师益友，对其革命思想和世界观的形成起了重大的影响和指导作用，使邓中夏由一个普通爱国者，成长为一个坚定的共产主义者；由小资产阶级知识分子，成长为一个杰出的工人运动领袖。"③

李大钊是中国最早传播马克思主义并主张向俄国十月革命学习的先进分子。李大钊在日本留学期间就系统学习、研究过社会主义。十月革命胜利后，他经过深入观察和缜密思考，于 1918 年先后发表《法俄革命之比较观》《庶民的胜利》《Bolshevism 的胜利》等文章，热情讴歌十月革命。1919 年，李大钊又在《新青年》杂志上发表《我的马克思主义观》，第一次比较系统地介绍马克思主义的唯物史观、政治经济学和

---

① 关海庭、郭钢：《邓中夏与北京大学》，《湖南党史通讯》1985 年第 10 期。

② 关海庭、郭钢：《邓中夏与北京大学》，《湖南党史通讯》1985 年第 10 期。

③ 中共河北省委党史研究室、唐山市李大钊研究会编：《李大钊人格风范》，红旗出版社 1999 年版，第 508 页。

科学社会主义的基本原理。此外，李大钊还在北京《晨报》副刊开设《马克思研究》专栏，大量刊登马克思等译著。李大钊还利用他担任北京大学图书馆主任职务之便，在北京大学购买了大量的马克思主义方面的书籍。当时的北京大学图书馆是研究、传播马克思主义的一个中心。包括邓中夏等在内的不少进步学生经常到图书馆研究探讨马克思主义。据张国焘回忆："那时的北大图书馆设备还很简陋，地方不算宽敞，图书也不够齐备，但已甚具吸引力。常常挤满了人，其中以搜集新奇思想的左倾者占多数，少数的社会主义书刊往往借阅一空。休息室中，三五成群的青年高谈阔论，马克思主义和无政府主义常是他们的主要话题。图书馆主任室有两间房，一间是李先生的办公室，另一间是接待室。那间接待室是当时社会主义者和激进人物荟集之所，还有好几次举行过人数颇多的座谈会，辩论的很认真。……1920 年时，这间图书馆主任室的马克思主义色彩，就这样日益浓厚起来。"① 唐玉良指出："从 1919 年 5 月到 1921 年 7 月，李大钊发表宣传马克思主义的文章多达 130 多篇。李大钊的这些文章，影响了五四时期的一代进步青年，尤其直接和深刻地教育了邓中夏等一批北大学生。邓中夏就是这批北大学生中十分突出的一个。他在李大钊的直接指导下，联系实际，勤奋刻苦地学习马克思主义和俄国十月革命的经验，认识了世界革命的新潮流和工人阶级的历史地位、历史使命，认识到在当今世界，只有像俄国那样，在工人阶级的领导和马克思主义的指导下进行革命，才能拯救国家和民族，才有中国和世界的光明前途。正是基于这样的认识，邓中夏决心献身工人阶级的解放事业。"②

---

① 张国焘：《我的回忆》（上），东方出版社 2004 年版，第 64 页。

② 唐玉良：《功业永在 浩气长存——纪念中华全国总工会主要缔造者之一邓中夏烈士诞辰 110 周年》，中国工人历史与现状研究会组织编写：《中国工人历史与现状研究》，中国劳动社会保障出版社 2006 年版，第 23 页。

1917 年 7 月，邓中夏经李大钊介绍，参加了少年中国学会，并被选为庶务股主任。①1920 年 3 月，在李大钊的指导下，邓中夏、黄日葵和高君宇等人发起成立北京大学"马克思主义学说研究会"。1920 年 10 月，在李大钊的领导下，北京共产主义小组成立，邓中夏是北京共产主义小组最早的成员之一。可以说，"邓中夏在向马克思主义者转变的过程中，李大钊起了关键性的作用，是邓中夏走向职业革命家的导师和引路人。……在李大钊的帮助和指导下，邓中夏坚定了马克思主义的信仰，并开始运用马克思主义的立场、观点和方法去研究分析中国问题，促进马克思主义与中国工人运动相结合方面，起到了先锋和桥梁作用"②。"李大钊是我国最早宣传马克思主义的理论家，也是一个改造社会的实践家，是工人运动的先驱。在李大钊的影响下，邓中夏致力于把马克思主义理论与中国革命的实践，与工人运动结合起来，也成为我国工人运动的先驱者之一。"③

十月革命后，李大钊认识到工人阶级的伟大力量。他指出：第一次世界大战"所以劳工主义的战胜，也是庶民的胜利"。"社会的结果，是资本主义失败，劳工主义战胜。"因为"世间资本家占最少数，从事劳工的人占最多数"。④ 他断言："须知今后的世界，变成劳工的世界。"⑤ 李大钊在《知识阶级的胜利》中强调指出："我们很盼望知识阶级作民众的先驱，民众作知识阶级的后盾。知识阶级的意义，就是一部分忠于民众作民众运动的先驱者。"⑥ 要求知识分子要与劳工阶级打成一片，深

---

① 姜平：《邓中夏的一生》，南京大学出版社 1986 年版，第 48 页。

② 杨军：《邓中夏思想研究》，吉林大学出版社 2009 年版，第 259—260 页。

③ 中共河北省委党史研究室、唐山市李大钊研究会编：《李大钊人格风范》，红旗出版社 1999 年版，第 511 页。

④ 《李大钊全集》第 2 卷，人民出版社 2013 年版，第 358 页。

⑤ 《李大钊全集》第 2 卷，人民出版社 2013 年版，第 359 页。

⑥ 《李大钊全集》第 3 卷，人民出版社 2013 年版，第 221 页。

入劳工阶级中去，了解他们的痛苦，帮助他们解脱痛苦。

在李大钊的影响下，邓中夏除了组织平民教育讲演团外，还到北京郊区长辛店创办劳动补习学校，作为发动、组织工人，开展工人运动的基地。1921 年 1 月 1 日，长辛店劳动补习学校正式开学。该校是"以增进劳动者和劳动者的子弟完全知识，养成劳动和劳动者子弟高尚人格为宗旨"①。受李大钊和北京共产主义小组的委托，邓中夏经常到长辛店劳动补习学校给工人们上课。1921 年 5 月 1 日，邓中夏在长辛店劳动补习学校的基础上成立长辛店工人俱乐部。长辛店工人俱乐部为北方铁路工会组织的雏形。1922 年，邓中夏领导长辛店工人罢工。长辛店工人运动不仅是中国共产党最初做职工运动的起点，而且是邓中夏在李大钊的支持下第一次组织领导的工人运动。长辛店工人运动之后，邓中夏"运用长辛店的工作经验，指导和帮助天津、唐山以及北方各铁路工人的组织和斗争，奠定了北方职工运动的基础"②。总之，邓中夏在李大钊的指导下，组织北京大学教育讲演团、长辛店劳动补习学校，实现了知识分子与工人初步结合，这也是邓中夏对中国工人运动的一个贡献。

（三）中国共产党的教育培养

邓中夏成为一名杰出的工人运动领袖和理论家是与中国共产党的教育和培养分不开的。所以，党组织的信任、教育和培养是邓中夏工人运动思想形成的客观条件之一。

中国共产党一成立就把开展工人运动作为党的中心工作。为了领导工人运动，1921 年 8 月，中国共产党决定在上海成立中国劳动组合书记部，作为领导工人运动的合法机关，"书记部主任是张国焘，邓中夏

---

① 《长辛店劳动补习学校简章》，《晨报》1920 年 12 月 21 日，转引自吴家林：《邓中夏与我国工人运动》，《历史教学》1982 年第 10 期。

② 《邓中夏文集》，人民出版社 1983 年版，第 653 页。

也是书记部负责人之一"①。1922 年 5 月 1 日，第一次全国劳动大会在广州开幕，邓中夏出席这次会议，并被选为大会领导人之一。在这次大会上，邓中夏被选举任命为中国劳动组合书记部总部主任。1922 年 7 月，邓中夏出席中国共产党第二次全国代表大会。"'二大'结束后，邓中夏就任中国劳动组合书记部总部主任，他将中国劳动组合书记部总部机关从上海迁往北京。随后，党中央又任命邓中夏为中华全国总工会筹备委员会主任。"②在党的领导下，邓中夏主持发动全国范围的"劳动立法运动"。受党组织的委托，邓中夏以中国劳动组合书记部的名义参加和指导北方工人运动。

国共合作为工农运动的发展提供了有利条件，工农运动逐步恢复。为了更好地领导工人运动，"1924 年 5 月，党中央决定在中央工农部内设立工会运动委员会，由邓中夏同志任书记。委员会成立后，邓中夏便把主要精力用于领导工会运动"③。

1925 年 1 月，中国共产党第四次全国代表大会在上海召开。四大"决定建立中央职工运动委员会，由张国焘兼任委员会书记，邓中夏任秘书长"④。四大后，中共中央委托邓中夏到广州筹备第二次全国劳动大会。1925 年 1 月，第二次全国劳动大会在广州开幕。这次大会讨论通过了《中华全国总工会章程》，成立中华全国总工会。"大会选举了邓中夏、苏兆征、李启汉等二十五人为'全总'执行委员。执委选出后，又召开执委会议，推举林伟民（海员工会领导人）为中华全国总工会委员长，刘少奇（汉冶萍工会领导人）为副委员长，邓中夏同志被推选为秘书长兼宣传部部长，李启汉（李森）为组织部部长。同时，邓中夏同志

---

① 姜平：《邓中夏的一生》，南京大学出版社 1986 年版，第 69 页。
② 姜平：《邓中夏的一生》，南京大学出版社 1986 年版，第 73—74 页。
③ 姜平：《邓中夏的一生》，南京大学出版社 1986 年版，第 109 页。
④ 姜平：《邓中夏的一生》，南京大学出版社 1986 年版，第 114 页。

被党中央任命为中共'全总'党团书记，负责主持'全总'的全面工作。"①

为了声援五卅运动，给帝国主义反动势力以沉重的打击，中华全国总工会决定发动省港大罢工。工人罢工后，为了便于统一领导，中华全国总工会决定成立罢工委员会。苏兆征任省港罢工委员会委员长。"经上级党组织批准，罢工委员会内设立了'中共省港罢工委员会党团'，邓中夏亲自担任党团书记，李启汉任副书记，苏兆征、黄平、罗珠等人为党团成员。这是罢工委员会的最高领导核心。"②

中国共产党第五次全国代表大会于1927年4月27日至5月9日在武汉召开。大会闭幕不久，为了加强中央的日常工作，"大约在六月二十四日，经政治局正式决定，调邓中夏同志为中共中央秘书长"③。八七会议后，邓中夏又先后担任中共江苏省委书记和中共广东省委书记。1928年3月，受中共中央的委托，邓中夏和苏兆征率领中国工会代表团去莫斯科参加赤色职工国际第四次代表大会。"在这次大会上，邓中夏被选为赤色职工国际中央执行局委员。"④6月18日，邓中夏出席中国共产党第六次全国代表大会。7月17日，他又作为中共代表团成员，出席共产国际第六次代表大会。共产国际六大闭幕后，邓中夏作为中共中央驻共产国际代表团成员留在莫斯科工作。"1930年7月19日，邓中夏从莫斯科回到上海，党组织派他担任全国总工会党团成员兼宣传部部长。"⑤

从以上邓中夏的经历可以看出，邓中夏长期以来是代表中国共产党从事工人运动的，他在长期工人运动实践中创造性地运用党的工人运动

---

① 姜平：《邓中夏的一生》，南京大学出版社1986年版，第119—120页。

② 姜平：《邓中夏的一生》，南京大学出版社1986年版，第125页。

③ 姜平：《邓中夏的一生》，南京大学出版社1986年版，第169—170页。

④ 谭双泉等：《邓中夏》，中共党史人物研究会编：《中共党史人物传》第35卷，陕西人民出版社1987年版，第45页。

⑤ 谭双泉等：《邓中夏》，中共党史人物研究会编：《中共党史人物传》第35卷，陕西人民出版社1987年版，第48页。

政策。在社会变革关头，是中国共产党的信任并提供领导工人运动这个平台，他才有充分发挥自己聪明才智的空间。

第二节　邓中夏工人运动思想形成和发展的思想渊源

马克思主义关于无产阶级革命的理论和阶级斗争学说是邓中夏工人运动思想的理论基础和思想渊源。在长期工人运动实践中，邓中夏把马克思主义的基本原理与中国工人运动的具体实践有机结合起来，探索出一套具有中国特色的工人运动思想。可以说，邓中夏工人运动思想是对马克思主义无产阶级革命理论的继承和发展。

一、《共产党宣言》中关于无产阶级革命的理论

1848 年《共产党宣言》的发表标志着科学社会主义的诞生。在《共产党宣言》中，马克思和恩格斯系统地阐述了无产阶级革命理论。

马克思、恩格斯在《共产党宣言》中一开始便强调指出："至今一切社会的历史都是阶级斗争的历史。"[1] 在社会的各个历史阶段都会有不同的社会等级，到资本主义时代，"整个社会日益分裂为两大敌对的阵营，分裂为两大相互直接对立的阶级：资产阶级和无产阶级"[2]。尽管资产阶级在历史上起过一定的作用，"但是，资产阶级不仅锻造了置自身于死地的武器；它还产生了将要运用这种武器的人——现代的工人，即无产者"[3]。无产阶级反对资产阶级的斗争从它存在的同时就开始了，斗争的结果是资产阶级的灭亡和无产阶级的胜利。

---

[1] 《马克思恩格斯选集》第 1 卷，人民出版社 2012 年版，第 400 页。
[2] 《马克思恩格斯选集》第 1 卷，人民出版社 2012 年版，第 401 页。
[3] 《马克思恩格斯选集》第 1 卷，人民出版社 2012 年版，第 406 页。

马克思、恩格斯在《共产党宣言》中强调指出，无产阶级是人类历史上最伟大的阶级，其历史使命是埋葬资本主义和建设社会主义。资产阶级不会自动退出历史舞台，无产阶级只有进行社会革命，推翻资产阶级的统治，建立自己的统治。无产阶级要想实现自己的历史使命，必须坚持共产党的领导。"共产党人不是同其他工人政党相对立的特殊政党。""他们没有任何同整个无产阶级的利益不同的利益。""在实践方面，共产党人是各国工人政党中最坚决的、始终起推动作用的部分；在理论方面，他们胜过其余无产阶级群众的地方在于他们了解无产阶级运动的条件、进程和一般结果。"①马克思、恩格斯强调，无产阶级只有用暴力推翻现有的社会制度，才能达到自己的目的。"工人革命的第一步就是使无产阶级上升为统治阶级，争得民主。"然后，"无产阶级将利用自己的政治统治，一步一步地夺取资产阶级的全部资本，把一切生产工具集中在国家即组织成为统治阶级的无产阶级手里，并且尽可能快地增加生产力的总量。"②

马克思、恩格斯在《共产党宣言》中进一步指出：无产阶级的"联合的行动，至少是各文明国家的联合的行动，是无产阶级获得解放的首要条件之一"③，无产阶级的事业具有国际性，面对强大的敌人，没有无产阶级的团结和联合就不可能取得胜利。因此，"共产党人到处都努力争取全世界民主政党之间的团结和协调"，《共产党宣言》最后号召："全世界无产者，联合起来！"④

马克思、恩格斯在《共产党宣言》中还论述到无产阶级政党的斗争策略问题。共产党要处理好当前利益与长远利益的关系，建立广泛的统一战线。指出："共产党人为工人阶级的最近的目的和利益而斗争，但

---

① 《马克思恩格斯选集》第 1 卷，人民出版社 2012 年版，第 413 页。
② 《马克思恩格斯选集》第 1 卷，人民出版社 2012 年版，第 421 页。
③ 《马克思恩格斯选集》第 1 卷，人民出版社 2012 年版，第 419 页。
④ 《马克思恩格斯选集》第 1 卷，人民出版社 2012 年版，第 435 页。

是他们在当前的运动中同时代表运动的未来"，无产阶级在联合资产阶级采取革命行动时，"共产党一分钟也不忽略教育工人尽可能明确地意识到资产阶级和无产阶级的敌对的对立"。①

二、19世纪下半叶马克思、恩格斯对无产阶级革命理论的丰富和发展

1871年的巴黎公社革命后，马克思、恩格斯根据资本主义世界的新变化和无产阶级斗争的新特点，发表了《法兰西内战》《1848年至1850年的法兰西阶级斗争》等文章，总结无产阶级斗争的经验教训，丰富和发展了无产阶级革命斗争理论。

（一）无产阶级必须打碎资产阶级国家机器，建立无产阶级专政

马克思、恩格斯认为，巴黎公社之所以取得胜利，是因为无产阶级掌握武装，以革命的暴力反对反革命的暴力。巴黎公社失败是因为没有给敌人以毁灭性的打击，没有建立广泛的工农联盟等。总结这一点，马克思、恩格斯指出："工人阶级不能简单地掌握现成的国家机器，并运用它来达到自己的目的"②，无产阶级必须摧毁和铲除资产阶级庞大的军事和官僚机构，建立新的真正民主的国家政权。当然，打碎旧的国家机器，并不是简单的否定一切，资本主义国家中的一些合理成分可以借鉴和利用。

（二）无产阶级革命的胜利必须得到农民的"合唱"

在革命斗争中，无产阶级同农民及其他劳动者结成联盟是非常重要的。马克思、恩格斯以法国为例，指出："小农人数众多，他们的生活条件相同，但是彼此间并没有发生多种多样的关系。他们的生产方式不

---

① 《马克思恩格斯选集》第1卷，人民出版社2012年版，第434页。
② 《马克思恩格斯选集》第3卷，人民出版社2012年版，第95页。

是使他们互相交往，而是使他们互相隔离。……数百万家庭的经济生活条件使他们的生活方式、利益和教育程度与其他阶级的生活方式、利益和教育程度各不相同并互相敌对，就这一点而言，他们是一个阶级。而各个小农彼此间只存在地域的联系，他们利益的同一性并不使他们彼此间形成共同关系，形成全国性的联系，形成政治组织，就这一点而言，他们又不是一个阶级。因此，他们不能以自己的名义来保护自己的阶级利益，无论是通过议会或通过国民公会。他们不能代表自己，一定要别人来代表他们。"①在社会生活中，农民与资产阶级的利益是对立的，"农民就把负有推翻资产阶级制度使命的城市无产阶级看做自己的天然同盟者和领导者"②。无产阶级必须与广大农民联合起来，建立统一战线。

（三）坚持党的正确领导，加强党的自身建设

马克思、恩格斯在总结巴黎公社失败的教训时指出："无产阶级在反对有产阶级联合力量的斗争中，只有把自身组织成为与有产阶级建立的一切旧政党不同的、相对立的政党，才能作为一个阶级来行动"③，才能取得斗争的胜利。无产阶级政党必须用先进的理论武装全党，健全党内民主集中制，强化党的纪律，同党内各种错误倾向作斗争。

（四）无产阶级要支持被压迫民族的解放斗争

19世纪中期以后，随着亚洲各国民族解放运动的展开，马克思、恩格斯对无产阶级革命与亚、非、拉各国反抗殖民主义斗争的关系进行了探讨。马克思、恩格斯认为，无产阶级革命和被压迫民族的解放斗争相互依存、相互影响，被压迫民族是无产阶级革命的天然同盟者。对欧洲无产阶级而言，援助被压迫民族的解放斗争不仅是无产阶级的国际

---

① 《马克思恩格斯选集》第1卷，人民出版社2012年版，第762—763页。
② 《马克思恩格斯选集》第1卷，人民出版社2012年版，第766页。
③ 《马克思恩格斯选集》第3卷，人民出版社2012年版，第173页。

义务，而且是自身解放斗争的一部分。马克思在谈到爱尔兰问题时说："对爱尔兰问题作了多年研究之后，我得出了这样的结论：不是在英国，而是只有在爱尔兰才能给英国统治阶级以决定性的打击（而这对全世界的工人运动来说是有决定意义的）。"①马克思、恩格斯要求，被压迫民族的无产阶级要积极参加反对帝国主义和殖民主义的斗争，压迫民族的无产阶级要积极支持被压迫民族的无产阶级的革命斗争。

三、列宁对无产阶级革命理论的丰富和发展

（一）列宁关于社会主义革命可能在不发达国家首先胜利的理论

社会主义必然代替资本主义，这是人类社会发展的规律。马克思和恩格斯根据 19 世纪西欧资本主义发展状况，提出无产阶级革命必须在几个资本主义国家几乎同时爆发才能取得胜利的结论。到 20 世纪，列宁根据资本主义发展到帝国主义阶段的新特点，指出："经济和政治发展的不平衡是资本主义的绝对规律。由此就应得出结论：社会主义可能首先在少数甚至在单独一个资本主义国家内获得胜利。"②1916 年 9 月，列宁又在《无产阶级革命的军事纲领》一文中进一步指出："资本主义的发展在各个国家是极不平衡的。而且在商品生产下也只能是这样。由此得出一个必然的结论：社会主义不能在所有国家内同时获得胜利。它将首先在一个或者几个国家内获得胜利，而其余的国家在一段时间内将仍然是资产阶级的或资产阶级以前的国家。这就不仅必然引起摩擦，而且必然引起其他各国资产阶级力图打垮社会主义国家中胜利的无产阶级的直接行动。在这种情况下发生的战争，从我们方面来说就会是正当的和正义的战争。这是争取社会主义、争取把其他各国人民从资产阶级压

---

① 《马克思恩格斯选集》第 4 卷，人民出版社 2012 年版，第 483 页。
② 《列宁全集》第 26 卷，人民出版社 2017 年版，第 367 页。

迫下解放出来的战争。"①

（二）列宁关于民族和殖民地问题的理论

十月革命胜利后，随着亚、非、拉民族解放运动的兴起，列宁从战略高度探讨了殖民地半殖民地国家的民族解放运动问题。1920 年 6 月，他在为共产国际第二次代表大会草拟的《民族和殖民地问题提纲初稿》中指出："共产国际在民族和殖民地问题上的全部政策，主要应该是使各民族和各国的无产者和劳动群众为共同进行革命斗争、打倒地主和资产阶级而彼此接近起来。这是因为只有这种接近，才能保证战胜资本主义，如果没有这一胜利，便不能消灭民族压迫和不平等的现象。"② 在帝国主义时代，"世界政治中的一切事变都必然围绕着一个中心点，就是围绕世界资产阶级反对俄罗斯苏维埃共和国的斗争。而俄罗斯苏维埃共和国必然是一方面团结各国先进工人的苏维埃运动，另一方面团结殖民地和被压迫民族的一切民族解放运动。这些民族根据自己的痛苦经验深信，只有苏维埃政权战胜世界帝国主义，他们才能得救"③。俄国十月革命后，被压迫民族的解放斗争是世界革命的积极因素，是无产阶级革命的一部分，因此，"各国共产党必须帮助这些国家的资产阶级民主解放运动；把落后国家沦为殖民地或在财政上加以控制的那个国家的工人，首先有义务给予最积极的帮助"；"必须特别援助落后国家中反对地主、反对大土地占有制、反对各种封建主义现象或封建主义残余的农民运动，竭力使农民运动具有最大的革命性，使西欧共产主义无产阶级与东方各殖民地以至一切落后国家的农民革命运动结成尽可能密切的联盟"；"必须坚决反对把落后国家内的资产阶级民主解放思潮涂上共产主义的色彩；共产国际援助殖民地和落后国家的资产阶级民主民族运动，只能

---

① 《列宁全集》第 28 卷，人民出版社 2017 年版，第 88 页。
② 《列宁全集》第 39 卷，人民出版社 2017 年版，第 164 页。
③ 《列宁全集》第 39 卷，人民出版社 2017 年版，第 164 页。

是有条件的,这个条件是各落后国家未来的无产阶级政党(不仅名义上是共产党)的分子已在集结起来,并且通过教育认识到同本国资产阶级民主运动作斗争是自己的特殊任务;共产国际应当同殖民地和落后国家的资产阶级民主派结成临时联盟,但是不要同他们融合,要绝对保持无产阶级运动的独立性,即使这一运动还处在最初的萌芽状态也应如此"。①

第三节　邓中夏工人运动思想形成和发展的实践基础

马克思主义认为,任何理论都来源于实践,是对实践经验的概括和总结。邓中夏不仅领导工人运动,而且善于在领导工人运动的实践中总结经验教训。中国共产党从事的工人运动实践,特别是邓中夏组织和领导工人运动的实践是邓中夏工人运动思想形成和发展的实践基础。

邓中夏在北京大学求学时,就开始从事工人运动。他利用创办长辛店劳动补习学校的机会,深入到工人生活中去,观察了解工人的生存状态。1920年12月,他在《长辛店旅行一日记》中就对工人的艰辛生活进行了描绘,并开始思考如何进行变革。邓中夏是这样描述的:

"在长辛店下车的时候,我见了许多灾民——男女老幼的麕聚在站边的地方。那种憔悴枯黄的面色,千孔百结的衣服触在我的眼内,我的心就感着不快,表出一种痛苦的同情,不知在车上的那一种谈笑快乐心,和画画的兴趣,飞跑往那里去了,光觉得心中难受,好比我也在饥饿困苦中。我想起他们灾民在这严冬风寒雪冷,衣没有得穿,饭没有得食,屋没有得住,而那一班官吏政客资本家们却高楼大厦,衣锦食肉,

---

① 《列宁选集》第4卷,人民出版社2012年版,第220—221页。

还拥着他们的第几姨太太正围着炉子取乐，比那班灾民露天席地的受冻饿而死，其苦乐真有天渊的分别，唉，那真是社会上最不公道的事。为什么他们穷到那个地步呢？他们的财产给谁抢了去呢，我们捐了几个钱就可以救得他们吗？我有一句话要奉劝各位热心救灾的先生们，请你们放远一点，放大一点眼光，去谋他们永远的灾荒困穷，那就是根本打破社会上不公道的事，请各位设法子做去罢。"①

第一次全国劳动大会在广州召开时，邓中夏就以长辛店京汉铁路工人俱乐部代表的身份出席了这次会议。他在会上提出的《工会组织原则案》被写进《全国总工会组织原则决议案》。该决议案提出："（一）凡能采用产业组合法的，都应一律采用产业组合法去组织工会。（二）确实不能采用产业组合法的，不妨用职业组合。（三）务必将每个地方所有各产业组合和职业组合的工人，将来由各地方联合会组成全国总工会。"②1922年8月，邓中夏利用北洋军阀吴佩孚政府召开国会、开展劳动立法运动之际，发动了全国范围的"劳动立法运动"。1922年7月，邓中夏以中国劳动组合书记部总部的名义，联合中国劳动组合书记部武汉分部林育南、上海分部袁大时、湖南分部毛泽东、广东分部谭平山和山东分部王尽美提出《劳动法案大纲》，要求北京政府承认。邓中夏等提出的《劳动法案大纲》共19条，要求："政府承认劳动者有集会结社权、同盟罢工权，有缔结团体契约权、国际联合权，要求实行八小时工作制，保障工人最低工资，保障童工女工，实行劳动保险，实行工人参加企业管理，给工人休息权及受教育的机会等等。"③为了扩大影响，邓中夏把《劳动法案大纲》刊登在报纸上，举行记者和国会议员招待会，争取广泛的社会支持。

---

① 《邓中夏全集》（上），人民出版社2014年版，第80—81页。
② 《邓中夏全集》（上），人民出版社2014年版，第170—171页。
③ 姜平：《邓中夏的一生》，南京大学出版社1986年版，第75页。

为了推动唐山工人运动的发展，邓中夏就任中国劳动组合书记部主任不久就来到唐山。"他在唐山停留了一个星期，会见了开滦工人代表及其他厂矿的代表，出席了工人集会，通报了全国各地工人运动发展情况，阐明了劳动立法运动的意义，鼓励工人们团结起来，为实现劳动立法大纲和争取自由权利而斗争。他还走访开滦工人群众，下矿井，入工棚，表明对开滦工人运动的重视和对开滦工人的殷切希望。"①1922年10月，在中国劳动组合书记部和邓中夏的领导下，开滦五矿同盟大罢工爆发，"中国劳动组合书记部有两个特派员在此指挥"②。罢工后，邓中夏积极组织各铁路工人举行同情罢工，以声援开滦五矿大罢工。据李立三回忆："京汉、津浦铁路也组织罢工支援开滦的罢工，这些铁路的代表都到了北京，浦口的、江岸的都到了，准备组织铁路罢工支持开滦。这个会是由邓中夏同志主持，上午开会时，决定全国铁路采取一致行动举行罢工。"③由于罢工准备不足，再加上英帝国主义和反动军警的镇压，开滦五矿工人罢工很快失败。邓中夏在总结这次罢工失败的教训时指出：客观上当然是帝国主义军阀协同出兵以铁血镇压，使罢工不能不失败，但这仍非失败主要的原因，主要原因还在主观上的错误，举其大者如下：准备太不充分、组织太糟糕、领袖非人、罢工经费不足。④

1923年2月，在中国劳动组合书记部的领导下，京汉铁路工人举行大罢工。这次罢工使中国工人运动第一次高潮达到了顶点。京汉铁路工人罢工后，"邓中夏与同志们不分日夜地忙碌着，接待各地来的联络人员，听取情况汇报，深入调查分析敌人的动向，解决罢工中出现的各

①　闫永增、刘云伟：《邓中夏与开滦工人运动》，《工会理论与实践·中国工运学院学报》2004年第1期。

②　《邓中夏全集》（下），人民出版社2014年版，第1412页。

③　转引自闫永增、刘云伟：《邓中夏与开滦工人运动》，《工会理论与实践·中国工运学院学报》2004年第1期。

④　参见《邓中夏全集》（下），人民出版社2014年版，第1413—1414页。

种问题。他们还联络各界成立了'铁路工人罢工后援会'，组织学生举行了声势浩大的游行示威。7 日，军阀终于下了毒手，在武汉、郑州、长辛店等地同时枪杀、逮捕了许多罢工领袖和工人。敌人的暴行激起了邓中夏和同志们的无比愤怒，他们及时召集紧急会议，用中国劳动组合书记部名义，向全国发出通电，号召各地举行示威，组织更大的反击。接着，邓中夏和同志们又在北京大学组织了一个群众性的大会，声讨军阀的罪行"①。邓中夏后来反思京汉铁路工人大罢工失败的根本原因时指出："最主要的还是当时没有一个强大的共产党。共产党是工人阶级的总参谋部，如果工人阶级没有它自己阶级的政党——共产党，那么工人阶级要得到解放是不可能的。……当时做职工运动的同志有一极大错误，便是没有在工会中发展党的组织。京汉铁路总罢工无疑的是共产党所领导，然而亦只有高高在上的领导，而下层群众中很少共产党的作用。总计当时铁路工人的共产党员不到五十人，这样一个渺小的数目，如何能够指挥那样广大的群众！""再则就是工会组织还未完善。各站工会虽然都组织起来了，但多半还是草创，自然说不到如何严密。"②在罢工组织策略上，邓中夏指出京汉铁路工人罢工存在着罢工准备不充分、没有对士兵进行动员工作和没有占领电讯机关等问题。

"二七"惨案后，邓中夏由北京来到上海，经李大钊介绍，到上海大学任校务长。为了组织和领导好上海日本纱厂工人罢工，1924 年下半年，中共中央决定："组织专门指挥这次罢工的委员会，指定李立三同志和邓中夏同志负总责，并命令上海党部全体动员"③。1924 年下半年，邓中夏一边在上海大学工作，一边领导工人运动。1924 年 9 月，邓中夏在小沙渡成立"沪西工友俱乐部"。在俱乐部的领导下，上海成

---

① 钱小惠：《邓中夏与"二七"大罢工》，《武汉文史资料》2003 年第 1 期。
② 《邓中夏全集》（下），人民出版社 2014 年版，第 1432 页。
③ 《邓中夏全集》（下），人民出版社 2014 年版，第 1456 页。

立了许多秘密工会组织。因日本资本家无理解雇大批工人，在邓中夏、李立三的领导下，上海日本纱厂工人于 1925 年 2 月举行大罢工，有四五万纱厂工人参加罢工。鉴于工人运动的高涨，日本资本家不得不同工会代表举行谈判，罢工取得了胜利。1925 年 4 月，邓中夏在《中国工人》第 4 期发表《上海日本纱厂罢工中所得来的经验》一文，指出这次胜利的主观原因有：事先领得工钱、临时组织得力、口号适当、传单得力、对准敌方弱点猛攻和有自卫的特殊组织。

　　1925 年 6 月 19 日至 1926 年 10 月 10 日，邓中夏和苏兆征等领导和发动举世闻名的省港大罢工。为了发动省港大罢工，给帝国主义以沉重的打击，邓中夏和苏兆征等，"在认真了解情况的基础上，运用统一战线的策略，通过个别走访、谈心等方式，对各工会领导人做过细的思想政治工作，既向他们进行爱国主义教育，解除不同的思想顾虑；又适当照顾他们的利益，终于争取了绝大多数人赞成罢工"①。在罢工运动中，邓中夏和苏兆征等注意对工人进行爱国主义教育，提高工人阶级觉悟，制定正确的策略，广泛争取各界对工人运动的支持。在省港大罢工期间，邓中夏以中华全国总工会的名义出版《工人之路》周刊，邓中夏亲自担任主编。"邓中夏为《工人之路》拟定宣传方针和编辑计划，审定重要稿件，并且根据罢工时期各个阶段中的不同任务、方针和策略，亲自撰写各种评论文章共 75 篇。"②《工人之路》的创办，及时传达罢工委员会的决定，加强党对罢工工人的教育。

　　为了统一领导罢工事宜，协调各工会之间的关系，"邓中夏又创造性的发动全体罢工工人，按照五十人选出一个代表的办法，进行一次

---

　　①　谭双泉等：《邓中夏》，中共党史人物研究会编：《中共党史人物传》第 35 卷，陕西人民出版社 1987 年版，第 31 页。

　　②　谭双泉等：《邓中夏》，中共党史人物研究会编：《中共党史人物传》第 35 卷，陕西人民出版社 1987 年版，第 32 页。

民主选举，选出八百多名工人代表，组成有高度权威的'罢工工人代表大会'，作为罢工工人的最高权力机关。从此，罢工工人便有了一个符合民主集中制原则的严密的组织系统"[①]。涉及罢工的重大问题，必须由省港罢工工人代表大会讨论决定，然后由省港罢工委员会执行。这种制度安排充分体现了工人阶级的意志，显示出巨大的优越性和强大的生命力。邓中夏自己后来也指出："这个八百余人的代表大会的确起了不可思议的伟大作用。罢工策略经过集体的讨论，因而取得一致的团结。罢工内部许多纠纷，都依靠代表大会的威权予以解决。黄色领袖以及一切反动分子之阴谋企图，都受到代表大会的严厉制裁。工人群众的一切意志，都经过代表带到代表大会。罢工消息又经过代表带入工人群众。罢工委员会的会务及财政，皆经常在代表大会报告，以致外面一切谣言都失其效用。罢工各机关重要职员，都经过代表大会选举，不称职时又经过代表大会随时撤职，因此罢工各机关不致腐化。真的，代表大会奠定了此次罢工。这个经验我们是在这次罢工中第一次取得的。"[②]

省港大罢工坚持一年零四个月，这在中国工人运动史上是空前的，在世界工人运动史上也是罕见的。这与邓中夏和苏兆征等人的领导是分不开的。"省港大罢工的胜利，是在中国共产党驻广州各直属单位的共同领导下，在有关各方面的配合支持下，以中华全国总工会为总指挥，统率2万多罢工工人共同奋斗的结果。邓中夏作为中共中央驻中华全国总工会的党团书记、省港罢工委员会顾问和罢工纠察总队训育长，可以说，邓中夏自始至终是领导进行省港大罢工最重要的关键、核心人物。从大罢工的发动，罢工组织机构的建立和整顿，罢工策略的制定、调整

---

① 姜平：《邓中夏的一生》，南京大学出版社1986年版，第125页。

② 《邓中夏全集》（下），人民出版社2014年版，第1533页。

和贯彻，罢工的宣传工作和对罢工工人的教育训练，直到对英谈判、结束对香港的封锁，在长达一年半的大罢工中每个重要环节无不浸透了邓中夏的心血，无不显示出他对领导工人阶级大规模群众斗争的热情、勇气、智慧和卓越才干。"① 赤色职工国际称赞邓中夏为"铁腕组织家"②，工人群众称赞邓中夏和苏兆征是"他们自己行动的两盏明灯"③。邓中夏就是这样领导和参加工人运动，在工人运动实践中，不断探索、总结和完善其工人运动思想的。

第四节 邓中夏工人运动思想形成和发展的理论来源

中国共产党作为共产国际的一个支部，共产国际关于中国共产党开展工人运动的指示对早期工人运动具有指导意义。由于种种原因，共产国际在帮助和指导中国革命的过程中，也犯过一些错误，使中国革命遭受了挫折，但共产国际关于中国革命，特别是关于中国工人运动中的合理成分对促进中国工人运动的发展是不能否认的，是中国共产党早期开展工人运动的理论指导。中国共产党成立后，对于如何领导工人运动，党组织不断进行探讨，发布了一系列指示。共产国际关于中国开展工人运动的指示和中国共产党的工人运动政策无疑是邓中夏工人运动思想的重要来源。

---

① 唐玉良：《功业永在 浩气长存——纪念中华全国总工会主要缔造者之一邓中夏烈士诞辰 110 周年》，中国工人历史与现状研究会组织编写：《中国工人历史与现状研究》，中国劳动社会保障出版社 2006 年版，第 36 页。

② 中国人民政治协商会议广东省委员会文史资料研究委员会编：《广东文史资料》第 29 辑，广东人民出版社 1980 年版，第 61 页。

③ 华应申编：《中国共产党烈士传》，东北新华书店 1949 年版，第 51 页。

一、共产国际关于中国共产党早期工人运动的指示

（一）共产国际要求中国共产党必须重视和组织工人运动

共产国际一成立就重视世界工人运动。1919 年 3 月 6 日，共产国际第一次代表大会讨论通过的《共产国际宣言》就号召："全世界的无产者，在反对帝国主义兽行、反对帝制、反对特权等级、反对资产阶级国家和资产阶级所有制、反对各种各样的阶级压迫或民族压迫的斗争中联合起来！""全世界的无产者，在工人苏维埃的旗帜下，在夺取政权和实行无产阶级专政的革命斗争的旗帜下，在第三国际的旗帜下联合起来！"[①]1922 年 7 月，共产国际执行委员会给中国共产党中央执行委员会的信就批评中国共产党对工人运动重视不够，强调中国共产党必须进一步加强工人运动。共产国际执行委员会在信中指出："你们党的成分依然主要是知识分子，党与工人没有什么重要联系。虽然也在印刷一些宣传品，但是向群众宣传的口气不恳切，听不出联系群众的意愿。工人的疾苦在这个宣传中，则根本没有提及。在海员大罢工的日子里。我们置身于这场运动之外。但是在广州，没有任何理由隐瞒我们组织的存在。我们能够谅解，党在中国华北是秘密工作的。但是，秘密工作绝不意味着可以持消极态度，让工人群众全然不知共产党的存在这回事。""工人应该在各种各样重大事件中通过党的宣言、号召，党对罢工运动的支持和参加示威游行等来了解党。党应该亲自组织这样的示威游行。在反对外国资本主义列强的活动中，党应该与革命的民族运动携手合作。""至于对待纯粹的工人运动，我们应该为中国工人与红色工会国际的联合而展开宣传。只有在党懂得如何建立工人组织的时候，

---

① 《共产国际、联共（布）与中国革命文献资料选辑（1917—1925）》，北京图书馆出版社 1997 年版，第 74 页。

它才能成为真正的工人阶级政党。"①1922 年，共产国际第四次代表
大会通过的《关于东方问题的总提纲》进一步指出："摆在殖民地和
半殖民地国家的共产党和工人党面前的是双重任务：一方面，它们要
力争最彻底地解决资产阶级民主革命的任务，以求得国家政治上的独
立；另一方面，它们又要利用民族主义的资产阶级民主阵营内的种种
矛盾，把工人和农民群众组织起来，为实现他们的特殊阶级利益而斗
争。""东方殖民地和半殖民地各国的共产党，目前或多或少地尚处于
萌芽时期，这些党应该参加一切可以接近群众的运动。但是，也应当
对工会中的宗法行会偏见和资产阶级影响展开有力的斗争，以便使这
些处于萌芽状态的工会组织不受改良主义思想的影响，并使他们变成
群众性的战斗组织。这些国家的共产党，应当尽一切力量把人数众多
的男女雇农和男女手工业者组织起来，而这一工作要从维护他们的切
身利益做起。"②

（二）组建工会组织，加强党对工会的领导

共产国际认为，要使工人运动有序进行，必须加强对工人的宣传教
育，把工人组织起来，共产党要加强对工人组织的领导。1922 年 8 月，
《共产国际执行委员会给其派驻中国南方代表的指令》中指出："中国共
产党人最重要的任务是组织劳动群众，这一任务的完成在目前时期只能
采取建立工会的形式。但它遇到现有以地方原则为基础的无政府主义的
基尔特（行会）的阻碍。与这些行会斗争的最大困难，就在于这类组织
不仅仅是只搞互助活动，它们还是祭祖或拜神的组织。鉴于群众中普遍
存在的这种宗教迷信活动，同这些行会进行斗争时，应回避这类现象。

---

① 《共产国际、联共（布）与中国革命文献资料选辑（1917—1925）》，北京图书馆
出版社 1997 年版，第 311—312 页。

② 《共产国际、联共（布）与中国革命文献资料选辑（1917—1925）》，北京图书馆
出版社 1997 年版，第 362 页。

工人的注意力则应集中于另一方面即这些组织并不十分强大，不致影响工人经济任务的完成，而且正由于这个原因才应建立工会。""应在征得已建立工会的工业中心的同意后，实行工会的集中化。工业组织或工会组织是否需要建立的问题，要完全视当地情况而定。""为完成这些任务，共产党人应该在国民党内和工会内把拥护共产党的人组织成一些小组。靠这些小组形成一支大军去宣传反对外国帝国主义斗争的思想，建立中华民国和组织反对中外剥削者的阶级斗争的思想。"①1922 年 12 月，共产国际第四次代表大会要求各共产党组织在工人中建立工厂委员会，加强工人斗争的组织性。"任何一个共产党，如果它在工厂、矿山、铁路等等中没有建立起巩固的基层组织，就不能算是一个力量强大的、组织严密的群众性的共产党。在目前条件下，如果工人阶级及其组织没有能建立起工厂委员会作为工人运动的支柱，那末这种工人运动就不能算是有计划组织起来的群众性的无产阶级运动。特别是，如果共产党人不是在一切工厂中拥有坚固的支点，如果工人没有在企业中建立起自己的无产阶级的战斗机关（工厂委员会，工人苏维埃），那么反对资本进攻和争取监督生产的斗争是没有胜利的希望的。"② 在工人运动中，共产党必须牢牢把握对工会、工厂委员会和工人苏维埃等的领导权。

（三）建立牢固的工农联盟，建立广泛的统一战线

共产国际认为，在敌强我弱的背景下，工人阶级必须建立广泛的统一战线。"统一战线不是别的，而是共产党人为了反对资产阶级、保卫工人的切身利益而向所有属于其他党派组织的工人以及一切无党派工人提出的进行共同斗争的建议。""通过宣传和组织工作把工人群众联合起

---

① 《共产国际、联共（布）与中国革命文献资料选辑（1917—1925）》，北京图书馆出版社 1997 年版，第 324—325 页。

② 《共产国际、联共（布）与中国革命文献资料选辑（1917—1925）》，北京图书馆出版社 1997 年版，第 384 页。

来是统一战线策略的基本任务。只有'从下层'，即直接从工人群众的最深处出发才能使统一战线策略真正实现。但同时，共产党人在某种情况下不能拒绝同敌对的工人党的领袖们进行谈判，而且应当经常地使群众充分了解这些谈判的进展情况。"① 中国是一个农业国家，农民占人口的绝大多数，农民问题乃是中国革命的中心问题，因此，在统一战线中必须重视工农联盟。《共产国际执行委员会给中国共产党第三次代表大会的指示》中指出："共产党作为工人阶级的政党，应当力求实现工农联盟。"② 为了建立牢固的工农关系，共产国际指示中国共产党必须开展土地革命，关注农民的切身利益。与此同时，中国工人阶级必须同先进国家的无产阶级联合，同世界各种进步力量合作，因为，"落后国家之所以必须同先进国家的无产阶级结成联盟，这不仅是由于共同反对帝国主义的需要，而且是由于东方各国工人为了发展本国落后的生产力，只能从先进国家获得胜利的无产阶级那里取得无私的援助。同西方无产阶级结成联盟开辟了通向世界苏维埃共和国联邦的道路"③。

二、中国共产党早期的工人运动政策

中国共产党成立后，便全力以赴开展工人运动。党的一大在讨论党的今后工作时，"因为党员少，关于组织农民和军队的问题成了悬案，决定集中我们的精力组织工厂工人。为了把好的可靠的同志吸收到自己这方面来，决定接受党员要特别谨慎，严加选择。鉴于我们的党到现在为止几乎完全是由知识分子组成的，所以代表大会决定要特别注意

---

① 《共产国际、联共（布）与中国革命文献资料选辑（1917—1925）》，北京图书馆出版社 1997 年版，第 381—382 页。

② 《共产国际、联共（布）与中国革命文献资料选辑（1917—1925）》，北京图书馆出版社 1997 年版，第 456 页。

③ 《共产国际、联共（布）与中国革命文献资料选辑（1917—1925）》，北京图书馆出版社 1997 年版，第 360—361 页。

组织工人，以共产主义精神教育他们"①。据此，中国共产党第一次全国代表大会讨论通过的《中国共产党第一个决议》以相当的篇幅论述了开展工人运动问题，提出了中国共产党在今后工人运动中的任务、方针、政策、方法和要求。从中国共产党第一次代表大会到第六次代表大会，每次代表大会都通过了与工人运动有关的决议案。共产党关于工人运动政策的内容非常丰富，不同时期各有侧重，突出有以下几个方面。

（一）在工人中组建工会组织，加强党对工会的领导

1921年7月，中国共产党第一次全国代表大会通过的《中国共产党第一个决议》就指出：中国共产党的基本任务是成立产业工会，"凡有一个以上产业部门的地方，均应组织工会；在没有大工业而只有一两个工厂的地方，可成立比较适于当地条件的工厂工会"②。在不具备成立工会的地方，应先办工人学校、工人俱乐部、合作社等，加强对工人进行教育，提高他们的觉悟，待条件具备以后再组织工会。工人学校必须严格掌握在党组织手中。

工会不同于封建行会等组织，它是保护工人切实的利益和为工人的利益奋斗的机关，所以党组织要求"只要是赚工钱的工人，不论男、女、老、少，信仰，地域，种族，国籍，政见，熟练、不熟练等区别，都须加入工会"③，使工会成为真正的阶级组织。必须完善工会组织系统，工厂委员会是工会最好的基本组织，每工厂必须成立一个工厂委员会，"工厂委员会须属纯粹工人的组织，绝不可用雇主和工人

---

① 中国社会科学院现代史研究室、中国革命博物馆党史研究室选编：《"一大"前后——中国共产党第一次代表大会前后资料选编》(1)，人民出版社1985年版，第23页。

② 《建党以来重要文献选编（1921—1949)》第1册，中央文献出版社2011年版，第4页。

③ 《建党以来重要文献选编（1921—1949)》第1册，中央文献出版社2011年版，第152—153页。

的代表混合组成之，同时工厂委员会又不可离工会而独立"①。工厂委员会下可成立工会小组。各工会组织间要加强团结与合作。为了加强与各国革命的工会组织之间的联合，中国工会必须加入赤色职工国际协会。

必须加强中国共产党对工人运动的领导，把工人运动牢牢掌握在自己的手里，防止被其他党派所利用。工人运动"应当发展党的组织，成为工会的中心；党不仅在职工会获得一切的指导权，并须与党外群众密切相关，成为工人阶级最积极先进，同时又是密切的一部分，然后才能使无产阶级实行历史上的使命"。"我们党的政策和主张，虽不能直接命令工会，然亦可由工会党团和支部间接在工会组织中而执行和指导；在工会一切政策，不能不经过党的决定。所以每一工会中，须尽力活动，组织党团及支部，成为工会中的中心，使工会行动实际在党的指导之下。"②为了加强党在工人中的力量，要把工人运动中的骨干分子，吸收到党内来。

（二）党在领导工人运动中，必须注意斗争策略

党在领导工人运动中，首先必须处理好经济斗争和政治斗争的关系。党要"在工人群众中指明每个阶级争斗都是政治争斗，必须政治争斗得到一步胜利才能保障经济争斗得到一步胜利。……每个的政治问题及政治争斗发生，工人阶级不可取消极的旁观态度，我们应领导工人阶级积极参加，以取得工人阶级的利益"。政治斗争不能脱离经济斗争，"经济争斗是工会的日常生活，今后不但不能忽略此项争斗，并要增加争斗之深入的程度，即在政治争斗中亦不可忘了经济的要求，因为只有

---

① 《建党以来重要文献选编（1921—1949）》第 1 册，中央文献出版社 2011 年版，第 153 页。

② 《建党以来重要文献选编（1921—1949）》第 3 册，中央文献出版社 2011 年版，第 73—74 页。

经济争斗的奋进，才能增长政治争斗的力量"。①

在工人运动中，党必须保持工会组织的统一，提出的口号要适当，口号"适合当地群众的组织力量，需要及情绪，而促起群众做切实的更进一步的奋斗。过高的口号既不但不能真正引起群众自动的斗争，而且容易受反动派的中伤，在失败后借口归罪于我们"②。各地工会组织要与农民亲密联系，组织有觉悟的工人到农村去做农民工作，帮助农民组织起来。

（三）加强对工人的宣传教育，提高其思想觉悟

在半殖民地半封建的中国，工人的文化素质、政治觉悟不高，容易受改良主义、无政府主义和封建帮派势力的影响。这不利于工人运动的健康发展。中国共产党一成立就重视对工人的教育，《中国共产党第一个决议》要求一切产业部门都应成立工人学校，教育工人，提高工人的觉悟。中国共产党各级党组织要利用一切手段向广大工人群众宣传成立工会的意义、工人开展政治斗争与经济斗争的关系，"说明工人阶级须有自己阶级的政党——共产党，宣传中国共产党的党纲及策略，以具体的事实证明拥护工人阶级的利益只有共产党；浅显地解释工人阶级及职工运动的世界性及中国工人阶级与世界社会革命的关系"③。并要求在对工人宣传教育过程中，要注意了解工人的心理，不断改进宣传教育的手段和工具。

---

① 《建党以来重要文献选编（1921—1949）》第 2 册，中央文献出版社 2011 年版，第 531—532 页。

② 《建党以来重要文献选编（1921—1949）》第 2 册，中央文献出版社 2011 年版，第 231 页。

③ 《建党以来重要文献选编（1921—1949）》第 2 册，中央文献出版社 2011 年版，第 232 页。

第五节　邓中夏工人运动思想形成和发展的脉络走向

任何事物都有一个产生、发展和成熟的过程，笔者认为，邓中夏工人运动思想从 1920 年开始至 1930 年止，主要经历了三个阶段。

一、初步形成阶段

该阶段大致从 1920 年开始至 1925 年 5 月止。该时期，邓中夏总结长辛店铁路工人大罢工、开滦煤矿工人大罢工和京汉铁路工人大罢工等的经验教训，发表了一系列文章，提出工人阶级领导权和工农兵联合思想等。

标志着邓中夏工人运动思想初步形成的文章有：《革命主力的三个群众——工人、农民、兵士》《论工人运动》《中国工人状况及我们运动之方针》《论农民运动》《中国农民状况及我们运动的方针》《论兵士运动》6 篇文章。这 6 篇文章是一个有机的整体，其中《革命主力的三个群众——工人、农民、兵士》是主干、总纲，另 5 篇文章是专题研究和深化。在《革命主力的三个群众——工人、农民、兵士》这篇文章中，邓中夏总结国内外革命经验，指出："革命运动中只有工人农民兵士三个群众是主力"[①]。在后面的 5 篇文章中，邓中夏进一步指出工人是中国革命最重要的主力军，农民是中国革命一支不可轻侮的伟大势力，军事活动不但不可废除，而且是重要工作之一。在中国革命运动中，必须坚持工人阶级对革命的领导，实行工农兵联合。

二、逐步成熟阶段

该阶段大致从 1925 年 5 月起至 1927 年 12 月止。在此阶段，邓中

----

① 《邓中夏全集》（上），人民出版社 2014 年版，第 296 页。

夏不仅领导了省港大罢工，而且发表关于工人运动方面的著作最多，工人运动思想的内容也最丰富。该阶段标志性成果有：《工会论》《一年来省港罢工的经过》《一九二六年之广州工潮》等。在此期间，邓中夏除了进一步强调无产阶级领导权思想之外，还对工人运动的政策、策略、工会建设及如何处理和解决工潮等问题进行了探讨。邓中夏强调指出，工人阶级要想领导中国革命取得胜利，必须实行工农商学联合，建立广泛的统一战线，处理好经济斗争和政治斗争的关系，完善工会组织，加强中国共产党对工会的领导，妥善处理工会纠纷，等等。

三、进一步深化发展阶段

该阶段大致从 1927 年大革命失败后至 1930 年止。大革命失败后，中国革命暂时处于低潮。邓中夏利用自己在莫斯科出席会议的机会，系统地总结中国工人运动的经验教训，思考中国工人运动的未来走向。在此期间，其标志性成果有《向共产国际第六次代表大会主席团的建议》《在赤色职工国际第十次执行委员会上的发言提纲》《中国职工运动简史（1919—1926）》等。在《中国职工运动简史（1919—1926）》这部专著中，邓中夏在缺乏参考资料的情况下，系统梳理和回顾了 1919 年至 1926 年间中国工人运动史上若干重大历史事件的过程和历史地位，运用马克思主义理论，客观地分析每次工人运动的经验教训。《中国职工运动简史（1919—1926）》内容丰富，对每次工人运动的发展历程、斗争过程中的得失，邓中夏都作了全面系统的分析，为大革命失败后工人运动的开展提供了重要借鉴。它的完成标志着邓中夏工人运动思想进一步深化发展。

第三章 邓中夏工人运动思想的
主要内容（上）

第一节 工人阶级是中国革命领导阶级的思想

一、关于工人阶级是中国革命领导阶级的思想的提出

在中国共产党第四次全国代表大会召开之前，由于种种原因，中国共产党没有提出无产阶级在新民主主义革命中的领导权问题。在第一次中国工人运动高潮期间，中国共产党对工人运动寄予了较高的期盼。1922 年 11—12 月，陈独秀和刘仁静代表中国共产党出席共产国际第四次代表大会，从他们在大会上的发言可窥一斑。陈独秀在《中国的政治派别及反帝统一战线的口号》的报告中指出："在这种组建反帝统一战线的形势下，中国共产党应首先组织工人阶级，并吸收农民甚至小资产阶级的革命成分参加这种运动，迫使小资产阶级中的其他更先进部分加入这一阵线。中国共产党应特别致力于影响这些小资产阶级，以便他们不被帝国主义利用反对革命运动。即使他们不积极投身于反对国际帝国主义的斗争，也必须努力使他们保持中立。"[1] 但共产国际领导人拉狄克在随后的发言中提醒中国共产党"不要把事情看得太美好，不要过高估

---

[1] 转引自李颖：《陈独秀与共产国际》，湖南人民出版社 2005 年版，第 53 页。

计你们的力量"。他指出中国共产党的"任务仍旧在于，把工人阶级中正在形成的现实力量统一到两个目的上来：一、组织年青的工人阶级；二、使它对资产阶级分子的客观革命力量采取明智的态度，以便组织反对欧洲和亚洲帝国主义的斗争"①。"这里，'资产阶级分子的客观革命力量'显然是指孙中山领导的国民党。拉狄克的言外之意可以概括为一句话：共产党要独立从事工人运动，必须在国民党的旗帜下进行。"②1923年1月12日，《共产国际执行委员会关于中国共产党与国民党的关系问题的决议》指出："一、中国唯一重大的民族革命集团是国民党，它既依靠自由资产阶级民主派和小资产阶级，又依靠知识分子和工人。二、由于国内独立的工人运动尚不强大，由于中国的中心任务是反对帝国主义者及其在中国的封建代理人的民族革命，而且由于这个民族革命问题的解决直接关系到工人阶级的利益，而工人阶级又尚未完全形成为独立的社会力量，所以共产国际执行委员会认为，国民党与年青的中国共产党合作是必要的。"③拉狄克的发言和共产国际的指示不无合理之处，但显然低估了工人阶级的力量，放弃了对统一战线领导权的争取。受共产国际的影响，特别是"二七"惨案后，中国工人运动暂时处于低潮，作为当时中共中央主要负责人的陈独秀便对工人阶级的力量失去了信心。1923年4月25日，陈独秀发表《资产阶级的革命与革命的资产阶级》一文，在文章中他把资产阶级分为革命的资产阶级、反革命的资产阶级和非革命的资产阶级，指出："我们也知道中国资产阶级势力微弱，尚不足克服封建军阀及国际帝国主义，所以使革命党易于采用右倾的妥

---

① 《共产国际、联共（布）与中国革命文献资料选辑（1917—1925）》，北京图书馆出版社 1997 年版，第 354—355 页。

② 转引自李颖：《陈独秀与共产国际》，湖南人民出版社 2005 年版，第 56 页。

③ 《共产国际、联共（布）与中国革命文献资料选辑（1917—1925）》，北京图书馆出版社 1997 年版，第 436 页。

协政策；但是要知道现有一条活路横在我们的眼前，就是与革命的无产阶级携手，打倒我们共同的敌人。……无产阶级也明明知道此种民主革命的成功诚然是资产阶级的胜利，然而幼稚的无产阶级目前只有在此胜利之奋斗中才有获得若干自由及扩大自己能力之机会，所以和革命的资产阶级合作，也是中国无产阶级目前必由之路。"陈独秀进而概括中国革命的正轨是"统率革命的资产阶级，联合革命的无产阶级，实现资产阶级的民主革命"。①12月1日，陈独秀又发表《中国国民革命与社会各阶级》一文，陈独秀在文章中指出："工人阶级在国民革命中固然是重要分子，然亦只是重要分子而不是独立的革命势力。概括说起来，是因为殖民地半殖民地产业还未发达，连资产阶级都很幼稚，工人阶级在客观上更是幼稚了。详细说起来，产业幼稚的中国，工人阶级不但在数量上是很幼稚，而且在质量上也很幼稚"②。陈独秀也看到资产阶级幼稚，但他认为"资产阶级的力量究竟比农民集中，比工人雄厚，因此国民运动若轻视了资产阶级，是一个很大的错误观念"③。"国民革命成功后，在普通形势之下，自然是资产阶级握得政权；但彼时若有特殊的环境，也许有新的变化，工人阶级在彼时能获得若干政权，乃视工人阶级在革命中的努力至何程度及世界的形势而决定。"④陈独秀这种认为先由资产阶级取得民主革命的胜利，然后再进行无产阶级革命的思想，后来被称为"二次革命论"。陈独秀这种思想显然看不到工人阶级的力量，不争取甚至放弃革命的领导权。这也是后来导致大革命失败的重要原因之一。

在华指导工作的共产国际代表马林也持有与陈独秀类似的看法。马

---

① 《陈独秀文集》第2卷，人民出版社2013年版，第352—353页。

② 《陈独秀文集》第2卷，人民出版社2013年版，第498—499页。

③ 《陈独秀文集》第2卷，人民出版社2013年版，第495页。

④ 《陈独秀文集》第2卷，人民出版社2013年版，第502页。

林在 1923 年 6 月《致共产国际执行委员会的信》中说："中国在经济上或政治上（或者仅仅在政治上）都是很落后的。中国现代工人（也包括其家属在内）只占人口总数的百分之一，而且其中在纺织业做工的是许多妇女和儿童。这些现代工人保留着极其顽固的旧传统。他们坚持地方主义（甚至铁路工人也如此），无论从数量和质量上说，他们都不是建立群众性共产党的好材料，而对于国民革命来说则是有用的。"[1]

受共产国际和陈独秀的影响，1923 年 6 月召开的中国共产党第三次全国代表大会对国共两党及其所代表的阶级力量作了片面估计，认为"工人阶级尚未强大起来，自然不能发生一个强大的共产党——一个大群众的党，以应目前革命之需要"[2]。"中国国民党应该是国民革命之中心势力，更应该立在国民革命之领袖地位"[3]。这次大会显然对工人阶级的力量缺乏信心，放弃了工人阶级对民主革命领导权的争取。

关于无产阶级在民主革命中的领导权问题，蔡和森、瞿秋白和邓中夏等共产党人则持不同于陈独秀、马林等人的意见，他们于 1923 年前后进行了探讨，取得了初步成果。邓中夏于 1923 年和 1924 年在《中国青年》《中国工人》杂志发表了《论工人运动》《中国工人状况及我们运动之方针》《我们的力量》等文章，全面系统阐述了自己对在国民革命中工人阶级地位及其作用的看法。

邓中夏长期从事工人运动，在长期的斗争实践中，认识到工人阶级的伟大力量，指出中国民主革命的领导权只能属于工人阶级。1923 年 12 月 15 日，邓中夏在《中国青年》第 9 期发表《论工人运动》一

---

[1] 《共产国际、联共（布）与中国革命文献资料选辑（1917—1925）》，北京图书馆出版社 1997 年版，第 482 页。

[2] 《建党以来重要文献选编（1921—1949）》第 1 册，中央文献出版社 2011 年版，第 259 页。

[3] 《建党以来重要文献选编（1921—1949）》第 1 册，中央文献出版社 2011 年版，第 276 页。

文，在文中强调指出："工人的群众不论在民主革命或社会革命中都占在主力的地位，有法兰西俄罗斯两大革命可以证明，我们应毫无疑义了。""我是曾经做过工人运动的人，据经验告诉我，使我深深地相信中国欲图革命之成功，在目前固应联合各阶级一致的起来作国民革命，然最重要的主力军，不论现在或将来，总当推工人的群众居首位。"①

针对"二七"惨案后，党内一些同志对工人阶级的力量产生怀疑和动摇，对领导工人运动缺乏信心和毅力这一倾向，邓中夏提醒："不论革命的政策为了应付时局的必要而要如何变更，然而工人运动却是任何革命方式之下应该特别重视而不可变更的。不然，如此革命的基本势力犹不注全力使之更强固，更发展，而漫然高唱什么样式的革命，终归是建屋于沙土之上，恐怕墙壁未立，屋瓦未覆，已是歪歪斜斜的坍塌了。"②12 月 22 日，邓中夏又发表《中国工人状况及我们运动之方针》，该文运用大量的资料，全面翔实地分析了中国产业的发展、分布，工人阶级的状况和工人运动情况，强调指出："我们对于中国的工人运动，应是极抱乐观，认为工人群众终归是中国革命运动最伟大的一种势力。"③

为了彻底驳斥中国共产党党内轻视工人运动这种错误倾向，批评陈独秀等人认为中国工人阶级在数量和质量上"都很幼稚"的观点，邓中夏经过长时间的调研，于 1924 年 11 月在《中国工人》第 2 期发表《我们的力量》一文。邓中夏在占有大量资料的基础上，运用辩证唯物主义和历史唯物主义的基本原理，全面分析了工人阶级产生的历史条件及其特点，提出并进一步阐明了工人阶级应在中国民主革命中居领导地位的思想。

① 《邓中夏全集》（上），人民出版社 2014 年版，第 298 页。
② 《邓中夏全集》（上），人民出版社 2014 年版，第 299—300 页。
③ 《邓中夏全集》（上），人民出版社 2014 年版，第 324 页。

在《我们的力量》这篇文章中，邓中夏首先从人数和组织状况上分析了中国工人阶级的力量。在数量上，邓中夏指出中国所有产业工人总人数是 185 万余人，如果加上手工业工人则超过 1000 万人。在组织上，"我们自己承认我们的组织还是很幼稚的，但是我们开首组织还不到三年，以这样短的时间，公然能够组织二十七万余人，在向无组织习性的中国说来，不能不说是一件可惊的事。虽然自京汉路'二七'失败以后，各地的组织不免受了些重大的打击和连带的影响，然而大部分还仍旧存在，不过存在的形式，有些是公开的有些是秘密的罢了"①。邓中夏用大量的数据和历史事实来阐述工人阶级的历史作用，进一步批驳陈独秀等人所谓工人阶级在数量和质量都很幼稚的观点，指出："我们现在的力量固然可以征验，就是我们将来的力量亦不难推测了。至于我们力量的试验与表现，在此数年内已经有许多战斗的事实可以证明。我们不敢夸张我们的力量已可与欧美产业先进国的无产阶级絜长比短，然而在中国各阶级民众中比较起来，恐谁也不能否认我们的领袖地位罢。"②他最后强调："老实说罢，中国将来的社会革命的领袖固是无产阶级，就是目前的国民革命的领袖亦是无产阶级。"③"只有无产阶级有伟大集中的群众，有革命到底的精神，只有它配做国民革命的领袖。"④"资产阶级不能革命，即革命亦是少数中的极少数，而且革命亦不得贯彻到底。"⑤"小资产阶级有革命要求和倾向，惟势力不能集中，只能为革命的助手。"⑥

---

① 《邓中夏全集》（上），人民出版社 2014 年版，第 476 页。
② 《邓中夏全集》（上），人民出版社 2014 年版，第 480 页。
③ 《邓中夏全集》（上），人民出版社 2014 年版，第 483 页。
④ 《邓中夏全集》（上），人民出版社 2014 年版，第 484—485 页。
⑤ 《邓中夏全集》（上），人民出版社 2014 年版，第 483 页。
⑥ 《邓中夏全集》（上），人民出版社 2014 年版，第 484 页。

二、中国工人阶级的社会地位决定其领导地位

与西欧各国无产阶级相比较，中国的工人阶级除了具有与之相同的阶级属性外，即与先进的生产方式相联系，富有组织性和纪律性等，由于它产生在 19 世纪半殖民地半封建社会这个特殊的历史背景，又有自己的突出特性。中国工人阶级这些特殊优点，有利于它在中国革命中成为领导阶级。在长期工人运动实践中，邓中夏深刻认识和把握到中国工人阶级的特点，进而探讨其在中国革命中的历史地位。"从一九二三年起，邓中夏就开始较为完整地从分析中国工人阶级产生的特殊过程及其特点入手，深入论证无产阶级在民主革命中乃至社会主义革命中当之无愧的领袖地位，这在当时我们党内是第一人。"[1]

（一）邓中夏从中国工人阶级产生的历史背景入手，批驳了关于中国工人阶级种种错误观点，论证中国工人阶级比资产阶级历史更悠久，力量更大，具有资产阶级无可比拟的历史地位

中国的现代产业工人，不是在中国封建社会内部早已出现的资本主义萌芽的基础上产生的，而是在外国资本、帝国主义侵略下逐步产生和发展起来的。邓中夏指出："自从国际资本帝国主义侵入之后，中国宗法社会的小农及小手工业经济日益崩坏，新式工业经济日益发达，因此，我们无产阶级在这当中也就随之日益发展而成长壮大了。"[2] 帝国主义侵略中国的目的"原不过只欲销售商品和取得原料，本不欲中国新式机器工业有大规模的增进与发达——因这会引起殖民地的工业对宗主国的工业剧烈之竞争对抗，以至于排斥的"[3]。但适得其反，"自从鸦片之

---

① 夏霖：《邓中夏论中国工人阶级的特点》，《湖南师大学报（哲学社会科学版）》1985 年第 6 期。

② 《邓中夏全集》（上），人民出版社 2014 年版，第 471 页。

③ 《邓中夏全集》（上），人民出版社 2014 年版，第 471 页。

战以来，帝国主义的进攻和压迫实在太猛了，使得中国不能不起一种'自强御侮'的反感；那时帝国主义者间亦有互相倾轧的裂痕，中国政府得利用这些机会购入机器以制炮造舰，于是就成就了中国的'军用工业'"。① 帝国主义在中国，"除掉投货，还要投资，这是它的本性使然；故当时铁路投资为各帝国主义者所垂涎欲滴，争先恐后的。此外，它们还有采取煤铁和将商品输入内地的需要。故借款官营，中国得以兴修铁路及开掘矿山。于是又成就了中国的'交通工业''煤矿工业'"。"随后因机器既已输入，又引起中国本国资本发展的自然要求，而兴工制造；并且外国资本利用中国劳力的低廉，原料取携的便利，运输周折的免除，海关定税的减轻，亦宜于在华设厂制造；因此而本国资本的和外国资本的各业制造工厂也就如云而起了。于是终于成就了中国的'制造工业'。"帝国主义始料未及的是，"工业化的速度是与无产阶级之长成壮大成正比例的。中国的无产阶级公然因三、四十年来工业之进展而组成一个雄厚而伟大的队伍，掉转头来便向帝国主义举行'背叛'，举行反攻"。②

针对一些人认为"殖民地或半殖民地产业还未发达，连资产阶级都很幼稚，无产阶级在客观上更是幼稚了"③ 这种观点，邓中夏认为这是脱离中国社会实际的"一种形式的理论说"。这一理论用于发达资本主义国家尚可成立，在那些国家资产阶级和无产阶级作为封建制度的一双孪生子，相互作用、相互影响，而"用之于殖民地或半殖民地就似是而非了"，因为在中国无产阶级最早诞生在外国资本主义在华开办的企业里，比资产阶级要早，更何况在半殖民地半封建的中国，外国资本主义势力要比本国资产阶级势力要强，所以"中国本国的资产阶级尽管幼稚，

---

① 《邓中夏全集》（上），人民出版社 2014 年版，第 471—472 页。
② 《邓中夏全集》（上），人民出版社 2014 年版，第 472 页。
③ 《邓中夏全集》（上），人民出版社 2014 年版，第 481 页。

在客观上中国的无产阶级却能长成壮大"①，中国工人阶级的社会基础和社会力量要比资产阶级大得多。

针对一些人认为"中国无产阶级的心理，大多数还沉睡在宗法社会里，还未与家族，亲属，帝王，神权等旧观念绝缘；有国家觉悟的是少数；有阶级觉悟的更是少数中的极少数"②这种观点，邓中夏认为这是用社会心理来解释社会现象的一种行为，是违反马克思主义的，因为"这种理论近乎说'哲学'了。马克思主义反对以心理来解释社会现象，今姑且退一步假定心理是可能解释的，然而亦应有平时心理和战时心理之分。无产阶级平时心理尽管沉睡在宗法社会里，尽管未与家族，亲属，帝王，神权等旧观念绝缘，然而一到战时（罢工），他们的眼里却清清楚楚认识资本主义了，他们的心理却完完全全表示出阶级的意识和觉悟了。……无产阶级的觉悟，是由它被压迫被掠夺的地位反应出来的，它的觉悟程度是随它的反抗的争斗之经验而发展的，断乎不能因其有宗法社会心理而能阻止它的觉悟。所以以心理断定它的质量幼稚是不对的，况乎是拿了平时心理而非战时心理"③。实际上，在半殖民地半封建的中国，"因为工人实际生活之压迫，比任何阶级所受的要惨酷，要深刻；故工人决战的毫不逡巡踌躇的态度，亦比任何群众所做的要勇敢，要坚决些"④。

综上所述，邓中夏认为，中国工人阶级无论是从数量还是从质量而言都比资产阶级优越，因此，中国工人阶级不可能像西欧无产阶级那样在资产阶级民主革命中充当助手，而是以一支独立的政治力量登上历史舞台。五四运动后，领导中国革命取得成功的重任，历史地落在中国工人阶级肩上。正如毛泽东后来所指出："中国工人阶级，自第一次世界

① 《邓中夏全集》（上），人民出版社 2014 年版，第 482 页。
② 《邓中夏全集》（上），人民出版社 2014 年版，第 482 页。
③ 《邓中夏全集》（上），人民出版社 2014 年版，第 482—483 页。
④ 《邓中夏全集》（上），人民出版社 2014 年版，第 298 页。

大战以来，就开始以自觉的姿态，为中国的独立、解放而斗争。"①

（二）邓中夏从中国工人阶级所处的经济和政治地位入手，阐述中国工人阶级最富有革命的坚决性和彻底性

第一，中国工人阶级除了受资本家的剥削和压迫外，还要受帝国主义和封建军阀的压迫，因此，中国工人阶级的革命性比任何阶级表现得更为坚决和彻底。

在半殖民地半封建社会，中国工人阶级由于受帝、封、官"三座大山"的压迫和剥削，社会地位低微，生活极为悲惨。表现在以下几方面：首先，工人劳动时间长，工资低微。国内工厂普遍工作在十二小时以上，"甚至还有十八小时的工作哩。而且都是整天的站立着作工"。工人工资低，"中国工资比世界任何国家为少。……日本一工可在中国雇佣三工有零。……当此百物腾贵，十年以来，物价均超重过数倍以上，然而工资并未增加，独身工人所得工资已有不能糊口之虞，若五口之家更何能免号寒啼饥之苦？"此外，"中国境内不论是洋商的或华商的工厂，厂家对于工人待遇异常残酷，克扣，罚工，非刑拷打，开除……种种暴虐行为，罄竹难书。工人的身体既遭涂毒，工人的人格亦被侮辱"②。邓中夏指出中国工人的生活真可谓"'仰不足以事，俯不足以畜'，一生一世，替人作牛马"③。其次，工人的工作条件恶劣，完全没有劳动保护。在中国，工人没有健康保险、残废保险和失业保险等，由于劳动条件恶劣，工作时间长，工人经常得脚肿病、肺结核病等，死亡率也不断上升。此外，在工人中还普遍盛行包身工制、童工制和工头制等。最后，种族歧视严重，民族不平等现象严重。中国工人与外国工人做同样的工作，工资却相差甚远。如中国海员与外国海员，"同是一条船，同

---

① 《毛泽东选集》第 3 卷，人民出版社 1991 年版，第 1081 页。

② 《邓中夏全集》（上），人民出版社 2014 年版，第 532、533 页。

③ 《邓中夏全集》（上），人民出版社 2014 年版，第 323 页。

是一样工作，并且同是一样时间，然而外工的工资却与华工独多。又如吃饭，外工有五个菜，又有酒喝；华工却只三个菜，无酒喝。又如住处，外工二三人一间房，并有人司洒扫之劳，华工不论数十人只住在两间房，无人洒扫，污秽不堪。外工做错事至多斥责几句，华工做错事至少拳足交加。船上游戏场跳舞会，外工可以去，华工不能。船抵外国各港时，有许多地方不许华工登岸，西贡海防虽准登岸，一至晚间，如无随身护照，即便捉去"①。中国工人在这种层层剥削和压榨下，"感受痛苦实巨，向政治的奋斗，亦已趋向激烈"②。"只有无产阶级的革命性比任何阶级为丰饶为伟大，只有无产阶级为生活利益而奋斗的革命，比一般为人道为义愤基于伦理观念而革命的人要可靠要坚强。"③

第二，邓中夏指出中国工人阶级没有像欧洲那样的社会改良主义的经济基础，除了极少数工贼外，整个阶级都是革命的。西欧的资产阶级，可以从殖民地掠夺来的巨额利润中拿出一部分培植工人贵族，收买工人领袖和技术工人，由他们去宣传劳资合作和改良主义的政治主张。在中国则没有这种情况。邓中夏经过调研后指出："首先我们须弄清楚的，就是改良主义在中国有没有经济的基础？我们的答案是没有。退一万步言，即有也异常之微弱。因为中国本身是一半殖民地国家，第一，帝国主义为榨取更多的额外利润不愿对工人的经济生活有所改善；第二，民族资产阶级经济能力太弱，只有向工人有更多的剥削方能抵补外资的压迫；第三，贵族工人只有极少数分子而未形成什么阶层，所以改良主义不能象在欧美各国一样种下深根。"④ 所以，中国工人阶级的政治素质是好的，整个阶级是革命的。

---

① 《邓中夏全集》（上），人民出版社2014年版，第488页。
② 《邓中夏全集》（上），人民出版社2014年版，第218页。
③ 《邓中夏全集》（上），人民出版社2014年版，第349页。
④ 《邓中夏全集》（下），人民出版社2014年版，第1334页。

第三，中国工人阶级主要集中在中国几个大城市和几个产业，容易形成强大的政治力量。邓中夏经过调研，在《中国工人状况及我们运动之方针》中指出，中国工人阶级主要集中在广州、上海、武汉等大城市，并且又主要分布在铁路、海运、矿山和制造等行业。产业工人集中，有助于工人发挥巨大作用，所以显得特别有力量。"海员一罢工，可以使国内外的交通断绝；铁路一罢工，可以使南北的交通断绝；汉冶萍一罢工，可以使国内和日本多数大工厂停业；开滦一罢工，可以使铁路轮船及用户的煤炭蹶竭，洋船都要鳞次栉比的停在秦皇岛，开不出渤海口去；码头工人一罢工，可以使洋货不能登岸；市政工人一罢工，可以使全埠扰乱，这是何等伟大的势力呵！"①

（三）邓中夏从工农联盟入手，强调中国工人阶级与农民是天然同盟者，便于在革命中结成工农联盟，形成强大的革命力量

中国是一个农业国家，农民占中国人口的绝大多数，农民是中国革命的主力军，没有农民的积极参与，要想取得国民革命的胜利是不可能的。中国工人阶级只有与农民结成巩固的联盟，才能形成强大的力量，才能完成反帝反封建的任务。中国工人阶级多数来自破产的农民，和农民有密切的联系，邓中夏指出："农民真是我工人阶级天然的同盟者，他们是受大地主的剥削与压迫，我们是受资本家的剥削与压迫，所以他们经济痛苦与我们原无两样；至于受军阀官僚之无情蹂躏，帝国主义之肆意侵略，他们与我们的政治痛苦更是一致了。"②

（四）邓中夏用事实证明工人阶级是中国革命的领导阶级

在五卅运动中，工人阶级不屈不挠的斗争，给帝国主义和各种反对势力以沉重打击，显示出中国工人阶级的强大力量。对此，邓中夏

---

① 《邓中夏全集》（上），人民出版社 2014 年版，第 298—299 页。
② 《邓中夏全集》（上），人民出版社 2014 年版，第 635 页。

强调指出："其中表示最有力量的，只有工人；学生罢课，不能给帝国主义以要害的打击，就是教会学校学生罢课也不能使帝国主义受何等重大的影响；商人罢市虽给帝国主义以有力的打击，然而仅仅二十三天，他们就开市了，半途退出战线了，软化而妥协了；只有工人罢工，坚持三个月之久，誓死奋斗，奋斗到援尽粮绝，方忍痛罢休，因而失业者数千人。由此可见工人阶级革命精神是何等猛勇而坚决。广东方面尤其显然了，省港罢工中，香港全体工人罢工，学生只有一部分罢课，商人则漠然不动。在广州只有沙面工人罢工，教会学生没有声息，商人更不用说了。工人差不多孤军奋斗，至今七个半月，始终不敢言疲。举此二大例，便可证明工人阶级在事实上已经取得国民革命的领袖。"①

三、工人阶级必须争取对中国革命的领导权

关于中国革命的领导权问题，共产国际也在不断地探索。据郑超麟回忆：1924 年上半年，共产国际东方部和中共旅莫支部共同讨论过一次中国革命问题，这次讨论的结果，一致认为工人阶级应该是中国国民革命的领导者，彭述之参加了这次会议，并把这一精神带回国内。时任中共旅莫支部书记彭述之回国后于 1924 年 10 月和 12 月，发表了《中国工人阶级的责任》和《谁是中国国民革命之领导者?》两篇文章，较系统地论述了其关于无产阶级领导权的思想，他认为："在国民革命运动的战线上，中国的资产阶级不惟不敢出来作领导、打先锋，它必然还要流到反革命一方面去。""中国工人阶级所受外国帝国主义与封建军阀之残酷待遇，比中国任何阶级要迫切，所以中国的工人阶级认识他的敌人——帝国主义与军阀，比任何阶级要明确，要深刻。这就是中国工人

---

① 《邓中夏全集》（中），人民出版社 2014 年版，第 885 页。

阶级能担负领导中国国民革命之唯一客观条件、根本原因。""中国工人阶级在各方面对于反帝国主义与反军阀的表现，都是极明显而极坚决的。这完全是由于它那种天然反帝国主义与反军阀的客观条件所规定。反过来说，中国工人阶级之反帝国主义与反军阀的革命性与觉悟力都是天然的。所以中国工人阶级天然是国民革命的领导者。"① 彭述之肯定无产阶级在国民革命中的领导作用是一大进步，但他不懂得，"无产阶级也不是天然的司令官，不是从农民一直到大资产阶级都公推你、公认你为司令官"②，"没有看到资产阶级在争领导权"③ 这一客观事实，给中国革命带来了消极影响。

1925 年 1 月，中国共产党在上海举行第四次全国代表大会。这次大会在党的历史上第一次提出无产阶级在民主革命中的领导权问题。关于无产阶级领导权问题，大会指出："中国资产阶级的民族运动，虽然有了多年历史，总不能逃出妥协而流产的运命，这是因为前此中国无产阶级的力量还未发展到参加此运动的缘故。现在中国的无产阶级已开始参加此运动，并在许多实际运动中，已露出阶级的分化，不但使中国民族革命运动加了新的力量，并且使中国民族革命运动有了新的意义。"④"由中国社会各阶级现状也可以看出，越是上层阶级越富于妥协性，最受压迫而最有集合力的无产阶级是最有革命性的阶级。现在中国无产阶级在客观上的力量虽还幼稚，而他们革命的要求及决战的心理，在最近中国民族运动中，已站在最前进的地位。中国为全世界帝国主义者决死必争之市场，帝国主义者当中的竞争，固然有时给中国

---

① 彭述之：《谁是中国国民革命之领导者?》，《新青年（季刊）》第 4 期，1924 年 12 月 20 日。

② 《周恩来选集》上卷，人民出版社 1980 年版，第 216 页。

③ 《周恩来选集》上卷，人民出版社 1980 年版，第 159 页。

④ 《周恩来选集》上卷，人民出版社 1980 年版，第 217 页。

民族运动进展的机会，同时也正因他们的竞争，使他们更要争相勾结中国富于妥协性的上层阶级，甚至愚弄上层阶级的民族革命派，做他们的工具，因此中国的民族革命运动，必须最革命的无产阶级有力的参加，并且取得领导的地位，才能够得到胜利。"① 彭述之参加中共四大文件的起草工作，受彭述之"天然领导论"的影响，中共四大对如何实现无产阶级领导权，对在国民革命中资产阶级与无产阶级争夺领导权的严重性和实现无产阶级领导权的艰巨性缺乏明确的、具体的认识。

对于彭述之的"天然领导论"观点，邓中夏持否定态度。他强调指出，中国工人阶级的领导权，不是上天赐予的，是靠斗争取得的。对于无产阶级如何实现对中国革命的领导权，邓中夏进行了探讨。他于1925 年 5 月在《中国海员》第 2 期发表《劳动运动复兴期中的几个重要问题》中指出："无产阶级参加国民革命，不是附属什么资产阶级而参加，乃是以自己阶级的目的而参加；所以我们在国民革命中应以自己阶级的利益为前提的。"②"我们对于国民革命，即为了取得政权而参加的"，但是，"政权不是从天外飞到我们工人手中的，是要我们从实际政治斗争去一点一滴的以至于全部的取得。政权我们不取，资产阶级会去取的。"③

邓中夏总结古今中外的经验教训，认为中国资产阶级尽管不能领导国民革命取得胜利，但它会同国外资产阶级一样，会向无产阶级进攻，企图篡夺国民革命的领导权，把中国建成一个资产阶级专政的国家。邓中夏指出："资产阶级更深刻觉悟而向无产阶级进攻。本来资产阶级在

---

① 《建党以来重要文献选编（1921—1949）》第 2 册，中央文献出版社 2011 年版，第 218—219 页。

② 《邓中夏全集》（上），人民出版社 2014 年版，第 538 页。

③ 《邓中夏全集》（上），人民出版社 2014 年版，第 540 页。

争政权或反对国内外压迫势力于他们自己有利益的时候，会与工人阶级携手的，如法国革命、俄国二月革命，资产阶级曾利用无产阶级，可是一达到自己阶级的利益或工人行动与自己利益冲突时，则压迫无产阶级之事便发生了。再则无产阶级与资产阶级共同携手反抗外力的时候，如果无产阶级同时要求自己经济的利益和法律上的权利，他们就立刻压迫工人，宁可抛弃民族利益而与敌人妥协，如印度资产阶级就是一个好例子。中国资产阶级与世界各国资产阶级是一样的。"①

邓中夏认为，资产阶级与无产阶级争夺革命领导权的胜负关系到中国革命的成败和国家发展的方向，"假使资产阶级取得领导权，必然领导革命到反革命的道路。因为资产阶级要建立资本主义，必然仰仗帝国主义资本之协助，结果与帝国主义妥协而背叛革命。所以领导权如果被资产阶级抓去，则革命便是宣布死刑"②。只有无产阶级参加国民革命，在政治上的地位与势力日见增长而巩固，才能"防范资产阶级在革命中之妥协软化，并制止其在革命后之政权独揽"③，"造就我们在政治上的深厚的基础，为将来建设'工人政府'或'无产阶级专政'预为准备"④。在国共合作初期，邓中夏就把无产阶级参与国民革命的领导权与未来的政权建设联系在一起，实在是难能可贵。

如何争取无产阶级在国民革命中的领导权问题？邓中夏特别指出，领导权的关键就是"那个能够领导中间阶级，即取得中间阶级群众的问题。中间阶级即农村的农民与城市小资产阶级。如果资产阶级取得这两个群众，那末领导就是资产阶级；如果无产阶级取得这两个群众，领导当然也是归无产阶级。所以我们与资产阶级争取领导权，就是争取中间

---

① 《邓中夏全集》（中），人民出版社 2014 年版，第 886—887 页。

② 《邓中夏全集》（中），人民出版社 2014 年版，第 1258 页。

③ 《邓中夏全集》（下），人民出版社 2014 年版，第 1765 页。

④ 《邓中夏全集》（上），人民出版社 2014 年版，第 540 页。

阶级群众的问题"①。这样，邓中夏就进一步把无产阶级领导权问题具体化，实质上就是建立一个以无产阶级为领导，由工人、农民和小资产阶级参加的牢固的统一战线，孤立和打击帝国主义、封建主义和官僚资本主义。

四、如何理解国民革命的领袖是国民党，"领导各阶级上前线与敌人决斗者乃是无产阶级"

在分析邓中夏关于无产阶级领导权这个问题上，要正确理解邓中夏在 1924 年 11 月提出的革命的领导权问题："老实说罢，中国将来的社会革命的领袖固是无产阶级，就是目前的国民革命的领袖亦是无产阶级。"②"只有无产阶级有伟大集中的群众，有革命到底的精神，只有它配做国民革命的领袖。只有无产阶级一方面更增进强大他们自己的力量，一方面又督促团结各阶级微弱的散漫的力量——联合成一个革命的力量，方能成就目前国民革命以及将来社会革命的两种伟大事业。"③ 邓中夏又于 1927 年初提出："在国民革命中，领袖这个革命者自然是国民党，好似总司令；领导各阶级上前线与敌人决斗者乃是无产阶级，好似总指挥。"④ 笔者认为，邓中夏于 1924 年和 1927 年关于无产阶级领导权的这两段论述，如果从表面文字上看，似乎有相矛盾的地方，但统一起来，整体来看，考虑当时的社会背景，并无什么不合理之处。

首先，邓中夏关于无产阶级领导权的观点是一贯的，始终没有动摇过的。从以上两段论述，我们可以充分认识到，邓中夏自始至终肯定工人阶级的力量，强调要坚持无产阶级的领导权。

---

① 《邓中夏全集》（中），人民出版社 2014 年版，第 1258—1259 页。

② 《邓中夏全集》（中），人民出版社 2014 年版，第 483 页。

③ 《邓中夏全集》（上），人民出版社 2014 年版，第 484—485 页。

④ 《邓中夏全集》（中），人民出版社 2014 年版，第 1258 页。

其次，这两段论述的语境不同，侧重点不同，但核心思想没有变。邓中夏 1924 年关于无产阶级领导权的这段论述是在《我们的力量》这篇文章中提出的，该文的主旨是通过无产阶级与资产阶级和小资产阶级进行比较，批驳关于无产阶级在数量和质量上都"很幼稚"的思想，肯定无产阶级在中国革命中的领袖地位。1927 年这段论述是在《一九二六年之广州工潮》一文中出现的，重心在阐述工人阶级在革命统一战线中如何处理与国民党的关系问题，强调工人阶级在国民党这个旗帜下进行革命的同时，对统一战线的领导权必须采取"争"的态度。我们可以从上下文中完整地了解邓中夏的这个意图。邓中夏在《一九二六年之广州工潮》中指出："共产党固然是工人阶级的政党，然而处在半殖民地的中国，需要一个国民革命的党，即被压迫民族反帝国主义的党，亦即各阶级政治联盟的党，这个党就是中国国民党，所以国民党也是工人阶级有份的政党。革命运动不能没有革命的党，如没有革命的党站在领袖地位，指导民众，为民众利益而奋斗，则革命运动是不能获得最后胜利的。所以工人阶级为了中国革命的需要，应该绝对拥护国民党。……国民党党员包含有各阶级的成分，自然包含有各阶级的意识，有些党员代表资产阶级而右倾或反动，这是不足为怪的。国民党决不是那一个人那一派人或那一阶级的专利品，而是大家有份的，只要你是中华民国国籍而又是决心反帝国主义的革命分子都有份。所以我们不应存着'国民党是人家的'的观念，而应该认定'国民党是大家的'。所有工人应该都加入国民党，或以整个的工会加入国民党。国民党党员的行政官吏如有违反党的宣言与决议时，我们可以向高级党部提出控诉，要求惩办。我们应该站在国民党内去与他们奋斗，不应该站在国民党外对他们干骂。要使国民党永远左倾永远不腐化，决不是消极离开所能奏效，而必须积极加入方能保障。只有加入国民党内去占多数与农民及城市小资产阶级结成左派同盟，以打击占少数的资产阶级及其代表者的右派势力。这是我们唯一的出路。"①在国民党内部，邓中夏强调工人阶级必须"争取革命领导权"。于是，在无产阶级为什么要争取领导权这个理论问题上，邓中夏提出国民党是领袖、是总司令，无产阶级是领导阶级、是总指挥这一观点。邓中夏认为，当时"所谓领袖和领导的关系实际上是指革命党与工人阶级的关系"②，是无产阶级必须争取中国革命领导权思想的具体和深化。这里邓中夏关于无产阶级的领导权的思想只不过用词发生变化，但其精神实质没有丝毫动摇。

第二节 农民是工人阶级的天然同盟者的思想

一、工农联盟在中国国民革命中的极端重要性

无产阶级领导权的中心问题，就是对农民的领导问题。农民占全国人口的80%，是中国革命的主力军，中国革命如果没有广大农民群众的积极参与，要取得胜利是根本不可能的。中国无产阶级要实现自己的领导权，就必须同农民建立巩固的联盟。邓中夏在领导工人运动的同时，从世界革命和中国革命这两个大的层面来审视和分析农民的地位和作用，并把农民问题同实现无产阶级领导权联系在一起，深刻阐述其工农联盟思想。

邓中夏认为，工人阶级能否与农民结成亲密的联盟，决定工人阶级在国民革命中的地位，也是国民革命能否成功的关键因素之一。在半殖民地半封建社会，工人阶级面对的敌人凶狠而强大，工人阶级要领导中国人民实现民族独立和人民解放的这一历史重任，单靠自己的力量，孤

---

① 《邓中夏全集》（中），人民出版社2014年版，第1257—1258页。

② 葛洪泽：《邓中夏对新民主主义革命理论的历史贡献》，《毛泽东思想研究》1995年第1期。

军奋战是不行的，必须争取尽可能多的盟友，特别是农民的支持。邓中夏指出："工人阶级要想推翻现存制度，必须结合反对现存制度的一切革命势力，因此他应该努力找寻他的同盟者。这种同盟者的第一个就是农民。无产阶级倘若不联合农民，革命便难成功。"① 因为，"中国新式工业下的劳动者，可统计的只不过六十三万余名，充其量亦不过一百万名。即令这一百万劳动者通通能够组织在一个权力集中的统御之下，恐怕在四万万人当中还是一个小小的数目罢，何况这些劳动者或为了宗法思想的浸润与遗传，有许多尚无阶级的意识与觉悟；或为了军阀资本家和帝国主义的压迫与摧残，有许多尚无斗争的胆力与勇气；所以中国欲图革命之成功，在目前单靠一个劳动阶级孤军苦战恐难济事"。面对强大的敌人，无产阶级及其政党"不能不分出精力从事农民运动、学生运动、兵士运动、甚至于商人运动为革命战线上添加几个有力的援军"。"现在中国社会的经济基础，谁也承认还是农业。新式工业不过在几个通商口岸与铁路矿山及其附近有些罢了。农民至少占全国人口三分之二以上，中国不革命则已，欲革命我们不教育，煽动，领导这占人口大多数之农民积极的参加，那有希望。所以我们现在要积极分出精力来做农民运动"。②"中国的经济基础，几乎完全是农业。中国有实力的民众，或者首屈一指的要算农民。中国的国民革命，必要得到农民群众的同情与拥护方能成功。"③

邓中夏认为，工人阶级能否与农民结成亲密的联盟，关系到无产阶级自身的解放和无产阶级领导权的实现问题。马克思主义认为，无产阶级只有解放全人类才能够解放自己，具体到中国而言，只有占人口绝大多数的农民得到解放才能实现无产阶级的彻底解放。这就要求作为先进

① 《邓中夏全集》（下），人民出版社 2014 年版，第 1491 页。
② 《邓中夏全集》（上），人民出版社 2014 年版，第 244 页。
③ 《邓中夏全集》（上），人民出版社 2014 年版，第 427 页。

生产力的代表者，最有组织性和纪律性的无产阶级必须动员和组织农民阶级进行革命，在斗争中，无产阶级要和农民结成牢不可破的联盟。另外，无产阶级领导权的关键是能否争取农民和小资产阶级。"工人与农民，因地位关系，利害关系，可说是天然的同盟者。""我们工人固然不能忽略了城市劳动者之紧紧的团结，然而为增厚援军以打倒共同敌人，亦不能忽视了与乡村中农民之紧紧的联合，因为农民占全国人口百分之八十，其数量远超过我们数百倍以上。我们工人阶级要领导中国革命至于成功，必须尽可行的系统的帮助并联合各地农民逐渐从事于经济的和政治的斗争。假使没有这种努力，我们希望中国革命成功以及在国民革命中取得领导地位，都是不可能的。"[1] 另外，中国封建军阀往往招募农民为兵，"利用农民为他们挣扎高官厚禄的工具"，如果无产阶级发动农民进行革命，就影响甚至切断军阀的兵源，鉴于此，邓中夏大声呼吁："我们为什么让农民给军阀召募去当炮灰？为什么不唤醒农民为国民自身利益的革命而奋斗？"[2] 所以，无产阶级要想夺取中国革命的领导权，"中国工人阶级要想得到解放，更非联合农民共同奋斗不可"[3]。

邓中夏还从无产阶级斗争的经验教训中总结工农联盟的重要性。从世界范围来看，各国无产阶级如果在革命斗争中把农民争取过来，建立了牢固的工农联盟，革命就能取得胜利。反之，如果无产阶级得不到农民的支持，革命就要遭到失败。"过去许多国家内劳资两阶级的斗争，如一八七一年巴黎公社的失败，一九〇五年俄国革命的失败，一九二三年德国革命和保加利亚革命的失败，其失败原因，都是因为没有得着农民帮助，或农民的势力落在资产阶级手中。俄国革命所以成功，就是因

---

① 《邓中夏全集》（上），人民出版社 2014 年版，第 542 页。
② 《邓中夏全集》（上），人民出版社 2014 年版，第 331 页。
③ 《邓中夏全集》（下），人民出版社 2014 年版，第 1483 页。

为得着农民的援助。"① 从我国革命实践来看，在五卅运动中，工人阶级没有与农民结成联盟，当资产阶级背叛革命时，工人阶级陷于孤立无援的境地。

二、建立工农联盟的可能性

邓中夏指出，在半殖民地半封建社会，中国农民承受着各种压迫和剥削，蕴藏着极大的革命热情，是完全有可能参加革命的。

中国共产党成立时，把主要精力放在工人运动上，对农民关注不够。中国共产党第二次全国代表大会通过了"工会运动与共产党""少年运动""妇女运动"的决议案，唯独没有"农民运动"决议案。1923年中国共产党第三次全国代表大会通过了《农民问题决议案》，这是一大进步，但《农民问题决议案》只是强调中国共产党："有结合小农佃户及雇工以反抗宰制中国的帝国主义者，打倒军阀及贪官污吏，反抗地痞劣绅，以保护农民之利益而促进国民革命运动之必要。"② 至于如何结合、如何保护均未涉及。1923年11月，中国共产党三届一中全会通过的《国民运动进行计划决议案》首次提出"农民在中国国民运动中是最大的动力"，"目前的中国劳动运动、农民运动、学生运动、妇女运动，在政治上的意义都只是国民运动"。③ 这表明中共中央不再局限于工人运动，开始重视农民运动。但早期中共领导人对农民和农民运动多少存在偏见。陈独秀于1923年12月1日在《前锋》第2期发表《中国国民革命与社会各阶级》一文中，虽然承认"农民占中国全人口之大多数，

---

① 《邓中夏全集》（下），人民出版社2014年版，第1483页。

② 《建党以来重要文献选编（1921—1949）》第1册，中央文献出版社2011年版，第263页。

③ 《建党以来重要文献选编（1921—1949）》第1册，中央文献出版社2011年版，第349、348页。

自然是国民革命之伟大的势力，中国之国民革命若不得农民之加入，终不能成功一个大的民众革命"，但陈独秀更多的是注意到农民身上的缺点，认为："农民居处散漫势力不易集中，文化低生活欲望简单易于趋向保守，中国土地广大易于迁徙被难苟安"；"尤其是农民私有观念极其坚固，在中国，约占农民半数之自耕农，都是中小资产阶级，不用说共产的社会革命是和他们的利益根本冲突，即无地之佃农，也只是半无产阶级，他们反对地主，不能超过转移地主之私有权为他们自己的私有权的心理以上；雇工虽属无产阶级，然人数少而不集中；所以中国农民运动，必须国民革命完全成功，然后国内产业勃兴，然后普遍的农业资本化，然后农业的无产阶级发达集中起来，然后农村间才有真的共产的社会革命之需要与可能。使目前即作此绝不能实现的幻想，则所号召者不适于多数农民之实际的要求，便无法使农民群众加入实际的运动，便使目前所急需的国民革命受最大的损失"。①

针对陈独秀这些观点，邓中夏于 1923 年 12 月 23 日在《中国青年》第 11 期发表《论农民运动》一文，指出："固然农民的思想保守，不如工人之激进；农民的住处散漫，不如工人之集中，在理论上讲，农民革命似乎希望很少；但是我们如从实际上看，中国农民在这样军阀征徭，外资榨取，兵匪扰乱，天灾流行，痞绅鱼肉种种恶劣环境的当中，生活的困苦，家庭的流离，何时何地不是逼迫他们走上革命的道路，所以我们敢于断定中国农民有革命的可能。"②"中国自从帝国主义侵入之后，农民比前更是痛苦不堪，他们把最后所有物送给村上的盘剥者，由这盘剥者把他们的血汗送给外国资本家。于是失掉他们经济的根本，只得过一种穷苦无告的生活，成为一种无产阶级，成为一种在帝国主义宰制之

---

① 《陈独秀文集》第 2 卷，人民出版社 2013 年版，第 497—498 页。
② 《邓中夏全集》（上），人民出版社 2014 年版，第 330 页。

下不能改良他们的贫苦人们。又加上连年水旱兵三灾并进，更逼得他们走投无路。他们在此时不是流为盗匪，便是投身革命。"① 事实上，中国许多地方的农民已经行动起来，如浙江萧山的农民运动、江西萍乡和马家村的农民运动、山东青岛盐田的农民运动、广东海丰的农民运动以及湖南衡山的农民运动等，并且，广东海丰和湖南衡山的农民"觉悟是到了要农会的程度，能力是到了敢于反抗压迫阶级的时候，这种壮烈的举动，比较香港海员和京汉路工的罢工，并无逊色，真是中国革命前途可乐观的现象呵"②。

邓中夏强调指出，中国的农民不仅可能参加革命，而且在革命中完全可能与工人阶级结成联盟。理论依据是：

首先，工人和农民有着大体相同的经济和社会地位，处于社会最底层，受帝国主义、封建主义和官僚资产阶级的剥削和压迫，有共同的敌人、共同的利益。

农民和工人一样，受帝国主义、封建主义和官僚资产阶级的剥削和压迫，甚至中国农民所受的压迫和剥削比工人更重，故中国农民有强烈的革命愿望和革命的积极性。邓中夏指出："中国自从资本帝国主义用武力强迫中国销售外国工业品以来，农民破产和失业的速度异常猛烈。一千九百年影响全国的义和团运动，便是农民对于帝国主义的第一次大反抗。辛亥革命后，帝国主义所扶植的军阀战争，连年不息，加以贪官污吏之横征暴敛，地主劣绅之鱼肉把持，以致农民生活愈益困难，失业愈益普遍，于是到处发生土匪，其实便是一种变相的农民反抗运动。所以中国农民群众实早已由帝国主义，军阀政治，重租，苛税，高利贷……等等，驱之于反抗动乱之一途。"③ 农民除受帝国主义和封建主

---

① 《邓中夏全集》（上），人民出版社 2014 年版，第 245 页。
② 《邓中夏全集》（上），人民出版社 2014 年版，第 346 页。
③ 《邓中夏全集》（上），人民出版社 2014 年版，第 541 页。

义的压迫和剥削外，还受官僚资产阶级的压迫蹂躏，因为在中国，"资产阶级大都是由地主变来而兼地主，或成了资本家后又多买土地兼作地主。这样必对农民剥削，农民与资产阶级利益是冲突的，故资产阶级决无拉住农民的可能。农民与工人利益绝对一致"①。农民"受大地主的剥削与压迫，我们是受资本家的剥削与压迫，所以他们经济痛苦与我们原无两样；至于受军阀官僚之无情蹂躏，帝国主义之肆意侵略，他们与我们的政治痛苦更是一致了"②。正因为如此，农民是工人阶级的天然同盟军，工人和农民建立紧密联系是完全可能的。

其次，农民要自身解放，也需要工农联盟。

农民尽管是中国革命的主力军，但农民阶级毕竟不是先进生产力和新生产关系的代表，作为小生产者和小私有者，再加上受封建腐朽思想的影响，农民阶级普遍存在封闭保守、安于现状和追求平均主义等局限性，由此决定农民阶级在革命中不能提出完整、正确的政治纲领和社会改革方案，领导中国革命取得胜利。农民所处的阶级地位，决定了他们不是中国革命的领导阶级，农民必须依靠工人阶级的领导，与工人阶级结成联盟，才能获得自身的解放。鉴于此，邓中夏指出："农民要得到自身的解放，也只有与工人联络，才有可能。"③

三、工人阶级必须援助农民阶级，巩固工农联盟

工人阶级如何团结和发动农民参加革命、实现工农联合问题？对此，邓中夏于1924年初先后发表《中国农民状况及我们运动的方针》《论农民运动的政略与方法》等文章，总结了中国早期开展农民运动的经验教训，较为系统地阐述了其关于实现工农联盟的政策和策略。

---

① 《邓中夏全集》（中），人民出版社2014年版，第1259页。
② 《邓中夏全集》（上），人民出版社2014年版，第635页。
③ 《邓中夏全集》（下），人民出版社2014年版，第1483页。

（一）加强对农民的教育，提高农民的阶级觉悟

农民由于阶级的局限性，整体来说，觉悟程度不高，革命的积极性不强。针对农民思想文化比较落后这种状况，邓中夏指出必须派工人、青年等到农村去对农民进行宣传教育。早在1923年10月，邓中夏在《本团应注意农民运动》中，就要求青年团员到农村去"做有计划的宣传和组织运动"。在省港大罢工期间，有些农民不懂得封锁香港的意义，偷运一些粮食到香港。面对这种情况，邓中夏要求工人组织"农村宣讲队"，对农民进行教育。他强调："我们反帝国主义的运动，农友们因为地理上所限，尚不十分明白，间或有少数农友为了些微私利，偷运粮食出口情事，所以我们必得要派人到农村去宣传，自然可藉以纠正少数农友之错误行为，也可以从此结成工农阶级之联合基础。"①

在教育方面，邓中夏指出，要"多设法设立或参加农村学校和书报社，作农民之识字运动，由此把农民间的文化提高。关于时事之演讲，唱本之改良，新戏之革新，幻术影戏之添置，亦当尽力推行。农民教育是我们一条最稳便而有效的道路，如果把这一层办到了，就是我们的第一步踏进去了"②。在农村，可以利用现有的教育机关，也可以联合比较好的乡绅与地主一起尽可能多地设立补习学校，以提高他们的文化程度和思想觉悟。

在对农民宣传方面，邓中夏强调要形式多样，充分利用"露天讲演以及新年大节休暇时聚会娱乐尤应利用时机宣传"，宣传的方法和手段愈多愈好。在宣传时，一定要从实际出发，不能脱离群众的实际，"我们的宣传不宜采用'共产革命'的口号，因为一般农民私有观念极深……如果我们用那样多高的口号，不是反而把他们吓跑了吗？我

---

① 《邓中夏全集》（上），人民出版社2014年版，第635页。
② 《邓中夏全集》（上），人民出版社2014年版，第428页。

们的宣传口号只能用'限租'，'限田'，'推翻贪官劣绅'，'打倒军阀'，'抵制洋货'，'实行国民革命'等。这一点极其重要，运动家不可不特别注意"①。

（二）组织工人和革命青年到农村去，组织成立农会、合作社等，开展有组织的斗争

1923年10月，邓中夏就撰文阐述要重视发动、组织农民运动。他引用远东民族大会远东部长萨法洛夫的话强调组织发动农民，指出："中国农民是被外国资本家，日本官吏，中国督军和地方上放债人抢掠剥削。现在第一件要事就是去唤醒这一班群众，他们是中国人民的主要成分，他们是中国的柱子，若不唤醒这般农民群众，民族的解放是无望的。""假如不唤醒农民群众，不告诉他替代这些毁坏国家的并为未来中国人民掘着坟墓的苛政重税而设立一种一律的税则并且设立被人民选出和为平民负责任的政府，单是几个劳动小团体和资产阶级民主主义急进分子是成不得什么事的。""劳动阶级决不可自己与中国农民阶级隔离。他非去和他们携手，给他们光明，教育和共产主义的观念不可。"②他大声呼吁工人、青年到民间去，到农村去，组织和帮助农民进行经济和政治斗争。在农民组织建设方面，邓中夏指出："最要紧的自然是组织农会（或佃农协会，或雇农协会）。因为必有这种机关，然后散漫的农民才可团结起来。并须在这农会之下，设法组织'消费协社'，'借贷机关'，'谷价公议机关'等，因为必有这种机关，然后农民才感觉与自身的利益有密切关系而拥护农会。至于是先组织农会或先组织消费协社等机关，那就看各地的情形而定了。"③为了使工会和农会更好地协调，相互支持和配合，提高农会的效率，邓中夏要求"工会农会之间，

①　《邓中夏全集》（上），人民出版社2014年版，第347页。
②　《邓中夏全集》（上），人民出版社2014年版，第245页。
③　《邓中夏全集》（上），人民出版社2014年版，第346—347页。

得互派代表；工会应当设法提携农会进行，并助其发展经济的组织，如合作社等"，"农民如发生经济上或政治上的斗争，工会应领导工人为实力的援助"。①

（三）建立农民武装，保护农民利益

在农村，封建地主往往利用掌控的民团捣毁农会，鱼肉农民，横行乡里。地方军阀也经常到乡村掠夺财物。为了维护广大农民的利益，邓中夏强调必须建立农民武装。"因为农会威权终不敌民团威权之大，假如农民户户有人组织民团，以代替现在地主绅士所召募的民团，一方固然可以防御兵匪，而他一方一俟时机成熟亦可立呼成军，为革命之用。如此层不努力遍国中的办到，农民运动终是软弱无力，如现在海丰衡山的农民，气势何尝不雄且壮，终于因为徒手，被陈炯明赵恒惕打得烟消灰灭了。"② 在此，我们可以看出，邓中夏强调要建立农民武装，不仅仅是为了保护农会，进行自卫，而且是为革命需要建立"预备队"。邓中夏在领导工人运动时，还非常关心农民武装组织的建立问题，在省港大罢工期间，"罢工委员会曾派出罢工工人骨干到农村宣传罢工政策，帮助农民成立农会，组织农民自卫军，开展农民运动。各地农民也积极起来援助罢工，协助封锁香港，互相间结成密切的'工农联合'"③。

（四）帮助和领导农民开展政治斗争、经济斗争，要特别关注农民的经济利益

邓中夏认为工人和革命青年帮助农民在"行动方面——分为两项：一是经济的，如要求减租，改良待遇等。一是政治的，如要求普通选

---

① 《邓中夏全集》（下），人民出版社 2014 年版，第 1483 页。

② 《邓中夏全集》（上），人民出版社 2014 年版，第 347 页。

③ 卢权、禤倩红：《省港大罢工史》，广东人民出版社 1997 年版，第 207 页。

举，改良水利，组织民团，集会自由等"①。邓中夏指出，开展这些斗争要一切从实际出发，具体问题具体分析，量力而行。在斗争中，要教育、帮助农民处理好政治斗争和经济斗争的关系，邓中夏指出："完全引导农民作纯经济的奋斗，为时尚早，已由衡山海丰的农民运动给我们证明了，不再细说。不过群众如果没有经济的利益作中心，要他们团结与组织，比在石田上播种要他生长出嘉苗良穗尤为难能。所以我们不论做何种的民众运动，对于经济的利益这一层，在何时何地都是不可忘记的。我以为我们此时应设法在农村推行消费合作社和信用合作社。必这样，使农民得到廉价物品及解除高利借贷，于是农民自不期然而然会相信我们以至于团结和组织了。"②

为了工农联盟，工人阶级必须给予农民经济利益，至少不损害他们的利益。邓中夏在领导省港大罢工期间，"为照顾宝安农民因封锁香港而引起出入英界耕种不方便之处，以及影响他们的经济收入等实际问题，省港罢工委员会曾专门制定了《特准宝安农民经过英界条件》等文件，规定'凡属米、田料、盐、种田及耕牛等五项，得予通融经过英界到内地'；又制定了《关于咸鱼运输办法的训令》，规定：'凡属土咸鱼，在沿海及内地准予自由贩运，但须受当地纠察迅速检验，以杜弊混'。对于罢工委员会所采取的各种照顾农民实际利益的措施，农民群众表示满意和拥护，因而更加积极地配合罢工工人纠察队执行封锁香港任务，支援罢工"③。

---

① 《邓中夏全集》（上），人民出版社 2014 年版，第 347 页。
② 《邓中夏全集》（上），人民出版社 2014 年版，第 429 页。
③ 卢权、褟倩红：《省港大罢工史》，广东人民出版社 1997 年版，第 208 页。

第三节　工人阶级必须加强组织建设的思想

一、工人阶级必须组织一个群众性组织——工会

在半殖民地半封建的旧中国，外部没有民族独立，内部没有民主，无产阶级和广大人民群众无议会可以利用，无组织工人进行罢工的合法权利。工人阶级要捍卫自己的权益，只有团结组织起来，进行斗争。邓中夏在长期领导工人运动的实践中认识到工人阶级组织起来进行斗争的必要性。他指出，面对资产阶级的压迫，"据历来的经验与教训，磕头请愿是无半点效果的，惟有靠我们的组织力，利用时机实行罢工或怠工的手段，才能强制资本家屈服承认而执行"①。"大家都知道，资本家是最少数，我们工人是最大多数，但是我们向资本家反抗奋斗，往往是我们失败，资本家胜利，这是什么原因呢？旁的原因固然有，而最重要的原因，还是我们没有组织，或者组织不好。"②

邓中夏指出，在旧中国，资本家尽管人数少，但"力量很大，他们据有经济上的优越地位，更握着国家的政权、军队、警察、监狱等有形的压迫机关，学校、宗教、报纸等无形压迫的麻醉方法，这都是资产阶级制服无产阶级的武器"③。"而且往往是帝国主义军阀资本家'三位一体'联合着"④向我们进攻，所以，无产阶级对付他们的办法就是团结联合起来，进行阶级斗争。他告诫工人，如果不联合起来，各自为战，在反对资产阶级的斗争中偶尔也会取得胜利，"但是确系侥幸得来，不足为法；因为乌合之众，虽然有时用迅雷不及掩耳的手段，吓得资本家

---

① 《邓中夏全集》（上），人民出版社 2014 年版，第 534 页。
② 《邓中夏全集》（上），人民出版社 2014 年版，第 526 页。
③ 《邓中夏全集》（下），人民出版社 2014 年版，第 1473 页。
④ 《邓中夏全集》（上），人民出版社 2014 年版，第 549 页。

手足无措，不得不容让屈服，但这种'纸老虎'，以之吓'暴出河'的资本家有时或能生效，若以之吓'老精怪'的资本家那就碰上钉子要倒霉了。上海洋资本家开设的工厂，所有罢工，十次就有九次失败，就是因此。所以我们人数虽众，我们如不紧紧的组织起来，组织得象军队一样，那么向资本家作战，是没有用处的"①。

工人阶级联合起来的组织形式是工会。"工会是无产阶级的武器。无产阶级的武器，固然不单单是工会，但工会是一个重要的武器，工人要想打倒资本家，一定少不了这个武器。有了这个武器，才可以与资产阶级作剧烈的斗争，才可以致资产阶级的死命。比如两个人互打，如果专用拳头打，是不容易打死人的，一定要用刀或枪等武器来打，才容易打死人。工会就如两个人互打时所用的枪刀一样。"② 工会是工人阶级的"炮台"，是工人阶级打倒资产阶级的作战机关。邓中夏要求只要有产业工人的地方，工人阶级都应该组建自己的团体——工会，并且要把工会组织得"象军队一样"。

二、工会的性质

工会究竟是什么样的组织？它的作用和职能有哪些？对此必须有清醒的认识。因为对这个问题理解得正确与否，不仅关系到工人群众的切身利益，也关系到工会今后自身的发展方向。当时一些人对工会性质错误理解，提出："工会是如俱乐部一样，是工人娱乐的机关"；"工会是如救济会一样，是工人互相救济的机关"；"工会是如研究会一样，是工人互相研究技艺的机关"。其作用是在工人间"联络感情""交换知识""互相扶助"等。邓中夏批评了这种观点，指出："娱乐、救济、研究等，

①　《邓中夏全集》（上），人民出版社 2014 年版，第 526 页。
②　《邓中夏全集》（中），人民出版社 2014 年版，第 815 页。

只是工会中的一部分工作，不是工会全体的事务，即是说工会对于工人娱乐，互相救济，互相研究，这一类的事，是可以做的，但不是专门来做这类的事，因为专做这类的事，并不能使工人得到很多利益，得到完全的解放。"①

邓中夏指出：工会"是保障无产阶级利益，以至于图谋本身的完全解放的机关"②。工会作为无产阶级斗争的武器，必须具有阶级性和群众性，是二者的统一，如果"少了这两个条件，便不是真正的工会了"③。

（一）工会的阶级性

中国工人阶级生长在半殖民地半封建社会，封建行会和帮口对其影响较大。行会是封建社会手工业者和商人的同行业组织。帮口"也称工帮、帮会，是中国封建社会晚期和半殖民地半封建时期城镇工人中产生发展起来的一种封建性的帮派组织。这种帮派组织，一般是按工人的籍贯所属的省、市、州、县等地区建立的，如广东帮、潮州帮、浙江帮、宁波帮、上海帮、天津帮、汉口帮，等等"④。行会和帮口尽管是新兴工会的组织基础，也参加了一些反帝反封建的革命斗争，但它们毕竟是非阶级性组织，而且封建宗法思想浓厚，影响工人的团结，等等。对此，邓中夏强调：工会"决不是什么同乡的组织，也不是什么帮口的组织，他是一个阶级的组织。只要是卖劳力赚饭吃的工人，便是同一阶级，便应该不分籍贯性别老少都组织在一起。因为同一阶级的人，所受的痛苦是一致的，要求的利益也是一致的。并

---

① 《邓中夏全集》（中），人民出版社 2014 年版，第 816 页。

② 《邓中夏全集》（中），人民出版社 2014 年版，第 815 页。

③ 《邓中夏全集》（中），人民出版社 2014 年版，第 819 页。

④ 刘明逵、唐玉良主编：《中国工人运动史》第 1 卷，广东人民出版社 1998 年版，第 479—480 页。

且这个组织是一个斗争的组织，显明些说，它是为了工人阶级的利益向资本家作战的组织"①。工会作为工人阶级的组织，是工人阶级向一切压迫和剥削自己的反动力量作斗争的"炮台"，这是它区别于其他任何群众性组织的一个本质属性。

工会的阶级性决定工会的职责和行动也具有阶级性。工会是代表和维护工人阶级的利益，是为了工人阶级的利益与资产阶级进行斗争，它的"第一个责任，就是要与资产阶级斗争；第二个责任，就是教育和训练工友，使他们有阶级的觉悟，知道什么是工人阶级，工人阶级与资产阶级的利益如何冲突；第三个责任，就是要养成工人有管理生产机关之才能，因为打倒资产阶级后，工人阶级便是社会的主人翁，社会上一切生产机关，都要由工人自己来管理"②。

工会的阶级性也决定了工会必须坚持中国共产党的领导。邓中夏强调指出："共产党是工人阶级的政党，除工人阶级利益外，无他自己的利益"③。中国共产党是中国工人阶级的政治领袖，"有了共产党，然后才有'现代式的'工会，从此中国的工会才渐次的相当具有组织性、阶级性以至于国际性"④，因此，邓中夏要求中国共产党在中央委员会里设立"工农委员会"等，加强对工会的领导，同时，工会要自觉接受党的政治领导，不能有独立于党的政治纲领和与党对立的政治主张。

（二）工会的群众性

工会是群众集体的组织。针对一些人存在"工会只限定男子加入，女子不能加入；年纪大的人加入，年纪小的人不能加入；再有限定宗教徒——如基督教徒之类——不能加入；再有因手艺之不同，限定某种手艺

---

① 《邓中夏全集》（上），人民出版社 2014 年版，第 527 页。
② 《邓中夏全集》（中），人民出版社 2014 年版，第 817 页。
③ 《邓中夏全集》（中），人民出版社 2014 年版，第 1251 页。
④ 《邓中夏全集》（下），人民出版社 2014 年版，第 1357 页。

人可以加入，别种不能加入；再有分省界的，如广东工会只有广东人可以加入，别省人不能加入；再有分国界的，如中国工会只有中国人可以加入，外国人不能加入；再有因政党之关系，不准加入"等情况，邓中夏认为这些观点和行为是错误的，强调："工会应该不分男女，老少，宗教，党派，省界，国界，总之，只要是卖劳力赚饭吃的工人，统统都可以加入"。①

工会的群众性要求在组织建设中必须打破地方主义、乡土观念局限。美国学者裴宜理在研究上海工人运动时指出，因工作岗位的稀缺性和工人的众多性，工人间竞争非常激烈，地缘、血缘关系是获取工作机会的重要因素。地缘往往造成职业分立和同乡团结、异乡排斥的状况，如某一年在上海，"当时在中国和外国船厂工作的上千广州木工举行罢工，要求增加20%的工资。在几家工厂做工的宁波木匠，尽管其工资比广州人低1/3，但拒不参加罢工"②。地缘关系造成工人力量的分裂，不利于工人开展对资产阶级的斗争。鉴于此，邓中夏强调工会组织建设，"如果不能打破地方主义，乡土观念，即不能一致团结，广东人说'细佬'，宁波人说'阿拉'，终没团结一致"③，所以工人必须打破地域界限，不论是广东人、宁波人，还是山东人，不管是黄种人，还是白种人、黑种人，大家都团结起来，参加工会组织，与帝国主义、资产阶级斗争。

三、工会的组织原则

工会的组织原则是指工会在组织方式及内部组织关系的处理方面的基本准则。邓中夏认为组建工会时一般说来有两种重要原则：一种叫作产业组织原则，一种叫作职业组织原则。产业组织原则是指把不同职业

---

① 《邓中夏全集》（中），人民出版社2014年版，第817—818页。

② ［美］裴宜理：《上海罢工：中国工人政治研究》，刘平译，江苏人民出版社2001年版，第47页。

③ 《邓中夏全集》（中），人民出版社2014年版，第862页。

的工人按照同一产业组织起来，"譬如一条铁路，不论车务、机务、工务，……等等都在同一产业之下的，所有一切工人，不论司机升火的也好，不论卖票打旗的也好，都加入铁路工会，这就是产业组织。又如一个纱厂，不论粗纱间细纱间也好，不论打包间电灯间也好，在纱厂里的工人统统加入纱厂工会，这也是产业组织。其余可以类推"①。职业组织是指把不同产业的工人按照同一职业组织起来，"如铁路有木匠，自来水厂也有木匠，轮船也有木匠，这些木匠职业相同，统统联合起来，组织一个工会，便是职业组织。又如机器工人，铁路上有机器工人，自来水厂也有机器工人，轮船上也有机器工人，将这些机器工人职业相同的联合起来组织一个工会，这便叫做职业组织。其余类推"②。

　　确定工会的组织原则必须考虑内在因素和外在因素。在半殖民地半封建社会，领导工人阶级反抗资产阶级的斗争是工会的主要职责，从有利于斗争这个大局出发，邓中夏认为按产业组织工会比按职业组织工会要好。邓中夏在1922年5月参加第一次全国劳动大会时就提出工会应按产业组织来组织。他在《全国总工会组织原则决议案》中指出："工人阶级争斗力的强弱，全视工会组织法之良窳而定。比如工会是由一种职业的工人所组织而成，则罢工运动每至一行业的工人陷于孤立，而容易失败。产业组合则不然。把一种产业中的各种职业的工人，联合于一个工会之中，则争斗力就异常雄厚了。故我们组织工会，应当以产业组合为原则，但确实不能采用产业组合法的各种职业的工人，则仍不妨沿用职业组合法以为着手之起点。"③

　　邓中夏在主持中国劳动组合书记部工作和参加中华全国总工会领导工作期间，要求各工会组织尽可能按产业组织组建工会，并且在《劳动

---

① 《邓中夏全集》（中），人民出版社2014年版，第819页。
② 《邓中夏文集》（中），人民出版社2014年版，第819页。
③ 《邓中夏全集》（上），人民出版社2014年版，第170页。

运动复兴期中的几个重要问题》和《工会论》中全面系统地阐述按产业组织工会的优越性。

首先，产业组织有利于工人组织罢工，增强其战斗力。

邓中夏指出，工人罢工，"一个产业工会是很容易的，因为他们在同一产业之下，马上可以召集开会，如果组织好，指挥机关好，指挥机关下一命令下去，即可全体动作。职业组织便没有这样好，因为一个工厂至少有两种或多至数十百种的职业，如按一厂职业来组织，不要有两个或数十百个工会吗？这样七零八落，行动便不一致了。况且职业工会不限定一厂，是与许多别厂同职业的工人共同组织起来的，但我们知道各厂情形不同，自然利益也不同，有些待遇好点，有些工钱多点，假使我这厂发生罢工，别厂不赞成，怎么办呢？又罢工贵乎神速，职业组织如要罢工，动经许多时日，又罢工贵乎秘密，如职业组织势必容易泄露消息出去，如资本家知道了，先发制人，可以借端压迫我们，这末一来，罢工不是要受打击吗？所以在战斗方面，产业组织好，职业组织不好，这是一点"①。

其次，产业组织可以给资本家以沉重打击，致他们于死地。

工人举行罢工，"假如是一个产业机关全体工人一致动作，资本家把它没法。反之，职业组合又与之相反。比方一个厂，有一部分罢工，有一部分不罢，资本家便可以操纵于其间，消极哩，不理；积极哩，开除。即或不罢的一部分工人后来也起而援助，同情罢工，但是晚了，资本家已布置妥贴，施以小计，便可把我们的战线破坏无余了"②。

最后，产业组织可以消除工人间之等级界限，增强工人团结。

邓中夏指出："工人中有熟练工人，与不熟练工人，熟练工人工钱多些，不熟练工人工钱少些，如职业组织那样势必熟练工组织在一起，

---

① 《邓中夏全集》（中），人民出版社 2014 年版，第 820 页。

② 《邓中夏全集》（上），人民出版社 2014 年版，第 528 页。

不熟练工组织在一起，熟练工变成工人中间的贵族，他们的组织也变成工人贵族的组织了。这么一来，贵族工人与穷苦工人离开，贵族工人常与资本家接近勾结，于是工人不止受资本家的压迫，又受这般工人贵族的压迫。产业组织不论工钱多少也好，工作熟练与不熟练也好，统统加入有一个工会。以多数贫苦工人可以监督少数贵族工人，工人中的等级，界限可以不生，既可免除工人中间的冲突，又可免分散工人阶级的势力，所以产业组织好。"①

邓中夏在肯定产业组织工会的同时，对职业组织并未持完全排斥的态度，而是具体问题具体分析。他强调指出："但是有些朋友一走又走得太左了，走到极端去了，他们说得产业组织怎好，职业组织不值一钱，平心而论，职业组织虽然不好，在某种状况之下，也有他的用处，尤其是在中国有特别用处，假如产业发达的国家，如德国英国——等，自然可完全采用产业组织；中国产业不发达，多是手工业和小工厂，假如这些手工业的工人，和小工厂工人，如果要按产业来组织工会，未免太小，如理发店每间十数人，如果每间理发店组织一个工会，广州市至少有五百间理发工会，这有什么用处呢。"②针对中国的工业发展实际，邓中夏要求新式工业、大工业应采用产业组织，小工厂手工业可酌情采用职业组织，甚至还"可借此去改善那些'行会制度'，'公所制度'，引导它们从原始组合到阶级组合来"③。

四、工会的组织系统

（一）工会的组织结构

邓中夏在坚持按产业组织组建工会的同时，要求工会还要注意"地

---

① 《邓中夏全集》（中），人民出版社 2014 年版，第 820—821 页。
② 《邓中夏全集》（中），人民出版社 2014 年版，第 821 页。
③ 《邓中夏全集》（上），人民出版社 2014 年版，第 528 页。

方组合"和"全国组合"。"地方组合"就是"不论你是那一个产业的工会,只要是在一个地域内,都得联合起来,共同组织一个某地方的'工团联合会'"。"全国组合"就是"不论你是那一种产业的总工会或那一地方的工团联合会,只要是在一个国境内,都得联合起来,共同组织一个某业的'全国总工会'"。①

邓中夏根据"产业组织""地方组合""全国组合"相结合的原则,把工会的组织系统分为:中华全国总工会、某产业全国总工会、某省总工会、某市总工会、某产业分工会和某工会。

邓中夏要求,每一工会设立"执行委员会"作为办事机构。

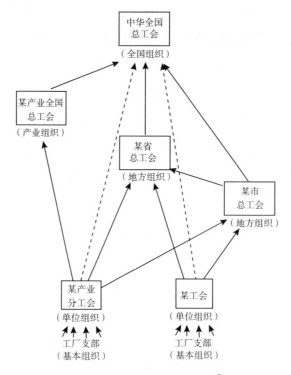

邓中夏关于工会组织系统图 ②

---

① 《邓中夏全集》(上),人民出版社 2014 年版,第 531 页。

② 参见《邓中夏全集》(中),人民出版社 2014 年版,第 823 页。

（二）工会的领导体制

邓中夏认为工会的领导体制主要有两种类型：会长制和委员制。工会的会长制即首长负责制，是指工会事务由会长一人负责处理，最高决策权集于一人。委员制即委员会议负责制，又称合议制，是指工会事务的权责赋予委员会，一般工作都由委员会集体讨论，按照少数服从多数的原则决定，集体决策负责。委员制体现了各级工会领导机关实行集体负责、集体领导的组织领导形式。

会长制和委员制各有优劣，总体来看，邓中夏认为委员制更好一些。因为委员制可以集思广益，发扬民主，有利于发挥群体的智慧和力量。会长制尽管责权明确，效率较高，但容易造成会长一人独断专行，营私舞弊。根据长期的斗争经验，邓中夏认为委员制比会长制优越，因为："（一）会长制容易由一个人专制把持，会长得人还不要紧，会长不得人那就糟了。往往有会长不好，暗中把工会卖给资本家做御用机关以鱼肉我工人的危险。委员制因互相监督，则没有这个危险。（二）会长难得有一个全智全能，一人的知识有限，思虑难以周密，一人的精力有限，做事难以件件俱到，所以往往有使会务错误或遗误的危险。委员制因会议讨论，分工互助，则没有这些危险。（三）会长制往往几年不选举，因此会长一人容易专权自恣，有变成官僚或变为酋长的危险。委员制则一年一选举，又可免除这个危险。"①

（三）工会的代表大会制度

按照民主集中制的原则，工人定期选举产生各工人代表大会，代表广大工人民主行使权力。

全国劳动大会为全国工人最高权力机关。"全国劳动大会每年必开一次，由全国各工会工人直接选举代表到会，每一千人得选一代表。某

---

① 《邓中夏全集》（中），人民出版社 2014 年版，第 824—825 页。

产业全国总工会得派十人以下之代表到会；某省总工会得派八人以下之代表到会；某市总工会得派五人以下之代表到会；自然此种总工会还要看他统辖之下人数的多寡，再有伸缩之余地；再则此种总工会派出之代表有无表决权，也要待全国大会之决定。全国劳动大会为全国最高机关，他有绝对的权力，他的责任，大概为（一）检查前此一年全国工人运动之总成绩；（二）确定后此一年全国工人运动之新方针；（三）选举一届中华全国总工会的执行委员。全国劳动大会闭幕后，中华全国总工会执行委员会为最高机关，他得全国大会之付托，亦有绝对的权力；他的责任，大概为（一）执行大会决议案；（二）谋国际之联合；（三）统一全国工会运动；（四）指挥全国工会从事阶级斗争；（五）宣传正确的工人运动的理论，并指导一切实际运动之方针；（六）仲裁各工会之纠纷；（七）救济事项；（八）其他随时发生事项。执行委员会之下设干事局，驻会办事。"①

某产业工人全国代表大会和某省工人代表大会，每年召开两次，讨论关于本产业和本省工人运动一切事项，并选举产生同级总工会的执行委员。某市工人代表大会每年召开四次，某工会全体大会每月召开一次。在工人代表大会上要发扬民主，工人有充分发表自己意见的机会和自由，重要问题必须经过代表大会或工会全体会议讨论通过。

（四）工会的基层组织

工会基层组织是工会工厂支部。邓中夏强调工厂支部是工会的基础，是打倒资本家最好的武器，"只有支部组织好，然后上层构造的工会才不至于发生动摇；我们看见许多工会或是软弱无力，甚至逐渐解体，就因没有做建立基础——组织支部这一步工夫哩"②。"工厂支部好

---

① 《邓中夏全集》（中），人民出版社2014年版，第826页。
② 《邓中夏全集》（上），人民出版社2014年版，第530页。

象是工会的柱子，一间厅堂，没有柱子，是顶不住的，工会没有工厂支部也是顶不住的。从前工会摇动不定，往往被资本家一打便完了，就因没有工厂支部的原故。如果有了工厂支部。那怕资本家竭雷霆万钧之力也是打不下来的。"①

邓中夏认为，工厂支部处在工人工作生活的第一线，了解工人的思想状况，可以有针对性地对工人进行教育和训练，"是训练工友的养成所"。工厂支部规模小，信息传递快，便于决策和保密，是斗争的有力武器。所以工厂支部"在组织上占有极重要的地位。它不仅在工会公开的地方应该进行，就在严重压迫的地方亦极其适用。因为在严重压迫之下，工会即令不能进行，然而支部是潜伏于一工作份的小组织，可以避免厂家的压迫；即使厂家发现了这种组织，亦不能消灭全部，除非工厂倒闭或将全部工人开除，才能消灭全部"②。

邓中夏要求工厂中每一工作处都要组织一个工会工厂支部。"支部之中可选三人或五人组织一个干事会，负接受工会命令并指挥支部会员之责任。如果有政治自由的地方，（如广东）假如有可能，支部之下，尚可设立小组，约十人为一小组，每组置一组长，那就更完密了。"③

五、工会产生纠纷及处理

（一）工会纠纷时有发生

在工会内部，由于种种原因，内部纠纷时有发生，如果处理不当，势必影响工人运动的发展。1925 年 7 月，邓中夏在省港工人代表联欢会上演说指出："广东最不好的最可痛心的现象，就是工会与工会之争，如土木建筑之争，茶面粉之争，锦纶机织之争，油业机器之争，中山县

---

① 《邓中夏全集》（中），人民出版社 2014 年版，第 829 页。
② 《邓中夏全集》（上），人民出版社 2014 年版，第 530 页。
③ 《邓中夏全集》（中），人民出版社 2014 年版，第 829 页。

鲜鱼之争，果菜之争。"①1926 年 3 月，他又指出："广州工会之争，一年来不只发生一次了。先是机器工会与油业工会之争，次则集贤工会与海员工会之争，茶居工会与面粉工会之争，锦纶工会与织造工会之争，土木建筑与建道联合之争，目前又有集贤工会与同德工会之争，最近又有普贤工会与乐声工会之争，中山县还有终年未决的什么鲜鱼之争，果菜之争。……哎！太多了。"②据广州市公安局不完全统计，"仅 1926 年广州发生的恶性工人械斗案就有 49 起之多"③。这些纠纷必然影响工人之间的团结，削弱工人阶级的力量，最终导致工人阶级利益"受巨大的损失"，给各种敌对势力以可乘之机。工人纠纷，"在反对者方面，自然是幸灾乐祸，藉此更可以骂得工人狗血淋头；在同情者方面，也不觉摇首蹙额，因而批评工人太不长进"④。

（二）工会产生纠纷的缘由

根据长期调研，邓中夏指出工人纠纷产生的具体原因有以下几方面。

1. 行业工会、职业工会与产业组织的冲突

邓中夏指出："广州工会历史可说比北方各地早得一步，然而他的组织却比北方各地都要零乱。一种是从封建时代遗留下来的，叫做行会组织，其特点是互相救济和联业专利，大半是劳资合组。一种是从英国辗转传染过来的（由英国到香港再到广州），叫做职业组织，其特点是按照专门技术组织，大半以'贵族工人'为中坚，谋劳资妥协。再一种是产业组织，是最新式的革命组织，其特点依照生产机关不论熟练工人或非熟练工人，总之赚工钱吃饭的工人都组织在一起，资本家绝对不准

---

① 《邓中夏全集》（上），人民出版社 2014 年版，第 630 页。
② 《邓中夏全集》（中），人民出版社 2014 年版，第 929 页。
③ 《公安局工人纠纷报告》，《中央政治会议广州分会月报》1927 年第 1 期。
④ 《邓中夏全集》（中），人民出版社 2014 年版，第 1221—1222 页。

加入，高级职员即准加入亦须受极严格之限制，主张阶级利益。大体可以这样分。广州工会很显然的有此三派倾向，于是乎纠纷就起来了。广东总工会，广东机器工会和广州工人代表大会有许多纠纷事件，就可以用此解释。"①

2. 新的生产技术与旧的生产技术的冲突

在广州发生的汽车工会和人力车工会因争夺客源、路线而发生的冲突就是因为新旧技术变革引起的。"采用新的生产技术，本是产业界一进步的现象，而且是不可避免的现象，不过在这里发生问题了，比方说手工业工厂一旦采用机器，必有工人失业；机器工厂一旦采用电器，亦必有工人失业。工人为争工作，或为争会员，而纠纷遂因之而起。这种例子也很多，如从前油业工会与机器会之纠纷，数月前针织工会与机器会之纠纷，皆是。"②

3. 东家工会与工人工会的冲突

随着国民革命的深入，特别是在国民党政权可以控制的地区，工人有组织工会的自由，资本家不敢明目张胆地镇压，于是便组织御用工会进行破坏，资本家"自己拿出钱来组织工会，收容一般不觉悟的工人，做他的走卒；或是收买工人中的腐败领袖，罗致一班不觉悟的工人组织工会，做他的保障。或有自己原本是一工人，且曾做过工会领袖，现在升格做了小资本家，仍然把持工会，资本家便与之深相结托，利用他做走狗。这类资本家及其走狗所组织的工会，当然是用来捣乱我们工人阶级的阵营的，是与我们工人阶级为自己利益所组织的真正工会作对的。这样，资产阶级的工会与工人阶级的工会，自然免不了发生冲突，发生争斗"③。如广东实行工会联合运动，一些资本家控制的工会就坚决反

---

① 《邓中夏全集》（中），人民出版社 2014 年版，第 1222 页。

② 《邓中夏全集》（中），人民出版社 2014 年版，第 1222—1223 页。

③ 《邓中夏全集》（中），人民出版社 2014 年版，第 930 页。

对。所以，这类纠纷表面上是工会与工会的纠纷，实质上是东家（资本家）工会与工人工会的冲突。

4.政治势力的挑拨

国民党是一个松散的组织，其成员有左中右之分。国民党右派是仇视工人运动的，因国民党党纲规定要扶助农工，表面上不得不有所收敛。随着工人运动的高涨，特别是"中山舰事件"和"整理党务案"后，国民党右派势力不断增强，"他们遂变计勾结几个腐败领袖或著名工贼，使为己助，这些领袖或工贼依靠右派政治的势力，乃敢行凶作恶"①。由于许多工会组织是依附政治力量建立起来的，在大革命晚期，随着国共政治分化，不同派别工会的对峙局面便产生。关于当时工会与各种政治势力关系的情况，从1926年9月12日《共产国际执行委员会远东局使团关于对广州政治关系和党派关系调查结果的报告》中可窥一斑。该报告说："广州的职工运动保持着自己的分散特点，共有130个独立工会，分为三个独立的广州工会中心：（1）'代表大会'，是我们领导下的组织，联合了130个工会的15万会员；（2）'广东总工会'，联合了比较落后的工人以及小业主（总共有30个工会，3万工人），是在明显敌视工人运动和同反革命分子相勾结的一些人领导下的组织；（3）'机器工会'，联合了8个独立工会，7000工人。"②两大阵营的工会随着国共党争的发展逐步升级为公开的暴力，"械斗、绑架，甚至谋杀成为1926年夏的惯例。仅据不完全统计，自1925年7月至1926年6月，广州就发生此类战斗54次，也就是说每周至少一次，而且很少不死人的"③。

---

① 《邓中夏全集》（中），人民出版社2014年版，第931页。

② 《联共（布）、共产国际与中国国民革命运动（1926—1927）》（上），北京图书馆出版社1998年版，第469页。

③ 霍新宾：《国共党争与阶级分野——广州国民政府时期工商关系的实证考察》，《安徽史学》2005年第5期。

5.工人的阶级觉悟不高，受封建思想的余毒影响大

工会之间的纠纷，其思想原因还是工人的阶级觉悟不高。邓中夏指出："因为广州新式产业工人很少，大多数都是手工业工人。手工业工人对于阶级之认识很难，他们的心理多半是小资产阶级的心理，他们的思想还未脱离封建时代宗法社会的思想。"①"广东福建两省向来以'械斗'著称。此种风气，本来只在乡村。如不同姓之两村，每年约期械斗一次，双方届时不论男女老幼皆上战场，打胜固然庆贺，打败也不要紧，各人打死各人埋，并不呈报官厅，官吏下乡来亦置之不理；明年再如期打过。近年来，因农民破产，无田可耕，群趋城市寻找工作，于是此种风气也由乡村带到城里来了。城市工作又少，封建积习未除，口角相争以至于械斗"②。由于工人的阶级觉悟不高，又把农村的一些封建思想带到城市里，导致"无论个人与个人之间，工会与工会之间，偶有意见不同，即便出于斗殴。他们以参加斗殴为快事，斗而胜，认为占'上风'，斗而败，认为'失面子'，然而他们失败了，却只自责无能，准备下次再来"③。在工人中存在广州帮、海丰帮，在反动势力的搬弄下，时不时发生冲突。

6.部分工会领袖利用工会为自己谋取私利

"工会内的领袖，论理只有牺牲自己的利益，为工人谋利益，不要为谋自己个人的利益，然而有些工会领袖，却不是这样，专门为了个人地位，用工会打工会了。"④"因为广州产业尚不发达，工人找工极为困难，于是一般狡黠之徒，形同土霸，利用此点，以介绍职业为号召，吸收一班工人组织工会。介绍职业原来是很好的，是工会应有的

---

① 《邓中夏全集》（中），人民出版社 2014 年版，第 931 页。
② 《邓中夏全集》（中），人民出版社 2014 年版，第 1224 页。
③ 《邓中夏全集》（中），人民出版社 2014 年版，第 931—932 页。
④ 《邓中夏全集》（上），人民出版社 2014 年版，第 631 页。

职务,可是这班荷包主义者介绍职业,其唯一目的只在克扣工钱以自肥,这样,会员愈多,则克扣愈增,自然发生争夺会员的事情了。"①工会人数越多,规模越大,广东国民政府拨付的经费越多,工会领导人获得的收益就越高,所以,"广州工人建立工会时,其第一件事是成立检查小组,检查小组的第一个任务,不是收集公共福利费,而是开展争夺会员的运动。一个工会一成立,立即派检查小组或者宣传人员进行争夺会员的工作。搞宣传的人所带的不是宣传品,而是各拿一根又粗又长的木棍,如有工人不愿意加入工会,他必将受到木棍的棒打,因为工人们加入工会之后,他们一方面可以获得工人的进会费和每月的公费;另一方面又可得工厂主所给的公共福利费。如果一个商店的工人参加了两个工会,立即就会发生争夺公共福利费的冲突,有时候为了争夺会员而发生巨大的斗争。为了得到上面所说的好处,许多人竞相组织工会"②。

邓中夏指出,工会与工会之纠纷、工会内部之纠纷尽管具体原因很多,"总原因即在失业问题。广州市工人失业的太多了,大概大多数工会会员差不多有半数失业,如广东油业工会一万三千人,就有六千人失业。这是如何严重的问题!他们所争的大概都是某种职业中之特别工作权,例如辗谷工人和起落货工人争起米和负米的权利。所以什么,'攫夺工作''保障工权'的口号,什么'竞争会员''谁准立案'的举动,都是表明这一意义。工会纠纷乃失业之结果,几乎可说成了一个公例。唯其失业工人太多,谁给工作他做,他便听从谁,什么政客,什么东家,什么工贼,他几乎一概不管;甚至于受这些人之挟制榨取,或额外剥削,也几乎情愿甘心。假使失业问题解决了,政客的挑拨,东家的愚

---

① 《邓中夏全集》(中),人民出版社 2014 年版,第 930 页。
② 《广州工会运动的报告》(1926 年夏),中央档案馆、广东省档案馆编:《广东革命历史文件汇集(1921—1926)》,1982 年版,第 343 页。

弄，工贼的操纵，何能发生效力"①。

（三）解决措施

1.加强组织建设，成立统一的工会组织

对于工会多而杂，成为各种政治势力斗争工具的局面，时任中共中央总书记的陈独秀当时就曾经作过剖析，指出："工人要想改进自己的境遇，不结团体固然是不行。但是像上海的工人团体，就增加一万个也都不行的。新的工会一大半是下流政客在那里出风头，旧的公会公所一大半是店东工头在那里包办。"据此，他号召：觉悟的工人赶快另外自己联合起来，组织真的工人团体。②邓中夏对陈独秀这种观点是持肯定态度，他指出：工会之争"这实在是广州工会运动中最可痛心的不幸事情。应如何免除此种不幸事情再发生呢？据我个人的意见，则以为只有从速组织广州工人代表大会之一法。广州工人代表会，仅有其名，实际只有执行委员会，而无代表大会。应按人数为比例，由工人自己选举若干代表，组织伟大的代表大会。此种代表大会每月开会一次，关于组织问题，统一问题，立案问题，纠纷问题，以及一切政治上经济上与工人阶级自己的问题，不要仰赖官厅或法律解决，工人阶级应有自决的精神"③。

由于工会太分散，各工会之间为了争夺会员、争夺会费和公共福利而常常发生暴力冲突，"几乎每天都可以听到工人在冲突中遇害的消息"④。对此，邓中夏指出："要工会数目少而会员数目多才是好现象。苏俄六百万工人只有工会二十三个。我们广州，仅就工人代表大会来

---

① 《邓中夏全集》（中），人民出版社2014年版，第1224—1225页。
② 陈独秀：《真的工人团体》，《劳动界》1920年第2期。
③ 《邓中夏全集》（中），人民出版社2014年版，第932页。
④ 《广州工会运动的报告——关于广州工会各派的演变，对待各派的策略（1926年夏）》，中央档案馆、广东省档案馆编：《广东革命历史文件汇集（1921—1926）》，1982年版，第341页。

说，人数只得十九万，而工会竟至二百多个之多，这表示什么呢？表示我们尚未完全一致团结。我们须就其产业相同或职业相近者组织联合会或总工会，如运输业联合会，粮食业联合会，店员总工会之类。须在一年之内将所有工会逐渐组织联合会统一起来。再者，地方总组织只应有一个。广州显然有三个：（一）广州工人代表大会；（二）广东总工会；（三）机器工会。虽然广东总工会与机器工会有些领袖不愿统一，然而他们工会所属下的群众一定是愿统一的。"① 鉴于此，他要求广东国民政府："只准工人组织工会，绝对禁止东家或工贼组织工会。工会以产业组织为主，如手工业可酌用职业组织。各工会应就其性质相同或相近者实行组织联合会。地方总组织应合并为一个。不论何党何派均应组织在一起，绝对不准分裂。如此则工会纠纷可以解决。"②

2. 加强宣传教育，提高工人的觉悟程度

由于工会存在"行会习气和同业联合会残余"，再加上"共产党的领导既没有由于在工会会员群众中进行认真的教育工作，也没有由于领导机关公开信奉共产主义原则而得到足够的加强"③，导致工人思想觉悟不高。邓中夏认为，如果工人的阶级觉悟高，即使反动势力的拨弄、经济上的困难都可以克服。在工人运动中，对工人无计划无系统的宣传教育，导致许多工人尽管组织上加入了工会，但思想觉悟没有太大的提高。因此，工会组织要成立宣传教育委员会，通过各种形式对工人进行教育，使工人了解工人阶级受苦受难的阶级根源，明白工人间加强团结的重要性。

---

① 《邓中夏全集》（中），人民出版社 2014 年版，第 1255—1256 页。

② 《邓中夏全集》（中），人民出版社 2014 年版，第 1254 页。

③ 《联共（布）、共产国际与中国国民革命运动（1926—1927）》（上），北京图书馆出版社 1998 年版，第 469、470 页。

3.政府要开发实业，救济失业，改良工人生活

改良工人生活、扶助农工是国民党党纲所规定的，国民政府必须全力贯彻之。因为国民政府"是党治的政府，党的态度便是政府的态度，政府不能除党的态度以外另有他的态度，这就是说政府应该完全根据党的宣言与决议案做他行政的准绳；也就是说政府不应该有任何借口做不执行党的宣言与决议案的挡箭牌"①。所以，国民政府对挑拨工会纠纷的右派分子必须绳之以法。与此同时，政府必须开发实业，解决工人就业问题，不断改善工人生活。

---

① 《邓中夏全集》（中），人民出版社 2014 年版，第 1248 页。

第四章 邓中夏工人运动思想的主要内容（下）

第一节 对工人阶级宣传教育的思想

一、对工人阶级进行宣传教育的必要性

（一）对工人阶级灌输社会主义意识是马克思主义的一个重要思想

20 世纪初，针对俄国国内"经济派"只重视经济工作，否认政治斗争，轻视理论工作，导致党内理论水平不高这种状况，列宁强调指出："没有革命的理论，就不会有革命的运动"①。列宁认为，革命理论来源于实践，没有革命的实践就不会有革命的行动。革命理论一旦形成，对革命实践具有指导作用。人民群众只有在科学理论的指导下，才能成为进步力量，即"思想一旦掌握群众，就变成力量"②。

针对"经济派"强调斗争的自发性错误倾向，列宁指出，自发性斗争是初期工人运动的必然过程，但工人的自发斗争是远远不够的，因为"单是正义，单是群众对剥削愤恨的感情，永远也不会把他们引上通往

---

① 《列宁选集》第 1 卷，人民出版社 2012 年版，第 153 页。
② 《列宁选集》第 3 卷，人民出版社 2012 年版，第 321 页。

社会主义的正确道路"①。自发性斗争必须转变为自觉性斗争，任何把工人的自发性斗争绝对化的观点都是错误的。

列宁指出，自发性斗争向自觉性斗争的转化是有条件的。这个转化条件是工人要具有社会民主主义的意识，即工人要意识到他们的利益同整个现代的政治制度和社会制度的不可调和的对立。工人的社会民主主义意识不是自发的，"工人本来也不可能有社会民主主义的意识。这种意识只能从外面灌输进去，各国的历史都证明：工人阶级单靠自己本身的力量，只能形成工联主义的意识，即确信必须结成工会，必须同厂主斗争，必须向政府争取颁布对工人是必要的某些法律，如此等等。而社会主义学说则是从有产阶级的有教养的人即知识分子创造的哲学理论、历史理论和经济理论中发展起来的。现代科学社会主义的创始人马克思和恩格斯本人，按他们的社会地位来说，也是资产阶级知识分子。俄国的情况也是一样，社会民主党的理论学说也是完全不依赖于工人运动的自发增长而产生的，它的产生是革命的社会主义知识分子的思想发展的自然和必然的结果。到我们现在所讲的这个时期，即到 90 年代中期，这个学说不仅已经成了'劳动解放社'十分确定的纲领，而且已经把俄国大多数革命青年争取到自己方面来了"②。工人阶级的政党在工人这个转变过程中要发挥关键作用，要通过宣传教育的方式对工人进行阶级意识教育，提高他们的阶级觉悟。

（二）中国工人阶级要完成自身的历史使命，克服自身的缺点，必须进行宣传教育

中国工人阶级作为先进生产力的代表和中国革命的领导阶级，其历史责任是领导中国人民，"打倒资产阶级，建设工农国家，以实现共产

---

① 《列宁选集》第 3 卷，人民出版社 2012 年版，第 321 页。
② 《列宁选集》第 1 卷，人民出版社 2012 年版，第 317—318 页。

主义的社会"①。可以说任务是非常艰巨的。邓中夏认为中国工人阶级的整体素质是好的，具有其他阶级无可比拟的优势，但中国工人阶级也有其弱点，"如人数少，年龄较轻，文化水平较低，受传统观念、小生产意识影响较深等等。中国工人阶级比欧美国家工人阶级的产生晚了近一个世纪，特别是中国工人阶级主要来源于破产的农民，大部分工人属于非技术工人，文化水平低、缺乏阶级意识和阶级觉悟，旧的行帮性质的组织对他们有根深蒂固的影响，同乡观念和帮派利益，极大地妨碍了工人阶级的团结和联合斗争"②。另外，中国工人阶级的优点，换一个角度看，也折射其不足。台湾学者陈永发在论及中国工人阶级时指出："中国工人运动有几个有利条件：第一，工人集中，现代产业工人主要分布在大城市，动员起来方便；第二，工人的生活和劳动环境极其恶劣，有利于激发工人的反抗意识；第三，大城市的工人主要在外资工厂工作，直接受到帝国主义的压迫，对帝国主义有感性认识，有利于进行反帝国主义的宣传。但实际上，这些有利条件也同时含有不利因素：工人集中于大城市，容易受到政府的控制和镇压；工人因生存条件恶劣、缺乏文化而没有政治觉悟；外资工厂的工人为了保住饭碗而不愿轻易闹事。"③"总之，近代中国工人阶级具有一般无产阶级共同的特点和优点，又具有半殖民地半封建社会历史条件下形成的一些不同于一般资本主义国家无产阶级的特殊的优点和弱点。他的基本优点和特点，是它的阶级本质的表现，是最主要最进步的方面；它的弱点则是外部环境、条件给予它的影响和限制。发扬优点，克服自己的弱点，是工人阶级在争取自

---

① 《邓中夏全集》（中），人民出版社 2014 年版，第 817 页。

② 高爱娣编著：《中国工人运动史》，中国劳动社会保障出版社 2008 年版，第 42 页。

③ 陈永发：《中国共产革命七十年》，台北联经出版事业公司 1998 年版，第 164—165 页。

己和全人类的解放、完成自己历史使命的伟大事业中，始终需要注意的重要课题，同时也是工人阶级的事业能够顺利前进，直至最后胜利的保证。在不同的时期，不同的革命和建设中，如何发扬工人阶级的优点、克服它的弱点，是一个复杂的问题，需要在实际斗争和工作中，不断总结经验，研究解决。这里的关键是，工人阶级必须在自己马克思列宁主义政党的领导下，不断地提高自己的阶级觉悟，不断地提高实际斗争，在改造客观世界的同时改造自己的主观世界。"①

　　为了提高工人阶级的文化水平，增强其阶级意识，邓中夏先后创办了长辛店工人劳动补习学校和沪西工人补习学校等，他经常到学校给工人们上课，对工人进行阶级教育、劳动教育和团结教育。邓中夏创办劳动补习学校的目的是向工人宣传马克思主义，传播革命思想。与此同时，补习学校还重视工人国文课的教学，他指出："文化不是解决一切问题的仙丹，但是它是个必要的工具。不识字没有工具，对接受新思想是一个大障碍。"②

　　为了提高工人的觉悟水平，邓中夏还创办并主编《劳动音》《先驱》《青年工人》《工人之路》等报刊，特别是《工人之路》是中国共产党领导下的第一份工人日报。此外，邓中夏还经常给《中国青年》《新民国》《新建设》《平民周报》等报刊撰稿。通过这些报刊，邓中夏介绍工人阶级的生活状况，宣传工人阶级的历史使命，要求工人阶级要加强团结，等等。

　　1928年，邓中夏在莫斯科出席共产国际会议时还挂念对工人群众等进行马克思主义教育之事。他在《向共产国际第六次代表

---

　　①　刘明逵、唐玉良主编：《中国工人运动史》第1卷，广东人民出版社1998年版，第137—138页。

　　②　张允侯等：《五四时期的社团》（2），生活·读书·新知三联书店1979年版，第262页。

大会主席团的建议》中提出:"(一) 在苏联方面:1.开办一大规模之中国字印刷所。(闻已筹办购买,但不知规模大不大,不大则请交涉添钱,务求扩大。) 2.'共产国际''赤色职工国际''少年国际'各机关杂志,务须译成中文,按期印出,输送回国。3.初步组织一翻译委员会,翻译马克思全集和列宁全集。(凡有编译能力而国内不需要他工作者,在莫者留下,在国内者调来,如李季这一类人。) 4.出一介绍国际政治经济消息的月刊(或季刊),其性质比较灰色,可以在国内公开发行。由此间编样,寄归国内印刷发行。……(二) 在国内方面:1.必须立即恢复《布尔塞维克》,为党的政治主张发布机关,但文字须力求浅显,能使工人看得懂;篇幅可以减少。2.出一党报,为党内教育及讨论机关。中央政治通讯当然仍须保存,为发布中央及各省重要文件之用。3.广东,北方,两湖,应有地方性的政治刊物。4.中华全国总工会必须恢复《中国工人》,为比较理论性及记载有系统之职工运动消息机关。各地则出工人小读物。"①

(三) 对工人进行宣传教育有利于发展工人运动、坚固组织,提高工人战斗力

中国共产党成立后,把组织产业工会、开展工人运动作为重心。但组织和发动工人运动并不是一件容易的事情。美国学者裴宜理在研究近现代上海工人运动时指出:"在政治因素影响下的知识分子加入其中之后,中国工人运动肯定经历了一个重要的转变过程。而且,在这些学生——干部的指导下,工人无论是在国民党还是在共产党的发展中都扮演了重要角色。因此,中国工人运动问题研究局限于党史研究框架之内的趋向不是没有道理。""然而中国工人并非白板一块,党的干部可以随心所欲地将符合本党意愿的政治色彩涂抹上去。工人是其自身抗议传

---

① 《邓中夏全集》(中),人民出版社 2014 年版,第 1290—1292 页。

统——植根于故土文化与工作经历之中——的继承者，他们和学生组织者之间自然有一种紧张关系，领导工人并非轻而易举之事。""工人不是油灰腻子，党的干部不能在手中随意捏拿。同时，工人自身也不是铁板一块。正如学生中间由于家庭背景、生活方式和个人价值观的不同而存在差异一样，工人自身也由于同样的原因存在差别。江南制造局的宁波技工，能读书写字，收入颇丰，工作稳定，而新来自苏北农村、在缫丝厂或纺织厂的年轻女工，教育阙如，工资微薄，工作条件恶劣，两者奚止天壤。这两类工人，不仅原籍不同，工作环境不同，他们的抗议在方式上、宗旨上也是不同的。"① 另外，裴宜理还强调指出："工人运动的组织者多为青年学生，其家庭背景、教育程度和社会地位与工人迥若天壤。对工人而言，青年学生是陌生的外来组织者，相互之间有一种天然的紧张关系。作为外来组织者，要深入工人之中并取得工人的信任并非一件容易的事。对政治的冷漠，对陌生组织者的戒心，对政府威权和工厂老板的恐惧，均可能影响工人的政治行动决心。工人之中原有的地缘、业缘和秘密结社组织也在一定程度上成为现代工人组织的障碍。对工人而言，仅有空泛美好的未来许诺是不够的，他们一定要有看得见的眼前好处，才肯参加。在军阀统治下，宣传阶级斗争和无产阶级专政的共产党自身尚不能公开活动，发动工人运动更会遭到严厉取缔和镇压。诸如此类，均是中国共产党早期工人运动中所面临的种种难题。"②

　　作为"外来组织者"的邓中夏，首先是通过教育宣传，逐步启蒙工人阶级意识，灌输斗争精神，把工人们动员和组织起来。1921 年 1 月，邓中夏在长辛店劳动补习学校给工人们上课时，"当他讲到工人做工最

---

①　［美］裴宜理：《上海罢工：中国工人政治研究》，刘平译，江苏人民出版社 2001年版，第 5—6 页。

②　转引自王奇生：《中国近代通史》第 7 卷《国共合作与国民革命（1924—1927）》，江苏人民出版社 2006 年版，第 453 页。

伟大时候，有些工人就转不过弯来，问他：工人做工最伟大，我们怎么看不出来呢？他说：资本家住的房子是谁盖的，火车是谁开的，军阀打仗用的枪炮是谁造的……那一个不是工人造的，离开工人做工，世界上能有什么呢？又有工人问邓中夏，工人为什么受穷呢？他接着说：这倒不是命中注定的，也不是八字不好，是军阀和厂主剥削的。资本家他们吃香的喝辣的，住楼房，都是工人的血汗换来的。资本家享受，工人受穷是世界上最大的不合理。对于这个不合理社会怎么办？邓中夏号召工人团结起来去斗争。他很形象地说，俗话说'五人团结一只虎，十人团结一条龙，百人团结像泰山，谁也搬不动'"①。

工人要进行斗争，必须成立牢固的组织。尽管许多工人加入工会，但思想意识还保留许多非无产阶级因素，如无政府主义、工团主义、基尔特社会主义、空想社会主义、新村主义以及实用主义，甚至封建帮会思想等，这就要求："教育和训练工友，使他们有阶级的觉悟，知道什么是工人阶级，工人阶级与资产阶级的利益如何冲突"②。通过教育，提高工人的思想觉悟，进一步加强和巩固工会。

邓中夏认为，工人运动要想持续下去，也必须借助宣传教育来鼓舞工人们的士气。1925年6月24日，以中华全国总工会宣传部名义出版《工人之路》，邓中夏对编辑出版该刊非常重视，亲任主编，还"为《工人之路特号》（即《工人之路》——笔者注）拟定宣传方针和编辑计划，审定重要稿件，并且根据罢工时期各个阶段中不同的任务、方针和策略，亲自撰写各种评论文章共七十五篇"③。《工人之路》开设短评、省港罢工新闻和工人常识等栏目，观点鲜明，文字简洁，生动形象。邓

---

① 马建群：《邓中夏同志在长辛店》，《北京日报》1959年2月7日。

② 《邓中夏全集》（中），人民出版社2014年版，第817页。

③ 谭双泉等：《邓中夏》，中共党史人物研究会编：《中共党史人物传》第35卷，陕西人民出版社1987年版，第31—32页。

中夏利用《工人之路》从理论上论证工人罢工的重要意义，坚定工人的信心；从实践上宣传方针、政策，指导工人斗争。他号召工人们团结起来，坚持到底。在省港大罢工期间，为了使广大罢工工人和社会各界了解反帝罢工斗争的重大意义，邓中夏和省港罢工委员会"组织了一系列宣传演讲队，出发到各地进行宣传讲演活动。宣传队的宣传方式，除了口头宣传外，还注意利用文字、图画等形式进行。1925 年 7 月，罢工委员会宣传部召开会议，专门研究关于如何向广大工人群众进行思想教育的问题，决定在文字宣传方面，除出版好《工人之路特号》外，还增加标语、画报、传单和标旗等数种，标语每月出两次，画报每星期出两次，每次均印 10 万份，以分发到各工厂和乡村。传单亦每星期发两次，每次均印 10 万份，交演讲队出发各地时散发。这些思想宣传教育活动都收到了很好的效果。"① 省港大罢工能坚持 16 个月之久，可以说宣传教育工作功不可没。邓中夏充分认识到宣传教育工作的重要性，利用各种形式对工人进行宣传、鼓动，使广大工人明白革命道路，增强革命必胜的信念，无数工人在他的教育下走上革命的道路。"邓中夏既是省港大罢工的组织者和领导者，又是一位出色的宣传家。他以渊博的马列主义知识、杰出的宣传才能和诲人不倦的精神，使大批罢工工人懂得了革命的真理，把他们引上革命的道路。所以工人们由衷地称他和苏兆征同志为'两盏指路明灯'。"②

二、对工人阶级进行宣传教育的主要内容

（一）对工人进行文化教育

由于深受"三座大山"的压迫，工人生活极端困苦，没有接受最起

---

① 卢权、褟倩红：《省港大罢工史》，广东人民出版社 1997 年版，第 340 页。

② 姜平：《邓中夏的一生》，南京大学出版社 1986 年版，第 161 页。

码的学校教育的机会和可能，所以文化水平普遍较低。据日本人西川喜一在 1924 年的调查材料，"当时上海的纱厂工人中，'目不识丁'者，男工占 60%，女工占 85%；能认识自己姓名的，男工占 40%，女工只有 15%；能写自己姓名的，男工只有 20%，女工只有 3%。另据 1928 年北平社会调查所杨西孟对上海部分工人家庭 7 岁以上人口 978 人的调查，其中男子未读书者占男子总数 518 人的 57.7%，女子未读书者占女子总数 460 人的 98%；其余是多少读过一点私塾或小学的。1933 年，中山大学经济调查处余启中，对广州部分劳工家庭 11 岁以上人口 1724 人的调查结果是：能看报者，男 316 人，女 34 人，合计占总数的 20.3%；能写信者，男 297 人，女 33 人，合计占 19.14%，其余不能看报和写信的文盲占 60.56%。"[1] 文化教育是基础，工人的文化知识缺乏制约着他们接受马克思主义，对于工人学习和接受先进的理论、提高思想觉悟和斗争技能是十分不利的。

面对这种状况，邓中夏忧心忡忡地指出："我们广州工人从前简直可说没有宣传教育，即有亦系无计划无系统的宣传教育。我们要知'智识即权利'，智识极可宝贵。我们要革命，如无革命知识便无革命行动。何况工人阶级既被公认为国民革命的领导阶级，如不提高革命知识，何能领导革命。宣传教育为工人所不可一日缺乏之事，所以我们应即组织宣传教育委员会，有统一的计划，扩充各工会的宣传教育，一致发展。"[2]

邓中夏在创办长辛店工人补习学校和沪西工人补习学校时就帮助工人读书、识字，逐步提高他们的文化知识。在长辛店工人劳动补习学校里，邓中夏等把学生分为日班和夜班，夜班专门招收工人，入学者一律

---

① 转引自刘明逵、唐玉良主编：《中国工人运动史》第 1 卷，广东人民出版社 1998 年版，第 136 页。

② 《邓中夏全集》（中），人民出版社 2014 年版，第 1256—1257 页。

免费。邓中夏要求根据工人的实际，自编教材，"把工人的生活，工人日常用的工具、器物都编在这课本里。要叫工人读了书就晓得他用的老虎钳子怎样写、锉刀是哪两个字"①。"夜班注重国文、法文，科学常识、社会常识、工场和铁路知识。"②

（二）阶级意识方面的宣传教育

中国工人阶级与欧盟各国的无产阶级相比较，年龄较轻，与资产阶级斗争的时间短，阶级意识淡薄、阶级斗争经验不足。在半殖民地半封建社会，中国工人阶级是在封建主义在经济、政治和思想文化等方面占优势的氛围下成长的，"中外资本家为了残酷剥削工人，都竞相利用把头制、包工制、行会、帮口及其形形色色的封建势力、封建思想、封建性的组织形式和雇佣、管理制度等等来奴役工人。在这种条件下，年轻的中国工人阶级队伍，必不可免的受到封建的宗法思想、行帮观念、宗教迷信及其他种种封建意识、习俗的侵蚀和毒害。这对于中国工人阶级觉悟的提高和阶级组织、阶级斗争的发展，都足以构成严重的障碍"③。中国工人阶级在与农民有天然联系的同时，易受封建小农思想的影响。

中国共产党一成立，就强调要对工人阶级"灌输阶级斗争的精神"④，"提高工人的觉悟"。第二次全国劳动大会通过的《工人教育决议案》指出："工人阶级所以战胜资产阶级，就在他有阶级的觉悟；有觉悟然后知道团结组织，知道如何去斗争。所以我们的教育方针，一面虽是注意他们日常生活的需要，如识字常识等。但最重要的是要用这些日常

---

① 　张允侯等：《五四时期的社团》（2），生活·读书·新知三联书店1979年版，第262页。

② 　《邓中夏全集》（上），人民出版社2014年版，第84页。

③ 　刘明逵、唐玉良主编：《中国工人运动史》第1卷，广东人民出版社1998年版，第135页。

④ 　《建党以来重要文献选编（1921—1949）》第1册，中央文献出版社2011年版，第4页。

生活知识材料说明其原因结果，引用他们生活困苦之根源即现社会之罪恶，以唤醒其阶级觉悟，这是我们无产阶级教育的极重要原则，可说这是我们教育的生命。我们办教育的最终目的，就是促进工人阶级的觉悟，对于工人的一切解释批评教育训练等，都要明确的站在我们无产阶级的观点上，我们的一切言论行为，都不可违背了阶级的意识。所以我们的教育是促进阶级觉悟的教育。"①

作为中国共产党早期领导人之一和中国工人运动的杰出领袖，邓中夏当然知道对工人进行阶级意识方面宣传教育的重要性。在 1920 年出版《劳动音》杂志时，邓中夏就指出出版杂志的目的是"来阐明真理增进一般劳动同胞的智识，研究些方法，以指导一般劳动同胞的进行，使解决这不公平的事情，改良社会的组织"②。在长辛店工人补习学校给工人们上课时，邓中夏"通过讲课，用通俗易懂的语言，向工人宣传马克思主义的阶级斗争和社会发展的理论，启发工人的阶级觉悟，使工人认识到自己的历史使命和谋求解放的道路"③。在上海大学工作期间，邓中夏创办上海平民学校，编写数万字的《劳动常识》，"先后在《平民周报》上发表，供各平民学校作为工人学习的课本。《劳动常识》以工人喜爱的通俗生动的语言，运用马克思主义唯物史观的原理，简要地阐述了人类社会进化的各个时期的历史，证明劳动人民从来就是社会的主人。邓中夏说：'世界文明是谁创造的？一部文明的历史，可说完全是我们劳动人民努力的结果。……且举眼前的例子来说吧，人们所吃的谷米，所穿的衣服，所住的房屋，所走的马路，所坐的轮船火车，所读的报章书籍，和军阀、资本家们所享用的奢侈品……哪一样不是我们工人做出来

---

① 中华全国总工会中国职工运动史研究室编：《中国历次全国劳动大会文献》，工人出版社 1957 年版，第 24 页。
② 《邓中夏全集》（上），人民出版社 2014 年版，第 78 页。
③ 姜平：《邓中夏的一生》，南京大学出版社 1986 年版，第 67 页。

的呢？假如世界真的一日没有我们工人，世界文明便完全熄灭。'接着，他指出：'世界文明虽然是我们工人创造的，我们工人虽然是人类的主宰，社会的柱石，然而现今的时代，却是我们工人反受"享现成福"的绅士、军阀和资本家的统治和支配，所有文明都为他们造的，我们弄到饥寒交迫……的苦境。'因此，工人阶级只有组织起来，进行斗争，才能改变这种不合理的状况，摆脱自己受剥削受压迫的地位"[1]。

（三）团结联合方面的宣传教育

据裴宜理对上海工人的调查研究，发现工人因地缘和血缘等关系分不同派系，各帮派之间相互争斗。在上海，"无论是技术工人还是非技术工人，同乡关系有助于其团结和反抗模式的形成，但是这种地缘政治以两种很不相同的形式表现出来。在工匠中——他们主要来自比较富裕的南方地区——行会乃同乡认同、工作机会和罢工方式的媒介。公所会馆的公共仪式有利于滋生表现民族主义和革命色彩的工会、工党和政治。对非技术工人而言——他们绝大多数（虽然不是绝对）都来自多灾多难的北方地区——权力主义的帮会为他们提供了进入令人生畏的上海劳动市场的入场券。这一群体的劳工力量的反抗，常常在工头兼帮会中人的煽动下进行，明显地带有防御姿态"[2]。广东的工人组织也有相似情况。据1925年10月《中共广东区委关于工人运动的报告》，广东"工人多数无奋斗精神；工人之间派别分歧，甚至互相仇视，一切动作皆无阶级觉悟之动作，皆不知阶级为何物"[3]。

面对这种状况，邓中夏深知对工人进行团结教育的重要性。1924

---

[1]　姜平：《邓中夏的一生》，南京大学出版社1986年版，第109页。

[2]　[美] 裴宜理：《上海罢工：中国工人政治研究》，刘平译，江苏人民出版社2001年版，第80页。

[3]　转引自王奇生：《中国近代通史》第7卷《国共合作与国民革命（1924—1927）》，江苏人民出版社2006年版，第452页。

年 11 月，他在《中国工人》第 2 期发表《海员宣传问题》一文，在文章中，邓中夏指出工人"内部亦涣散得不堪了。这是我们所引为隐忧的"。他要求在以后的宣传中要注意："（一）打破帮口——海员以粤籍甬籍人为最多，向来有'广东帮''宁波帮'之分，彼此漠不相关，甚或互相嫉妒。漠不相关是乡土的言语和习惯不同的关系；互相嫉妒却是职业的位置和利益相防的关系。同是中国民族，同是无产阶级，这些缺点，都应当极力改正。不然，徒然予资本家有机可乘，分散我们的势力，破坏我们的营垒。所以'打破帮口'这一句口号是海员运动中首先要宣传的。（二）统一工会——海员内部组织，从前异常复杂，如宁籍海员有'焱盈'，'均安'之分，粤籍海员又有'联义'，'群益'之别，此外还有什么'关帝会'，'同心社'，'慈善会'……等名目。香港大罢工前后，方有'海员工会'之组织，于广州，香山，汕头，上海设分部，这算是大有进步了。不过加入海员工会的十分之八是粤籍海员，而甬籍海员未能尽量吸收，是一大缺点。此后海员工会亦应极力矫正。要知道我们的组织是宜合不宜分的，合则势力雄厚，分则势力薄弱。最好是采用产业组合的原则，这样，固然不为籍贯所限制，而亦不为职业所分割。只要是海员，籍贯上不论是广东人也好，宁波人也好，福州人也好，天津人也好，总之，一律加入。职业上不论是司机也好，烧火也好，西崽也好，厨子也好，水手也好，总之，一律加入。如把所有的海员集中组织在一个总工会之下，你想这种力量是何等坚固而伟大！"[1] 他要求："只要是海员便应该团结一致"，"海员不但自己要组织得好，团结得好，还要把全国运输工人团结得好，我们要联合所有运输工人，使海员的力量更大，我们不但联络本国运输工人，而且要联络全世界的运输工人"[2]。

---

① 《邓中夏全集》（上），人民出版社 2014 年版，第 486—487 页。
② 《邓中夏全集》（中），人民出版社 2014 年版，第 862、863 页。

在加强工人之间团结方面的宣传教育的同时，邓中夏还要求对工人阶级进行无产阶级联合方面的教育和宣传。他劝谕广大工人要有宽广的视野，牢牢记住各国无产阶级是我们的兄弟、我们的援军，我们务必要同他们联合起来。"各殖民地民族，不论是马来人也好，是印度人也好，是波斯人也好，是埃及人也好，他们和我们一样是受外国资本家之压迫和蹂躏，他们亦是和我们同一阶级的人，我们也要联合他们。"①

（四）组织观念方面的宣传教育

针对工人中组织观念淡薄的思想，邓中夏在帮助工人组建工会组织的同时，还要求对工人进行组织观念方面的宣传教育。他教育工人必须打破地方主义、乡土观念，团结起来，组织统一的工会组织，在工会内部，要特别注意基层组织的建设。如果工会组织只有上层组织，而"下层没有基本组织，这个工会不是'上不在天，下不在田'悬了空吗？"②1926 年 1 月 20 日，邓中夏在《在中国海员工会第一次代表大会上的政治报告》中，要求海员把组织建设好，他特别指出："从前组织不十分好，只有上层组织，没有下层组织，差不多还有照老行头的办法，这种办法是不好的。要把组织改良，在各船上组织支部。这次大会对于各船组织支部，应好好的确定。如果各船有了支部，就是有下层组织。所以此次大会第一要打破帮口，注意下层组织。"③

邓中夏还教育工人要按产业组建工会，为了便于统一行动，一个地方要有一个总组织，全国要设立总工会。教育工人要严格遵守工会大会制度，要把工会建设得像军队一样。

---

① 《邓中夏全集》（上），人民出版社 2014 年版，第 489 页。
② 《邓中夏全集》（上），人民出版社 2014 年版，第 487 页。
③ 《邓中夏全集》（中），人民出版社 2014 年版，第 863 页。

三、在对工人阶级进行宣传教育中应注意的问题

(一)宣传口号要适宜

工人运动需要鼓动和宣传,要善于运用各种标语、口号调动工人们的积极性,凝聚工人的力量,增强工人的斗志。在对工人宣传教育时,宣传口号切忌"假、大、空",要选择一些简单适用的口号。邓中夏指出:"从前做劳动运动的人,都抱持一个可以立刻推翻资本制度而建设共产社会的简单观念。所以'社会革命'、'劳农国家'、'无产阶级专政'这一类口号,唱得呱呱的叫。其实这类口号不仅是使压迫阶级见之吐舌而惊,就是劳动阶级亦是闻之掩耳而走。这种高调,于实际何尝有丝毫补益哩。原来中国的经济状况和政府状况,以目前而论,实在没有实现那样高远而美善的理想社会的可能;因为中国现在尚是半殖民地,只有解除内外压迫,实现一个自由独立的真民主国家,是中国革命唯一的出路。所以现在凡做劳动运动的人,应把从前那样大而无当的口号暂为收藏起来,把目前切实有用的口号代之,方于实际有益。"①

邓中夏在总结上海日本纱厂罢工中所得来的经验时指出,口号适当是罢工取得胜利的重要原因之一。他特别赞赏"反对东洋人打人"这个口号,认为"这个口号可说是将工人身受的隐痛简当明了的描写出来了,自然刚刚打在他们的心坎上,所以一经传开出去,不特是已罢工的工友看到眼底,至于心酸涕零,就是未罢工的工友听到耳里,也不觉深深感动,而一致同情的罢起来了。就是后来颇得社会上之同情援助,以及官厅起初之不大压迫,和反动派(如工贼,研究系,国民党的一些所谓'护党党员')之稍存顾忌,这个带有民族性的口号都是有相当的力量的。其副口号如'中国人抱中国人的义气,工人抱工人的义气';'大家一条心,反对东洋人;大家一条心,反对资本家'。又都是工人自己的

---

① 《邓中夏全集》(上),人民出版社 2014 年版,第 425 页。

俗语所构成，自己的意识所凝集，自然一听得就风靡一时勇气百倍了。其后由内外棉五个厂，扩大到内外棉全部十一个厂；再扩大到日华，同兴，丰田；并扩大到杨树浦方面之大康，裕丰，未尝不是这些口号有所感动"①。

（二）对工人教育要"因材施教"

近代中国工人，整体来说，文化程度低，思想觉悟不是太高，如果一开始就给工人宣传讲解一些高深的道理，工人很难接受，于是邓中夏就根据工人的实际，创办劳动补习学校，从教工人们识字，寓阶级教育于文化教育之中，逐步提高他们的思想觉悟。一些工人对邓中夏因材施教的教育方式印象非常深刻。邓中夏在上海期间，教工人们认识"剥削"两个字时，他先把"剥削"两个字写在黑板上，"然后教工人读了两遍，就问大家：'做一天工，有多少工钱？'工人们有的回答一角多，有的说两角。有个工人不解地问：'邓老师，工人做工，老板给工钱，从来就是这样，工钱和剥削有什么关系？'邓中夏严肃地说：'工钱和剥削，有密切的关系。工钱不是老板给工人的，是工人出卖劳动力得来的，是工人劳动创造出来的财富中的一小部分。那么，工人劳动创造出来的大部分财富哪里去了？'他扳起手指头，给工人算起'剥削'账来：'比方说，一个工人一天干活十二个小时，纺出十斤纱。按照市面价格，十斤纱可以卖十块钱。除掉纺十斤纱花费的成本、机器的折旧等六块钱外，剩下的四块钱，就是工人劳动创造的价值。工人只能拿到两角钱，剩下的三块八，全被老板装进腰包，这就叫剥削。'工人们听了恍然大悟。他们说：怪不得工人天天做工，累死累活，到头来还是吃不饱，穿不暖；老板却越来越富，工厂越办越多。被人剥削，这就是我们工人穷困的根源。"②

---

① 《邓中夏全集》（上），人民出版社2014年版，第515—516页。
② 谭双泉等：《邓中夏》，中共党史人物研究会编：《中共党史人物传》第35卷，陕西人民出版社1987年版，第25—26页。

邓中夏就是这样根据工人的实际，因材施教，用浅显的语言和工人最容易听懂的方式讲授革命道理，促使工人阶级由"自在"阶级向"自为"阶级的转变。

（三）宣传教育手段要多样化

对工人的宣传教育，形式和手段要多种多样，使工人们有耳目一新的感觉。在上海沪西工人罢工期间，为了鼓舞工人们斗争的勇气，邓中夏就在宣传教育方式上不断创新，"我们在这一点上花费不少气力。我们那时差不多每日一次群众大会，每日有几种新闻式的而且是俚歌式的传单。群众是切忌死板生活，所以每日必花样翻新，然后群众方觉得新鲜活泼而更兴奋，我们开大会不仅讲演，而且把群众编排起来，首先是各厂归各厂排队，举出代表来，组织代表会议，随后又由群众队伍中挑出若干人编成纠察队，立时教以简单的训练，派到各处守卫及在各要隘劝阻工人上工。这样一来，群众渐渐有了组织，而工会才能真实指挥"[①]。

在省港大罢工期间，邓中夏非常重视宣传部和教育宣传委员会的工作。在邓中夏和省港罢工委员会的领导下，宣传部通过各种方式对工人们进行教育宣传，"宣传部经常举办各种训练班和学习班，组织罢工工人及其子弟学习政治文化，组织宣传队伍出发到各罢工工人宿舍或各地进行政治宣传活动"。在罢工期间，宣传部除了出版《工人之路特号》外，"还经常印发各种宣言、传单、画页及各种小册子，对宣传罢工意义、进行反帝反封建教育、动员群众投入革命斗争起到了巨大作用"[②]。此外，邓中夏还利用一切革命节日组织纪念会、演讲会进行革命宣传活动。

---

① 《邓中夏全集》（下），人民出版社 2014 年版，第 1457 页。
② 卢权、禤倩红：《省港大罢工史》，广东人民出版社 1997 年版，第 140、141 页。

第二节　工人阶级斗争的政策和策略的思想

邓中夏在长期的工人运动生涯中，非常重视工人阶级斗争的政策和策略。关于政策和策略的重要性，列宁曾指出，马克思毕生除了从事理论写作外，还毫不松懈地注意无产阶级阶级斗争的策略问题。毛泽东指出："只有党的政策和策略全部走上正轨，中国革命才有胜利的可能。政策和策略是党的生命，各级领导同志务必充分注意，万万不可粗心大意。"① 邓中夏虽没有作出像列宁、毛泽东这样高度概括，但他在工人运动实践中充分认识到政策和策略的重要性，认识到政策和策略是关系到工人运动成败的问题，并不断探索适合中国工人运动实际的政策和策略。针对韦德刺杀军阀洪兆麟，自己也献出了宝贵生命这一案件，邓中夏站在政策和策略的高度深刻指出："韦德烈士牺牲精神虽足取，韦德烈士暗杀方法不足法，要打倒帝国主义与军阀，只有靠民众组织力量根本铲除其制度之存在。"②"因为杀了一个帝国主义，还是有无数的帝国主义。杀了一个军阀，仍有无数的军阀。杀了一个资本家，仍有无数的资本家。杀了一个大地主，仍有无数的大地主。我们个人是没有多大的能力，能将帝国主义、军阀、资本家、大地主一个一个用暗杀手段来结果他们的性命。韦德烈士杀了一个洪兆麟，但是东江的小军阀陈炯明、林虎、杨坤如等仍然生存。"③ 邓中夏进一步强调指出："暗杀不特不帮助革命，而且破坏革命，何以呢？我们要知道革命的对象，不是革某一个人的命，是革某一阶级的命。如某一阶级不倒，则此一阶级的恶魔是相继不绝的。恶魔张三死了，恶魔李四又起。恶魔赵大死了，恶魔钱二

---

① 《毛泽东选集》第4卷，人民出版社1991年版，第1298页。
② 《邓中夏全集》（中），人民出版社2014年版，第856页。
③ 《邓中夏全集》（中），人民出版社2014年版，第853页。

仍在。如资本的帝国主义和封建的军阀为一阶级，是压迫阶级；我们民众为一阶级，是被压迫阶级。我们不用我们自己阶级组织的力量，完全打倒敌对阶级的壁垒，仅仅打倒敌对阶级之某一个恶魔或数个恶魔，我们的革命何能完全成功？如果提倡暗杀就是引导民众去对付某一个人，不去对付某一阶级。再则便是引导民众相信了个人狭义的力量，忘记了阶级组织的力量，这不是我们革命政策之自杀吗？"①1925 年 4 月，邓中夏总结上海日本纱厂工人罢工取得胜利的经验有：事先领得工钱、临时组织得力、口号适当、传单得力、对准地方弱点猛攻和有自为的特殊组织等，认为这些是"这次相当胜利的主观原因"。1925 年 9 月，他在总结省港大罢工的经验时再次强调政策和策略的重要性，他指出："我们这次罢工，所以能坚持三个月，一些都不动摇，第一个原因，可说是我们工友的齐心；第二个可说是由于我们的组织好，但是最好的正是我们的政策。"②邓中夏认为，工人罢工的政策和策略稍有失误，后果不堪设想。这些充分表明邓中夏在实践中重视且不断探索工人运动的政策和策略。

一、团结一切可以团结的力量，建立广泛统一战线的策略

（一）工人阶级建立广泛统一战线的必要性和可能性

团结一切可以团结的人，建立广泛的革命统一战线是马克思主义的一个基本思想。在《共产党宣言》中，马克思、恩格斯号召："全世界无产者，联合起来！"要求各国"共产党人到处都支持一切反对现存的社会制度和政治制度的革命运动"，"共产党人到处都努力争取全世界民主政党之间的团结和协调"③，甚至"在德国，只要资产阶级采取革命的

---

① 《邓中夏全集》（中），人民出版社 2014 年版，第 857 页。
② 《邓中夏全集》（中），人民出版社 2014 年版，第 724 页。
③ 《马克思恩格斯选集》第 1 卷，人民出版社 2012 年版，第 435 页。

行动，共产党就同它一起去反对专制君主制、封建土地所有制和小资产阶级"①。马克思指出：共产党人"在政治上为了一定的目的，甚至可以同魔鬼结成联盟，只是必须肯定，是你领着魔鬼走而不是魔鬼领着你走"②。列宁继承和发展了这一思想。1920年，列宁在《共产主义运动中的"左派"幼稚病》中指出："这个国家的无产阶级在很长时期内，依然要比资产阶级弱，这只是因为资产阶级有很广泛的国际联系，还因为在这个推翻了资产阶级的国家里，小商品生产者自发地、经常地使资本主义和资产阶级复活和再生。要战胜更强大的敌人，就必须尽最大的努力，同时必须极仔细、极留心、极谨慎、极巧妙地一方面利用敌人之间的一切'裂痕'，哪怕是最小的'裂痕'，利用各国资产阶级之间以及各个国家内资产阶级各个集团或各种类别之间利益上的一切对立，另一方面要利用一切机会，哪怕是极小的机会，来获得大量的同盟者，尽管这些同盟者可能是暂时的、动摇的、不稳定的、不可靠的、有条件的。谁不懂得这一点，谁就是丝毫不懂得马克思主义，丝毫不懂得现代的科学社会主义。谁要是没有在相当长的时期内和在各种相当复杂的政治形势下，在实践上证明他确实会运用这个真理，谁就还没有学会帮助革命阶级去进行斗争，使全体劳动人类从剥削者的压榨下解放出来。以上所说的一切，对于无产阶级夺取政权以前和以后的时期，都是同样适用的。"③毛泽东根据中国社会的实际，亦提出无产阶级必须在革命中建立广泛的统一战线。毛泽东指出："中国社会是一个两头小中间大的社会，无产阶级和地主大资产阶级都只占少数，最广大的人民是农民、城市小资产阶级以及其他的中间阶级。"④在敌强我弱的态势下，作为中国工人

---

① 《马克思恩格斯选集》第1卷，人民出版社2012年版，第434页。
② 《马克思恩格斯全集》第11卷，人民出版社1995年版，第552页。
③ 《列宁全集》第39卷，人民出版社2017年版，第50页。
④ 《毛泽东选集》第3卷，人民出版社1991年版，第808页。

阶级先锋队的中国共产党，要想取得中国革命的胜利，必须与各种进步势力，甚至中间阶级结成广泛的统一战线。毛泽东在《〈共产党人〉发刊词》一文中在总结中国革命的经验时强调指出："统一战线，武装斗争，党的建设，是中国共产党在中国革命中战胜敌人的三个法宝，三个主要的法宝。"① 邓中夏在领导中国工人运动实践中，非常注意团结一切可以团结的力量，建立广泛的统一战线。在上海日本纱厂工人罢工期间，邓中夏就积极争取上海流氓无产者的支持，化消极因素为积极因素。"上海是流氓的渊薮，应付流氓亦是当时任务之一。就是工人中亦有不少的流氓，当时有力的工人领袖，不少是青帮洪帮，他们是有老头子的，罢工时自然不能不争取他们，必要时甚至还须请老头子吃吃茶，讲讲'抱义气'。因为罢工的口号是'反对东洋人打人'，流氓中多少有点民族观念，因此，亦有不少老头子表示赞助。自然罢工在阶级斗争中的意识格外明豁，原是青帮洪帮工人此时也不大听老头子的话了。如流氓明显破坏罢工时，群众不客气便以老拳奉送。在此紧张空气中，流氓有的变好，有的畏缩，有的反动被群众加以重惩，流氓亦起分化。"②

邓中夏论证了工人运动建立统一战线的重要性和必要性。京汉铁路大罢工失败后，邓中夏认识到在半殖民地半封建的中国，敌我力量悬殊，单靠无产阶级孤军奋战是不行的，工人阶级要领导中国革命取得胜利，必须寻求和建立广泛的同盟军。1923 年 10 月，他就指出："中国新式工业下的劳动者，可统计的只不过六十三万余名，充其量亦不过一百万名。即令这一百万劳动者通通能够组织在一个权力集中的统御之下，恐怕在四万万人当中还是一个小小的数目罢，何况这些劳动者或为了宗法思想的浸润与遗传，有许多尚无阶级的意识与觉悟；或为了军阀

---

① 《毛泽东选集》第 2 卷，人民出版社 1991 年版，第 606 页。
② 《邓中夏全集》（下），人民出版社 2014 年版，第 1458 页。

资本家和帝国主义的压迫与摧残，有许多尚无斗争的胆力与勇气；所以中国欲图革命之成功，在目前单靠一个劳动阶级孤军苦战恐难济事。"①而"我们敌人力量很大，他们据有经济上的优越地位，更握着国家的政权、军队、警察、监狱等有形的压迫机关，学校、宗教、报纸等无形压迫的麻醉方法，这都是资产阶级制服无产阶级的武器。而且在中国每个阶级总是相联合向无产阶级进攻"②。为了建立和巩固统一战线，他撰写了大量的文章，反复阐述"工农联合""工农兵联合""工农商学联合"的重要性。

五卅运动后，邓中夏总结其失败的教训时指出："很显明的，上海'五卅'运动之未能得到如何直接的结果，固然是由于资产阶级之出卖，小资产阶级之怠工，然而最主要的原因，是由于无产阶级之孤立，无产阶级未能取得广大农民与城市贫民的赞助而孤立。"③此后，在领导省港大罢工时，邓中夏非常重视统一战线工作，他在不同场合，通过不同形式反复宣讲工农商学联合阵线问题，并组织"北上代表团"，到北京、上海、汉口和天津，争取广泛的援助。在发动省港大罢工时，邓中夏就特别注意争取当时在广东地区拥有合法政权的国民党政府的支持以及同它的合作。省港大罢工发动后，邓中夏告诫部分共产党员要摒弃拒绝与国民党合作、关门罢工的思想，强调"不仅要国民党过问，而且要拉国民党来过问"④。省港工人罢工委员会聘请国民党人廖仲恺、汪精卫等为顾问，邀请胡汉民、孙科等国民党要人到罢工工人代表大会作政治报告。由于坚持了统一战线的方针政策，省港大罢工得到国民党和广东国民政府的支持，自罢工运动发生以来，中国国民党即下动员令，募款

---

① 《邓中夏全集》（上），人民出版社 2014 年版，第 244 页。

② 《邓中夏全集》（下），人民出版社 2014 年版，第 1473 页。

③ 《邓中夏全集》（下），人民出版社 2014 年版，第 1526 页。

④ 《邓中夏全集》（下），人民出版社 2014 年版，第 1542 页。

慰问以及通电声援，无不尽力，且训令国民政府予以援助。兹将七月八日中华民国国民政府训令广东省政府执行对于维持省港罢工议决案公布如下："自五月卅日上海惨案发生以来……政府为维持此种正义之行为，促其进行迅速收效宏远起见，经常务委员七月七日会议议决如下：（一）着广东省政府令行广州市政厅饬广州市公安局饬区暂拨借东园为省港罢工委员会办事处。（二）着广东省政府令行广州市政厅饬广州市公安局将征收半月租捐缴中央银行，专为援助省港罢工委员会之用。（三）着广东省政府分别饬三水河口、九江、江门、容奇、香山石岐、澳门、前山、湾仔、下塱墟、下新宁、广海、陈村、虎门、太平、宝安南头、深圳、沙头角、沙涌、澳头、汕尾、坪山、淡水、大鹏、海口、北海、广州湾等口岸禁止粮食出口。（四）着广东省政府令行广东建设厅筹筑黄埔、石井两公路，并与省港罢工委员会协商筹筑办法。（五）着广东省政府令行广东建设厅计划黄埔开港筑商港事宜。（六）着广东省政府令行广东商务厅劝谕商民援助省港罢工委员会。（七）着广东省政府令行广东商务厅责成各华商烟公司酌拨赢利，援助省港罢工委员会。仰即遵照办理，切切此令。"① 广州市公安局也奉命立即制订征收租捐简章九条，办理募集事务，将征收所得作为援助工人罢工事宜。由于建立广泛的统一战线，省港大罢工得到各方面的声援，"罢工维持，自然要靠海内外爱国同胞及全世界工人阶级在精神上、物质上予以不断的援助，然后罢工工人觉得后援不孤，更能安心作战。此次罢工费用，计开：国内捐二十五万元，华侨捐一百一十三万元，租捐及政府收到各方捐款二百八十万元，殷实绅富捐二万元，拍卖仇货四十万元，罚款二十万元，其他二十万元，共四百九十余万元。至于精神援助，随时俱有"②。

---

① 广东哲学社会科学研究所历史研究室编：《省港大罢工资料》，广东人民出版社1980年版，第106—107页。

② 《邓中夏文集》，人民出版社1983年版，第295—296页。

在各方大力援助下，省港大罢工坚持 16 个月之久并取得最后胜利，由此可见，工人运动"有联合战线则革命势力增大而高涨，无联合战线则革命势力削弱而衰落"①。

邓中夏认为工人阶级建立广泛的统一战线不仅必要而且可能。因为近代中国最大的压迫是民族压迫，最主要的矛盾是帝国主义和中华民族的矛盾，这就决定工人阶级可以把深受帝国主义和封建主义压迫的各阶级、一切爱国人士团结起来。在"半殖民地的中国，国际帝国主义一面摧毁中国的手工业与农业，一面又阻止中国实业的发展，工农商学各阶级均受其困，各阶级因其民族境遇之相同，各阶级利益又不期然而然有趋于共同之一点，因此我们可以断言必不因其阶级间部份特殊利益之故，而致限制与障碍此一联合战线之建立与成功"②。事实上，为了反对帝国主义，各阶级在斗争中相互支持，相互配合，"远者如'五四运动'反对日本帝国主义，不仅'领土保全'于各阶级有利益，而且'抵制日货''提倡国货'而尚于工业资产阶级片面亦有利益，学生与商人不期然而然出于共同之行动，商人当时极力赞助并参加此一运动，极口称赞学生爱国，事后有援助北京学生出洋留学之举。近者如'五卅运动'，反对英日帝国主义，又不仅'取消领事裁判权''收回会审公廨''撤退驻华外兵''华人有集会言论出版自由'等，于各阶级全体有利益，并且'撤销印刷附律码头捐交易所领照''工部局中西人有同等权利'以及抵制外货，推销国货亦于资产阶级片面有利益，工商学不期然而然出于共同行动，商罢市，学罢课，工罢工，共组织工商学联合会一致而与帝国主义抗争。由此证明各阶级在某一共同目标（即共同利益）之上，必然会共同行动，成立一联合战线的"③。

---

① 《邓中夏全集》（中），人民出版社 2014 年版，第 1080 页。
② 《邓中夏全集》（中），人民出版社 2014 年版，第 1081 页。
③ 《邓中夏全集》（中），人民出版社 2014 年版，第 1081 页。

（二）建立和巩固统一战线的措施

1.在联合战线中，处理好共同利益与各阶级的利益的关系，要充分照顾各阶级的利益

邓中夏认为联合战线"是各阶级为了某一共同目标即共同利益而应该出于共同行动"①，因此，共同利益是建立联合战线的基础。在我国，工人、农民、小资产阶级及民族资产阶级，由于他们社会地位不同，各自的利益诉求也不尽相同，在反帝反封建这一总目标的前提下，必须处理好共同利益与各阶级的特殊利益的关系，尽可能协调照顾各方的经济利益和政治要求，至少不损害他们的利益，不能顾此失彼。邓中夏指出："群众如果没有经济的利益作中心，要他们团结与组织，比在石田上播种要他生长出嘉苗良穗尤为难能。所以我们不论做何种的民众运动，对于经济的利益这一层，在何时何地都是不可忘记的。"② 他又指出："最要紧的，是各阶级出于共同行动时，固然是各阶级均须出其全力以反对共同的敌人，取得共同的利益，但是，一方面亦不可因此一联合战线而牺牲某一阶级片面之正当利益，（如无产阶级要求"加薪减时""改善待遇"等，资产阶级不能藉口联合战线的大帽子，而欺骗并压抑无产阶级必要的最低限度生活条件使不能求得。因为无产阶级为一般民族利益而奋斗，当然同时便不能不力争改善自己的经济的和法律的地位。）一方面在此联合战线中各阶级片面利益，亦须受适当之限制（如此时工人阶级亦不能提出"没收资本"以及超过产业现状所不认可之要求条件等），因为二者皆于稳固此一联合战线有绝大的关系，假如有人不懂得这两点重要意义，他便是不懂得联合战线的作用是什么。"③

---

① 《邓中夏全集》（中），人民出版社 2014 年版，第 1080—1081 页。

② 《邓中夏全集》（上），人民出版社 2014 年版，第 429 页。

③ 《邓中夏全集》（中），人民出版社 2014 年版，第 1081—1082 页。

在省港大罢工初期，为了给英帝国主义以沉重的打击，省港罢工委员会决定封锁香港。在封锁香港的同时，也使广州外贸中断，一些商家关门歇业。刚开始时，在爱国热情的鼓舞下，商人们尚能忍受，随着时间的推移，一些人便有怨言，影响反帝斗争热情。邓中夏等经了解并协商解决办法，1925 年 8 月，省港罢工委员会决定实行"特许证"制度。商人表示满意，但提出"手续麻烦""手续费太重"等意见。邓中夏认为只有照顾商人的利益，他们才会继续参加反帝罢工运动，否则，统一战线就有破裂之危险。在邓中夏的建议下，省港罢工委员会在与广州总商会、广东全省商会联合会、广州市商会和广州商民协会商议后决定撤销"特许证"，改为实施"出入口证"，简化程序，免除手续费。"出入口证"制度的迅速实施，令广东工商界十分感动，纷纷表示支持罢工，进一步改善了罢工工人与商人的关系。接着，邓中夏提出"工商联合"口号，成立"工农商学联合会"，协调各方面利益。"商人于是很高兴，愿意与我们合作，从前商人不高兴捐钱，捐有也不交我们，自从工商联合提出之后，感情好了，原意加入反帝国主义战线了。"① 邓中夏后来分析评价道："的确，从此以后，商业资产阶级对于罢工不仅不反对，而且相当赞助，这不是他们革命性的表现，而是有经济的原因。原来广州自与海外直接建立交通以后，商务突然兴盛，不仅比罢工开始时兴盛，而且比没有罢工以前还要兴盛。"②

2.原则性和灵活性相结合

毛泽东曾经指出："我们的原则性必须是坚定的，我们也要有为了实现原则性的一切许可的和必需的灵活性。"③ 在工人运动初期，成立工会组织是当务之急，邓中夏尽管认为以行业组合的方式组建工会组织最

---

① 《邓中夏全集》（中），人民出版社 2014 年版，第 726 页。
② 《邓中夏全集》（下），人民出版社 2014 年版，第 1540 页。
③ 《毛泽东选集》第 4 卷，人民出版社 1991 年版，第 1436 页。

好，但他又考虑到各地的经济、政治环境不同，反对千篇一律，要求各地"亦须斟酌该处之实在情形，决定组织的形式，不可死板"①。"职工运动的组织形式，须特别灵便，不仅要适合本国工业发达的程度，并且要适合本国政治的环境、文化的程度以及历史的特点（有时连工人阶级的习惯和特点都要注意）。"② 至于工会的名称，邓中夏要求可以更加灵活处理，因为"工会这一个名称，在北方有些地方简直不能用，怎样办呢？我们不是呆汉，自然可以用五花六色的名称——可以不被敌人注意的名称，如俱乐部、学校之类，甚至于很腐败的名称，如进德会，崇俭会之类，也可以用。只要是这个机关，事实上可以聚集工友，训练教育工友，指挥工友一致动作，便可以了"③。

1925 年，邓中夏和苏兆征等发动省港大罢工时，香港共产党力量较弱，香港 140 个工会团体中，大部分又操纵在一些资本家、封建把头和黄色工会头目手中。"各工会头目中，很多都不是真正的工人，也不是真心实意地为工人们谋福利，而是不务正业，靠抽收会费来过日子。但另方面，不少工会团体都不同程度地受英国殖民主义者的歧视压迫，与港英当局处于对立地位。特别是广大工人群众，无论属于哪一派的，他们都是收入低微，生活困苦，在英国殖民主义统治下，政治上受到歧视，经济上饱受剥削，长期过着十分悲惨的生活，因此心中孕育着强烈的反抗帝国主义压迫剥削的要求。"④ 鉴于此，从有利于发动工人罢工这一原则出发，邓中夏和苏兆征等"在香港与这些黄色领袖计议罢工时，关于他们争夺罢工指挥机关的位子，我们当时取放任态度，因为那时如要香港罢工实现，的确少不了他们，去了他们罢工便会被捣乱。我们所

---

① 《邓中夏全集》（下），人民出版社 2014 年版，第 1480 页。

② 《邓中夏全集》（下），人民出版社 2014 年版，第 1479 页。

③ 《邓中夏全集》（中），人民出版社 2014 年版，第 831 页。

④ 卢权、禤倩红：《省港大罢工史》，广东人民出版社 1997 年版，第 100—101 页。

需要的是罢工实现，故对于他们一时不能不采取容忍策略。"①

省港大罢工后，成立统一的罢工领导机关——省港罢工委员会乃当务之急。但一些黄色工会的头目及国民党右派分子，反对成立统一的罢工委员会，特别反对中华全国总工会派代表参加罢工领导机构，并千方百计地争夺罢工的领导权。面对这一状况，邓中夏和苏兆征等对成立有中华全国总工会参加的统一的罢工委员会这一原则性问题毫不妥协、毫不让步，至于一些非原则问题，则灵活处理，适当迁就。为了使各工会同意成立罢工委员会，在罢工委员会里尽可能吸收一些黄色工会代表人物参加，罢工委员会下面各个机构也尽量容纳各工团总会的一些上层人物。在邓中夏和苏兆征等的教育下，最后黄色工会头目赞成成立统一的罢工委员会，赞同中华全国总工会对省港大罢工的领导。1925 年 7 月 3 日，"省港罢工委员会成立，苏兆征、林伟民、李森等十三人当选为委员，苏兆征任委员长，邓中夏、廖仲恺等被聘为顾问"②。

在省港大罢工中，在对香港进行封锁的同时，邓中夏和苏兆征等对华侨区别对待，受到华侨的赞扬和拥护。"罢工初期，罢工委员会原规定凡华侨出入境途中经香港的，除要领取通行证外，还要有殷实店铺担保。但不少过境华侨往往在广州找不到熟悉的店铺，只好请求一些旅店作保。一些旅店便乘机从中敲诈勒索。罢工委员会发现这一情况后，及时调整政策，重新作出决定：今后华侨过境'准即随时给证通过，毋庸店章担保'。过境华侨对此十分满意。……后来，罢工委员会又采取了优待政策，规定凡各地华侨将其货物运回广东者，可先向当地国民党党部'报明何厂出产，何船运粤，数量多寡，付货及收货商号'，由党部审查属实后，即电告罢工委员会，转送工商检验货物处及纠察队，'查

---

① 《邓中夏全集》（下），人民出版社 2014 年版，第 1528 页。
② 广东哲学社会科学研究所历史研究室编：《省港大罢工资料》，广东人民出版社 1980 年版，第 4 页。

明放行，以免误会，再事耽搁'。对侨居英属地华侨回国时所带的日用品，虽是英国制造，但如仅为自用，并非贩卖图利的，也规定'应即放行，毋稍留难'，'概予优待'。"① 省港罢工委员会这些措施激发了广大华侨的反帝爱国热情，广大华侨纷纷捐款捐物支援工人罢工运动。

3. 整体利益与局部利益、长远利益与眼前利益相结合

马克思和恩格斯在《共产党宣言》中指出："共产党人为工人阶级的最近的目的和利益而斗争，但是他们在当前的运动中同时代表运动的未来。"② 在这里，实际上马克思和恩格斯就是要告诫共产党人要处理好长远利益和眼前利益的关系。邓中夏在工人运动实践中正确把握和运用这一政策，在统一战线内部在坚持工人阶级和整个中华民族的长远利益、整体利益的同时，兼顾各阶级的眼前利益和局部利益，要求在统一战线中要统筹兼顾，使二者有机结合，既不因为长远利益、整体利益而忽视工人的眼前利益和局部利益，也不为了眼前利益、局部利益而忘记长远利益和整体利益。因为在中国，"社会各阶级民众要求革命的觉悟程度之不一致。进步的民众固然懂得反帝国主义的意义和重要；落后的民众就不然了，他们所懂得的只是他们目前切身的部分利益"。"社会各阶级既然有落后民众这一事实，假使你是一个革命党，你觉得应该如何办呢？用反帝国主义的革命大帽子硬逼迫他们干呢？还是姑卑之毋高论，为求得目前切身的部份利益引着他们干呢？工人运动尚且不废经济斗争与改良运动，何况各阶级特别是商人尚有广大的落后民众，如果你只管高调独弹，他只有掩耳而走了。革命党的眼睛虽是远视的，落后民众的眼睛却是近视的，这是我们所不可不知的。所以在革命的进程中，由目前切身的部份利益引导落后民众到最后目的的全部解放为不可少的革命策略。"③

---

① 卢权、禤倩红：《省港大罢工史》，广东人民出版社 1997 年版，第 206—207 页。
② 《马克思恩格斯选集》第 1 卷，人民出版社 2012 年版，第 434 页。
③ 《邓中夏全集》（中），人民出版社 2014 年版，第 1082、1083 页。

在正确处理整体利益与局部利益、长远利益与眼前利益相结合这一原则指导下，邓中夏要求工人们把握好长远目标与眼前最迫切要求的关系，他指出：工人阶级的长远目标是"推翻帝国主义，打倒军阀、实现民族解放，促进世界革命"，还要经过长期的斗争才能实现的。在实现这个长期目标过程中，工人阶级要把握好以下两个方面："（一）在这长期斗争中，目前最迫切的要求，如加资减时运动，集会、结社、言论、出版自由运动，罢工自由运动，普选运动等，虽不是我们最终的目标，但这些都是我们日常生活所必需的要求，这些要求的实现，不但可以改善我们目前生活，并且在这些运动中，可以扩大我们的组织，增加我们的斗争经验，树立我们的政治势力，这些乃是我们到最终目标所必由之路的一步。（二）同时我们不可把这些目前迫切的要求，当作最终目标，这些要求只是达到我们最终目标民族革命世界革命所必由之路的第一步。我们更要明白，如果帝国主义军阀不打倒，工人阶级不完全解放，这些目前的要求也就不能达到。"①

4.既联合又斗争，在斗争中求团结

工人阶级是中国革命的领导阶级，工人阶级在统一战线中必须坚持既独立又统一的方针，不能因为统一战线而否定工人阶级独立和斗争的必要性，工人阶级要在斗争中求团结。针对国民党右派散布"国民革命尚未成功，工人不能就要求他们的经济利益"，"国民革命是为全民族利益的革命，工人不能只顾他自己的阶级利益；阶级利益不能超过民族利益"，"党的宣言与决议案未实行的很多，工人不能单要求实现"，"政府并不是不愿意兑现，因为事实上不能兑现"等言论②，邓中夏予以坚决还击，针锋相对地指出：只有工人阶级提携农民和城市小资产阶级一起

---

① 《邓中夏全集》（下），人民出版社 2014 年版，第 1474—1475 页。

② 《邓中夏全集》（中），人民出版社 2014 年版，第 1248 页。

战斗，国民革命才能成功，"工人阶级必须在经济上足以自存，政治上的联盟方有意义。所以不能以政治的联合战线，而反对工人经济的阶级斗争。一枝军队要他打仗，必须充分予以给养，工人阶级既被认为革命中的主要力量，岂可连仅够维持生存的给养反靳而不予之理。正经的说，工人改良生活运动，不仅不妨害国民革命，而且有利于国民革命"①。

二、缩小打击面，集中力量打击主要敌人的策略

五卅运动之后，反对帝国主义的民族运动浪潮席卷全国。出于对帝国主义镇压中国人民的愤慨，罢工开始后，省港罢工委员会提出了"反对一切帝国主义"的口号，指出："英、法、日等帝国主义者，不惜以最野蛮最残酷之手段，相继屠杀我国民众，凡属同胞，谁不血愤！……敝会为贯彻奋斗起见，议决实行封锁香港及新界口岸。自本月十日起，所有轮船轮渡一律禁止往港及新界，务使绝其粮食制其死命。"并要求所有来省载运货客者"嗣后如再有港、澳轮船驶入省河，该船艇等不得代为接驳客货"②。1925年11月，罢工委员会决定进一步扩大封锁范围，决定："汕头、汕尾、澳头、深圳、东莞、太平、石岐、前山、陈村、容奇、大良、江门、台山、广海、阳江、水东、雷州、北海、海口，所有上列港口，每港口应派纠察队防守，观察该港口情形若何，再决定派纠察队多少。不论何港口，凡有纠察队防守，应设纠察队驻港口办事处一所，以主持该处封锁勤务及宣传事宜"③。这种封锁香港的战略，表达了中国人民同仇敌忾的态度，给各国帝国主义以沉重的打击，"香港便

---

① 《邓中夏全集》（中），人民出版社2014年版，第1250—1251页。
② 广东哲学社会科学研究所历史研究室编：《省港大罢工资料》，广东人民出版社1980年版，第281、283页。
③ 广东哲学社会科学研究所历史研究室编：《省港大罢工资料》，广东人民出版社1980年版，第286页。

在这样封锁之下，肉食菜蔬，无从取得，猪肉涨至一元余一斤，鸡蛋涨至五角多一个，牛肉几乎绝迹，街市等于虚设。街上垃圾粪秽，堆积如山，楼居者以纸包粪，抛掷街中，加以暑日炎蒸，臭气熏天，故当时群呼香港为臭港。但是最使香港痛苦的，还是经济上受到空前未有的大打击"①。

20 世纪 20 年代的广东，经济以农业为主，广东许多农产品输往香港或经香港中转到其他地区，广东的许多日用品也要经香港输入。全面封锁香港也给广东带来不便，农民、商人便有可能反对罢工政策，统一战线有破裂的危险，"因为广东米粮向来仰给海外，以香港为总转运之门户，如不沟通海外直接航运，势必自困；再则广东工业尚不发展，货品无以自给，特别是燃料缺乏，如不沟通外埠直接运来，亦系自困"②。

各帝国主义在华为争夺经济利益既相互勾结又相互斗争。"反对一切帝国主义"的口号，容易使帝国主义列强结成反华联盟。英国极力利用此大做文章，拉拢列强对华采取军事行动。事实上，各帝国主义在华利益并不完全一致。华南地区是英国的势力范围，而美、日、法等列强不愿由英国一国独吞，并幻想能有机会排斥英国，取而代之。省港大罢工后，列强不仅不愿跟英国一起卷入对华冲突，各国领事还开会商议，"议决向英领事提出警告，禁止军事行动"③。

面对这种情形，"中夏同志正确地分析了帝国主义阵营的情况，感到各国帝国主义虽然都是侵略者，但华南主要是英帝国主义的势力范围，广东市场完全为英帝所把持，市场通用的货币、广东的海关也掌握在英国人手里，沙面的帝国主义头子也是英国人。日本帝国主义在广东的势力不大，美、法帝国主义的势力亦无法和英帝国主义抗衡。日、美、法各国与英国之间也有很大矛盾。在这种科学分析的基础上，中

---

① 《邓中夏全集》（下），人民出版社 2014 年版，第 1534 页。

② 《邓中夏全集》（下），人民出版社 2014 年版，第 1538 页。

③ 转引自卢权、褟倩红：《省港大罢工史》，广东人民出版社 1997 年版，第 180 页。

夏同志认为树敌过多对我们自己不利，对各帝国主义应该区别对待。他明确指出，为解决自己的困难，使斗争长期坚持下去，我们应该分化敌人，集中力量打击英帝国主义，实行'单独对英'的斗争策略"①。邓中夏、苏兆征等人议定，1925 年 8 月 14 日，省港罢工委员会根据"凡不是英国船及经过香港者，可准其直来广州"的总原则制定和发布《省港罢工委员会关于设立特许证的通告》，规定：

（一）本市商民所存货仓之货，请领特许证出仓者，其办法如下：

（甲）在英国货仓，如非英国产品，且为华商所已买者，准其出仓。

（乙）非英国货仓，亦非英国之产品，准其出仓入仓。

（二）凡非英国产品及不由英国船只又不由香港运来者，一律准发给特许证，其所有领到特许证，准其存入非英国之货仓，并准其出仓。

（三）已由香港渡运来未卸之货处分办法：

（甲）粮食、药材罚百分之五。

（乙）其他原料罚百分之十。

（丙）英国之出产品完全充公。②

1925 年 9 月，省港罢工委员会和商务厅等五部门又发布《关于取消特许证后之善后条例的布告》，规定取消特许证后之善后条例：

（一）从香港澳门来的任何国货物，都不准来广东，从广东去的，无论任何国货物，都不准往香港及澳门。

（二）凡是英国船及经过港、澳之任何国船只，均不准来往广东内地起卸货物。

（三）凡不是英国货，不是英国船只及不经过香港及澳门的，均可自由起卸。

---

① 姜平：《邓中夏的一生》，南京大学出版社 1986 年版，第 131—132 页。

② 广东哲学社会科学研究所历史研究室编：《省港大罢工资料》，广东人民出版社 1980 年版，第 288 页。

（四）广东界内只要不是英国货，英国船均可自由贸易及来往。

（五）凡存在广州之货，只要不是英货，而且不是英国人的，均可开仓发卖（如关于政府专卖者及违禁物品不在此例）。

（六）此条例由四商会联同省港罢工委员会共同签字公布之。自公布之日起，直接由省港罢工委员会行使封锁职权。如有违背前条例者，即一律完全充公（凡违背条例者，先须经过工、商两界所派代表所组织之审查委员会审查确实后，始执行充公）。①

邓中夏等制定"单独对英"政策取得了极好的社会效果，拆散了帝国主义之间的联合，加剧了列强之间的矛盾，美、日、法等国轮船公司纷纷向罢工委员会提出申请到广州通航。这一政策也促进了广东对外贸易的发展，保证了商人和农民的利益，稳定了广东的政局。"单独对英"政策团结了一切可以团结的力量，分化瓦解了敌人，集中力量打击主要敌人，没有四面出击，避免了腹背受敌的危险。邓中夏指出："这一个'凡不是英国货英国船及经过香港者，可准其直来广州'之原则，是省港罢工的中心策略，真的，在这个中心策略之下，解除广东经济的困难，保持广东商人的中立，拆散帝国主义的联合战线，最后还促进广东经济的独立发展，使这个伟大的罢工，得以坚持如此长久的岁月，就是由于这个中心策略之正确。"②

三、加强无产阶级国际联合的策略

马克思和恩格斯强调，各国无产阶级要实现自己的历史使命，在国内建立广泛的统一战线的同时，在国际上还必须加强团结与合作，因为"联合的行动，至少是各文明国家的联合的行动，是无产阶级获得解放

---

① 广东哲学社会科学研究所历史研究室编：《省港大罢工资料》，广东人民出版社1980年版，第296—297页。

② 《邓中夏全集》（下），人民出版社2014年版，第1539页。

的首要条件之一"①。邓中夏根据马克思主义关于加强无产阶级联合的基本理论，结合中国工人运动实际，准确把握中国工人阶级所处的时代背景，主张中国的无产阶级和世界的无产阶级必须联合起来。

资本主义进入垄断资本主义阶段后，各主要资本主义国家为了追求高额利润，资本的触角由国内延伸到国外，力图建立有利于他们获取巨额利润的统一的国家市场和世界体系。为了维护其反动统治，各主要资本主义国家相互勾结，共同镇压世界无产阶级革命。邓中夏敏锐地意识到资本主义统治的全球性扩张的结果，必然导致无产阶级和殖民地人民反抗斗争的全球化，他强调指出："全世界各国间的无产阶级要有总联合，因为自从资本主义发展到帝国主义，它们掠夺无产阶级的方法国际化了。在经济组织方面，它们有所谓托拉斯，星迪加；在政治组织方面，它们有所谓'国际联盟'。这些是它们集中力量压迫世界无产阶级的好工具；在这样组织的下面，这国的资本家与那国的资本家连成一气，不分彼此的共同对付工人阶级。假使我们工人阶级不越过国界联合起来共同对付资本家，我们真会死无葬身之地了。"② 无产阶级只有加强世界范围内不分民族、种族间的联合，才能战胜资产阶级。

十月革命的胜利开辟了世界无产阶级革命和殖民地革命斗争的新时代。十月革命后，发达国家的无产阶级革命运动与发展中国家的民族解放运动相辅相成，紧密联系，所以全世界无产阶级联合意义重大，因为"自资本帝国主义征服了全世界，全世界的经济关系成了整个的，因此全世界的革命运动也成了整个的，无产阶级革命与民族革命是推翻资本帝国主义的世界革命之重要策略，无产阶级革命固有助于民族革命，民族革命亦有助于无产阶级革命，其最终目的都是根本推翻资本帝国主义

---

① 《马克思恩格斯选集》第1卷，人民出版社2012年版，第419页。
② 《邓中夏全集》（上），人民出版社2014年版，第543页。

而使被压迫之阶级与民族得到完全解放。所以我们大家都说'中国革命是世界革命之一部分'"①。

邓中夏在分析全世界无产阶级联合的必要性的同时，还认为这种联合是完全可能的，"因为各国的无产阶级亦受他们本国的资产阶级残酷无情的剥削，至资本主义发展成为帝国主义，更使全世界无产阶级与殖民地劳苦民众同受他们横暴无比的压迫，所以全世界无产阶级与殖民地劳苦民众又是天然的同盟者"②。邓中夏指出，事实上，各国无产阶级已经开始联合。十月革命胜利后，当帝国主义列强干涉俄国革命时，许多国家的无产阶级联合起来予以阻止，与此同时，新诞生的苏俄政权给各国无产阶级以巨大的援助。五卅运动爆发后，当日本资本家想从日本国内调一批日本工人来华时，日本工人进行有效抵制，从而使资本家的阴谋难以得逞。

如何进行无产阶级国际联合？邓中夏认为，对于中国工人来说，最切实可行的是加入"赤色职工国际"，在它的统一领导下，开展世界无产阶级革命。他指出："现在世界的工人国际有两个：一个在俄国之莫斯科，叫做'赤色职工国际'；一个在荷兰之亚姆士丹，叫做'国际职工协会'。这两个国际，我们究竟应该加入那一个呢？我们加入的标准，最好看它们那一个是真正为无产阶级解放而奋斗。原来亚姆士丹的'国际职工协会'，现在尚在社会民主党手里，社会民主党是主张改良的，换句话说，主张维持资本制度，要工人忍耐着吃苦，好好替资本家作工，不要说话。社会民主党这种勾当，简直是资本家的走狗，出卖工人阶级的蟊贼。若莫斯科的'赤色职工国际'却不然了，刚刚与社会民主党的主张相反。它是主张工人要革命，因工人不革命，资本制度不

---

① 《邓中夏全集》（中），人民出版社 2014 年版，第 1280 页。

② 《邓中夏文集》（上），人民出版社 2014 年版，第 550 页。

倒，工人的幸福是绝对得不到一丝半缕的；工人如不欲解放而已，如要解放，除了革命，并且是联合世界无产阶级共同革命，绝不可能。所以它只主张工人统一的联合战线，根本推翻资本制度，打倒帝国主义。由此可看出谁是真正为无产阶级解放而奋斗的了。所以我们在这样显明的路途上，我们是毫不犹豫主张加入'赤色职工国际'的。"①

邓中夏认为，中国工人阶级不仅要同加入"赤色职工国际"的无产阶级联合起来，就是其他没有加入的，甚至加入"黄色职工国际"的无产阶级也要同他们联合。因为"亚姆斯特丹的黄色职工国际，坏的是领袖，然而其下广大的工人群众都是需要革命。我们不能因为他的领袖卖阶级，不好，于是把他所统御下之革命工人群众也憎恶而不齿了。我们正要用统一战线的政策，使全世界工人联合起来，团结一致，方更易使世界革命得到成功"②。

四、经济斗争与政治斗争相结合的策略

马克思主义认为，无产阶级反对资产阶级的斗争主要有三种形式：经济斗争、政治斗争和思想斗争。经济斗争是无产阶级斗争的最初形式。列宁指出："经济斗争是工人为争得出卖劳动力的有利条件，为改善工人劳动条件和生活条件而向厂主进行的集体斗争。"③缩短工作时间、增加工资、改善劳动条件和降低劳动强度等都属于经济斗争的范畴。不同时期、不同国家和地区不同群体的人们对经济斗争的具体内容有所区别。邓中夏根据我国工人运动的现状，认为我国工人阶级的经济斗争主要有五大目标：（1）八小时工作制。国内工厂普遍工作在十二个小时以上，有的甚至达到十八个小时，工人因工作时间过长无教育、

---

① 《邓中夏全集》（上），人民出版社 2014 年版，第 544 页。
② 《邓中夏全集》（中），人民出版社 2014 年版，第 694 页。
③ 《列宁选集》第 1 卷，人民出版社 2012 年版，第 346 页。

无娱乐，因工作疲劳导致工人生病不断增多，有的甚至死亡。"所以我们经济斗争之第一要事，就是要求八小时工作制。"①（2）最低限度的工资。中国工人工资极低，且"当此百物腾贵，十年以来，物价均超重过数倍以上，然而工资并未增加，独身工人所得工资已有不能糊口之虞，若五口之家更何能免号寒啼饥之苦？所以我们经济斗争之又一要事，就是要各地斟酌生活程度，规定一个最低的工资率来，资本家雇用工人，工资最低限度不得少于此数"②。（3）反对一切虐待。"中国境内不论是洋商的或华商的工厂，厂家对于工人待遇异常残酷，克扣，罚工，非刑拷打，开除……种种暴虐行为，罄竹难书。工人的身体既遭涂毒，工人的人格亦被侮辱，言之伤心，思之下泪。工人出卖劳力而吃饭，竟受此惨无天日之虐待，真奴隶牛马之不如。所以我们经济斗争之又一要事，反对一切虐待，务要将厂中不合理之管理苛章与无人道之管工人员，尽行撤废及驱除。"③（4）女工童工生活的改善。"资本家之喜用女工和童工，自然是因为他们工资极低，可以多得利润；体力较弱，可以任意欺负。女工和童工在工厂中的苦况，除掉受男工一般的苦楚以外，还有其他不可计数的痛苦。工资比男子成年工为低，而工时却是一样，此外女工遭管工之调戏侮辱，妊妇之无休息时间，不准携儿入厂哺乳；以及童工做笨重工及危险工，不仅妨害身体发育，而且危及生命安全。所以我们经济斗争中，女工童工生活的改善，亦为必要。做同样的工作，必加至同样的工资，其厂中并应为女工童工设置特别之设备与教育娱乐等机关。十六岁以下的童工，只能作六小时工作，工资仍旧。"④（5）劳动保险。"劳动保险的范围，有健康保险，残废保险，失业保险，老年恤

---

① 《邓中夏全集》（上），人民出版社 2014 年版，第 532 页。
② 《邓中夏全集》（上），人民出版社 2014 年版，第 533 页。
③ 《邓中夏全集》（上），人民出版社 2014 年版，第 533 页。
④ 《邓中夏全集》（上），人民出版社 2014 年版，第 533—534 页。

金，死亡恤金及遗族恤金等种种。试问中国工厂有实行者否？我们经济斗争，对此点亦宜注意，应限令资本家对于工人因工作上及其他故障，不能做工的时候，给以经济上的补助，以维持工人本身的疗治和生活，并减少工人家属生活的困难。此项保险金或抚恤金皆应由资本家完全负担。"①经济斗争尽管不能触动资本主义剥削制度的基础，但可以一定程度上限制资本家的剥削行为，改善工人生活条件，使工人阶级受到锻炼，在一定条件下可以成为政治斗争的导火线。

政治斗争是指被统治阶级围绕着夺取政权问题而展开的各种斗争。政治揭露、政治鼓动、游行示威、议会斗争和武装起义等都属于政治斗争的范畴。工人阶级进行政治斗争的目的是推翻资产阶级的统治，建立无产阶级专政的国家，最终实现共产主义。在不同社会历史阶段，政治斗争的具体目标有所不同。在半殖民地半封建社会，工人在政治上受各种反动势力的压迫，无言论、集会、罢工的自由和权利，因此，邓中夏认为工人的政治斗争主要应争取三个自由：组织工会的自由、集会言论的自由和同盟罢工的自由。他指出："我们工人没有自由的痛苦，真是罄竹难书。中国的临时约法，明明规定'凡是中华人民'的种种自由权，我们工人却被驱逐于'中华人民'范围之外，是不能享受的。你看，商人可以组织商会，银行界可以组织银行公会，教育界可以组织教育会……总之，什么人都可以组织会，只有工人不可组织工会，不是禁止，便是封闭。又看，官厅的小官僚可以罢官，学校的教职员可以罢课，甚至警察也可以罢岗……总之，什么人都可以罢，只有工人不可以罢工，不是捕人镇压，便是派兵打散。此外如开会，言论，出版，都是一样，只有工人没有自由。不但如此，他们还定了什么罢工刑律，什么治安警察法，以及什么取缔工会的种种条例，唯恐其不多，唯恐其不

---

① 《邓中夏全集》（上），人民出版社2014年版，第534页。

密。"①"因为没有自由，便不能使工会发展；没有工会，便不能取得和保障经济利益。所以自由是工人阶级所急切需要而不可少的东西，简直和菽粟水火一般。"②工人阶级要想彻底解放，必须团结起来，进行政治斗争，打碎旧的国家机器，建立无产阶级政权。因为"资产阶级（包括帝国主义、军阀、资本家……）不仅在经济上处优越地位，并且在政治上还有特别权力，军队，警察，法庭，监狱都是他们宰制工人阶级的武器。假使我们要得到完全的解放，只有夺取政权，把他们宰制我们的武器，变为我们对付他们的武器，这一点是工人阶级在种种实际经验中得来的教训，不可忘记的"③。

对工人运动而言，经济斗争与政治斗争是互相联系、互相制约的，一般来说，经济斗争是政治斗争的基础，工人只有通过政治斗争并取得胜利才能保障经济利益。邓中夏根据长期从事工人运动的经验，告诫工人，要想改善工作条件，提高待遇，"磕头请愿是无半点效果的，惟有靠我们的组织力，利用时机实行罢工或怠工的手段，才能强制资本家屈服承认而执行"④。他要求工人们切记："每一个目前切近的改良运动，只是走向总解决的一部分，不把它看作最终目标去做，比如资产阶级打不倒，目前所要求增加工资，难保将来又被克扣，总之，工人阶级的根本解放，只有在取得政权之后"⑤。另一方面，经济斗争到一定程度必然导致政治斗争；政治斗争是经济斗争的发展和最高形式。"工人阶级的每个经济斗争，同时一定要变成政治斗争；这是因为资产阶级在经济上优越地位是依靠在政治上优越地位势力之保障，当工人阶级开始摇动资

---

① 《邓中夏全集》（上），人民出版社 2014 年版，第 535 页。
② 《邓中夏全集》（上），人民出版社 2014 年版，第 536 页。
③ 《邓中夏全集》（中），人民出版社 2014 年版，第 849 页。
④ 《邓中夏全集》（上），人民出版社 2014 年版，第 534 页。
⑤ 《邓中夏全集》（下），人民出版社 2014 年版，第 1475 页。

本家的利益时，资产阶级必定尽力用他们的国家机关之权力及军队、警察、法庭、监狱等压迫工人的行动。"①

在处理政治斗争与经济斗争关系问题上，邓中夏反对只作单纯的经济斗争而忽视政治斗争、忘记工人阶级的政治任务的经济主义倾向，要求工人阶级"千万不可专为经济斗争的狭隘意义所囿，而忘记了政治斗争。须知经济问题与政治问题有绝对之关联，如政治问题不解决，经济问题绝对没有解决之可能。所以我们须把经济斗争接连着政治斗争乃有意义。这是我们不可一时忘记的"②。政治斗争是工人阶级斗争中最终起决定性作用的斗争形式，只有通过政治斗争，推翻剥削制度，工人阶级的经济利益才能真正得到保障。他指出："从前做劳动运动的人，都只做两种工作，一是组织工会，一是援助罢工，完完全全是引导劳动者向纯经济的斗争的道路。固然这种工作不能说是完全错误，不过经济的斗争如不先得到政治的自由，如集会，结社，言论，出版，罢工之绝对自由权等，何能顺利的达到目的。请看这几年内所有的工会解散与罢工失败，那次不是受了政治的压迫。所以现在有些头脑不佳的人，说：'只问面包，不问政治'，实在是有损害于劳动解放的。况且就中国目前状况而论，我们如从全般着眼，不论任何民众，都应先做政治革命。政治革命成功了，独立的自由的真民主国成立了，我们的特殊问题才能有相当的解决。"③

邓中夏拒绝作单纯经济斗争，同时也反对忽视群众切身经济利益的空喊政治口号的做法。因为现在工人生活极为困难，劳动条件差，应想办法改善工人的生活条件，提高其工作福利，决不能"徒务清高之虚名，

---

① 《邓中夏全集》（下），人民出版社 2014 年版，第 1472 页。
② 《邓中夏全集》（上），人民出版社 2014 年版，第 535 页。
③ 《邓中夏全集》（上），人民出版社 2014 年版，第 425—426 页。

而弃置切身之实利"①。他多次强调，工人每次进行的经济斗争，同时也是政治斗争，要通过经济斗争引导工人从事政治斗争。他指出："工人阶级的斗争，不论经济的或政治的，只有一个最后的目的，就是劳动的完全解放。劳动的完全解放，只能在资本主义制度推翻，政权完全操入劳动者手中之后，但即使在资本主义组织之下，我们不否认为改良劳动待遇条件，增高工人生活程度以及部分的要求，至实行最激烈的坚强的斗争。第一，因为现在的劳动条件，已经坏到极点，千百万的工人，还未到他精力衰疲之年，而已衰弱不堪，失了他们的力量，失了他们的健康同他们的生命；第二，因为每一部分劳动条件的改良，都可以增加工人阶级的力量，促进工人为最后目的的斗争，并且促进资本主义的崩坏，及劳动解放之早日实现。"② 工人从事经济斗争，"不但可以改善我们目前生活，并且在这些运动中，可以扩大我们的组织，增加我们的斗争经验，树立我们的政治势力，这些乃是我们到最终目标所必由之路的一步"③。

---

① 《邓中夏全集》（上），人民出版社 2014 年版，第 429 页。
② 《邓中夏全集》（下），人民出版社 2014 年版，第 1475 页。
③ 《邓中夏全集》（下），人民出版社 2014 年版，第 1474 页。

第五章　邓中夏工人运动思想的理论特色和总体评价

第一节　邓中夏工人运动思想的理论特色

邓中夏关于中国工人运动的思想，内容丰富，既有对工人阶级历史的回顾，又有对其现状分析和对未来的展望；既有对工人阶级领导作用的分析，又有关于工人阶级组织建设和宣传教育等；既有经验总结，又有理论分析。邓中夏工人运动思想的各个组织部分紧密相连，密不可分，形成了严密的科学体系和鲜明的理论特色。笔者认为，邓中夏工人运动思想的理论特色突出具有实践性、创造性、系统性和完整性等几个方面。

一、实践性

邓中夏工人运动思想不是邓中夏在书斋里想象出来的，也不是抽象的逻辑推论，而是来源于五四运动以来中国工人运动的实践，是邓中夏对工人运动实践经验的概括和总结，并指导和服务于中国 20 世纪二三十年代中国共产党领导的工人运动。

（一）来源于工人运动实践

邓中夏工人运动思想是对中国共产党领导的早期工人运动实践经验的概括和总结。中国共产党领导的工人运动实践，是邓中夏工人运动思想产生和发展的源泉。20世纪二三十年代，中国共产党领导的工人运动蓬勃发展，给中国境内各种反动势力以沉重的打击，显示出中国工人阶级的伟大力量，从而使邓中夏、瞿秋白、蔡和森等共产党员认识到工人阶级的地位和作用，进而提出中国工人阶级是中国革命的领导阶级的思想。"二七"大罢工的失败，使共产党人认识到单靠工人阶级的孤军奋战是不行的，必须同农民、小资产阶级等建立广泛的统一战线，争取一切可以争取的同盟军，进行武装斗争。邓中夏工人运动思想正是对这些经验教训进行深刻总结而形成的理论概括。可以说，没有中国共产党领导的工人运动实践，就不可能有邓中夏的工人运动思想，邓中夏的工人运动思想是中国共产党人对早期工人运动经验教训的总结，在某种意义上说，是中国共产党集体智慧的结晶。

邓中夏工人运动思想也是邓中夏对自己领导和经历的工人运动亲身实践经验的总结。作为中国共产党早期工人运动的领导人，邓中夏参加领导工人运动的时间较早，功绩卓著，他参加过第一、二、三、四次全国劳动大会，担任中国劳动组合书记部主任和中华全国总工会主要领导人，并参与和领导了长辛店工人运动、京汉铁路工人大罢工、上海工人运动和省港大罢工等。邓中夏对工人运动的实践经验非常重视，写下许多造诣精深的理论著作，系统总结了工人运动的经验教训。1930年，邓中夏在莫斯科撰写《中国职工运动简史（1919—1926）》一书时，因工作需要，中国共产党要求邓中夏回国参加领导工作，邓中夏不得不中断写作，他在文中引述列宁的话表达了自己当时的心情："列宁说过：'因为作出"革命底经验"总是比论述"革命底经验"更为愉快，更为有益。'所以著者对于本书虽因未能及时完成引为恨事，然而却因为回国参加革命实际工作又引为莫大的快事。"① 由此可见，邓中夏非常重视革命的实践工作，而且及时"作出'革命底经验'总结"。正是在这一思想指导下，邓中夏在繁忙的工作之余，不断探索、总结自己在组织领导工人运动中的得失、经验教训，以给将来中国共产党领导工人运动提供借鉴。

（二）指导和服务于工人运动实践

理论的生命力不仅在于其来源于实践，而且在于其反作用于实践，为实践提供方向保证、精神动力和理论指导。关于中国工人运动，邓中夏撰写了大量的著作，其目的既不是为了向世人展现自己的文学素养、卖弄自己的学问，也不是作无病之呻吟，而是为了指导和服务于中国工人运动。纵观《邓中夏文集》可以看出，邓中夏关于工人运动的论述，具有很强的针对性和指导性，回答和解决的都是工人运动中面临突出的现实问题，这对于工人运动的发展无疑具有理论指导作用。中国共产党成立后，党的中心工作是组织和领导工人运动，但对如何领导工人运动缺乏实践经验和理论准备，这就要求共产党人去探索和丰富。作为中国共产党早期工人运动的领导人之一，邓中夏义无反顾地承担起探索中国特色工人运动理论与实践的重任，其理论成果对推动工人运动的发展具有无可估量的作用。如，1925 年 5 月，在第二次全国劳动大会召开之前，邓中夏撰写《劳动运动复兴期中的几个重要问题》，提出了六个问题：组织问题、经济斗争问题、争自由运动问题、参加国民革命问题、工农联合问题和国际联合问题。这六个问题，无疑是当时工人运动必须把握的现实问题，解决和把握好这些问题，无疑是"给全国工人阶级一个完满精密确定的规定与指导"②。

---

① 《邓中夏全集》（下），人民出版社 2014 年版，第 1347 页。
② 《邓中夏全集》（上），人民出版社 2014 年版，第 526 页。

二、创造性

马克思主义产生在 19 世纪 40 年代，是关于自然、社会和思维发展普遍规律的科学，是无产阶级及其政党认识世界和改造世界的强大思想武器。马克思主义作为真理，对世界无产阶级革命具有普遍的指导意义。但决不能照搬照抄，教条式地对待马克思主义，恩格斯曾明确指出："马克思的整个世界观不是教义，而是方法。它提供的不是现成的教条，而是进一步研究的出发点和供这种研究使用的方法。"[①] 特别是在旧中国这样的半殖民地半封建的东方大国，革命的条件与马克思、恩格斯和列宁等所分析的西方资本主义国家不同，这就要求中国共产党人在坚持、继承马克思主义的同时，把马克思主义基本原理与中国具体国情相结合，不断创新，在实践中丰富和发展马克思主义。邓中夏"把马列主义理论与中国革命实践相结合，使斗争经验上升到革命理论，提出不少新的观点，在理论上对中国革命作出了重要的贡献"[②]。

关于世界无产阶级革命理论，马克思、恩格斯和列宁等强调无产阶级是最先进、最革命、最有组织性和纪律性的阶级，无产阶级要完成自己的历史使命，必须进行无产阶级革命和无产阶级专政，建立工农联盟，加强世界无产阶级的联合斗争，等等。马克思、恩格斯和列宁的这些阐述对中国工人运动的开展无疑具有指导作用。但邓中夏等中国共产党人在坚持马克思主义的同时，没有拘泥于从马克思主义书本里的只言片语找答案，而是把马克思主义与中国工人运动的实践结合起来，创造性地发展马克思主义。邓中夏在践行马克思主义时，结合中国工人运动实际，在以下几个方面创造性地发展了马克思主义。

[①] 《马克思恩格斯选集》第 4 卷，人民出版社 2012 年版，第 664 页。

[②] 姜平：《邓中夏的一生》，南京大学出版社 1986 年版，第 156 页。

（一）创造性地发展了马克思主义关于无产阶级领导权的思想

邓中夏没有简单照搬马克思主义的某些论断，而是在对大革命时期中国社会各阶级进行马克思主义初步分析基础上提出的，丰富和发展了马克思主义无产阶级专政理论。邓中夏从中国具体实际出发，认为中国工人阶级除了具备马克思主义分析的那些特点外，还具有自己的特点：比资产阶级历史悠久，比较集中，受改良主义影响小，具有彻底的革命精神，等等。帝国主义、官僚资本主义、军阀、地主豪绅和买办资产阶级是中国革命的敌人，农民和小资产阶级是中国工人阶级的同盟军，民族资产阶级具有两面性，等等。这些论断不仅提出时间早，而且符合中国实际，反映了中国革命的客观规律，创造性地发展了马克思主义理论。

在如何实现领导权问题上，马克思、恩格斯和列宁认为无产阶级必须打碎资产阶级国家机器，领导资产阶级民主革命，必须同农民结成联盟。邓中夏根据马克思主义关于无产阶级领导权这一思想，根据中国的国情，进一步指出，在中国，领导权不会天然地落在无产阶级手里，资产阶级必然要同无产阶级争夺领导权，对此，无产阶级必须保持高度的警惕。在中国，无产阶级争夺领导权的关键是争取中间阶级，即领导农民和城市小资产阶级。这些观点在理论上丰富和发展了马克思主义关于无产阶级领导权理论。

（二）创造性地发展了马克思主义关于工人阶级组织建设思想

邓中夏运用马克思主义关于工人阶级和工会理论的基本原理同中国工会运动的具体实际相结合，继承和发展了马克思主义工会思想。在工人队伍建设方面，马克思和列宁要求把工人阶级组织起来，坚持民主集中制原则，加强无产阶级政党对工人阶级领导，反对工人阶级队伍中各种非马克思主义思潮，等等。邓中夏在领导工人运动实践中坚定不移地贯彻这一原则，继承了马克思列宁主义关于工人阶级和工会的思想，并根据中国国情，把这些原则细化和深化，提出了一系列新思想、新观点，丰富和发展了马克思主义理论宝库。在工会建设中，邓中夏强调要按照产业组合的思想，重视基层组织建设，并分析中国工人运动中产生工会纠纷的原因及解决措施，在实践中创造性地发展了马克思主义工会思想。

（三）创造性地发展了马克思主义关于工人斗争政策和策略的思想

马克思主义反复强调工人阶级在斗争中制定正确政策和策略的重要性。马克思关于政策和策略的基本原理，如建立广泛的统一战线、加强世界无产阶级联合等对中国工人运动具有指导作用。但马克思、列宁不可能预测在遥远的东方若干年后中国工人运动具体的斗争政策和策略。邓中夏运用马克思主义关于工人斗争政策和策略的思想，根据中国工人运动的实际，提出了在统一战线中既联合又斗争、不要四面出击、集中力量打击主要敌人等等，在实践中创造性地发展了马克思主义关于无产阶级斗争策略的思想。

（四）创造性地发展了马克思主义关于工人阶级教育的思想

马克思主义认为，共产主义思想、社会主义思想要靠"灌输"，要加强对工人阶级进行思想教育。中国工人阶级生产、生活状况与发达国家的无产阶级差别较大，在如何教育方面，邓中夏进行了创造性的发展，探索出一条中国特色的早期工人宣传教育道路，并取得丰硕的成果。如针对中国工人文化程度较低，邓中夏提出寓阶级意识教育于文化教育之中、教育宣传手段要多样化、要因材施教等，可以说，这些在中国工人运动实践中创造性地发展了马克思主义关于工人阶级教育的思想。

三、系统性和完整性

邓中夏工人运动思想内容丰富，是一个十分严密和完整的理论体系。它不仅包括工人阶级的领导权思想，而且包含工人阶级的组织建设、宣传教育、斗争策略等思想。邓中夏工人运动思想各个组成部分并不是相互独立、互不相干，而是相互联系、相互影响，在一些内容上交叉渗透，是一个有机的统一整体。

（一）系统性

所谓系统是指由一种相互联系、相互作用的若干要素，有机组成具有一定结构形态与特定功能的整体，在这个整体中，母系统与子系统之间、子系统与子系统之间及各个子系统内部各要素之间相互作用、相互影响。邓中夏工人运动思想并不是孤立的。首先，邓中夏从中国新民主主义革命这个大的背景下分析工人阶级的领导地位，指出能否坚持工人阶级的领导地位，关系到中国国民革命的胜利，甚至关系到未来政权的性质及发展方向。在分析中国工人阶级时，邓中夏把工人与农民、小资产阶级与民族资产阶级进行比较，把工人运动作为新民主主义革命的重要内容来把握。其次，邓中夏把关于工人阶级的宣传教育、组织建设及工人运动的政策和策略同工人阶级所处的环境紧密结合起来，并且在内容方面相互影响，甚至相互交叉。如：邓中夏强调对工人阶级宣传教育，其中一项重要内容就是对工人进行组织建设方面的教育；对工人进行组织建设时，也离不开宣传教育。最后，邓中夏工人运动思想的每项内容中又有许多层次，每层次间具有内在逻辑关系。

（二）完整性

邓中夏的工人运动思想在内容上是非常完整的。邓中夏不仅分析了中国工人阶级的产生、数量、分布状况，而且阐述了工人阶级的质量、特征；他不仅纵向介绍中国工人阶级的历史，而且在横向上把中国工人阶级与发达国家的工人阶级，把工人阶级与农民阶级、小资产阶级等进行比较分析。在内容方面，邓中夏的工人运动思想不仅有组织建设、宣传教育方面的内容，而且有斗争政策和策略方面的内容；邓中夏不仅分析了中国共产党领导的工人运动，对非共产党领导的工人运动也总结其经验教训；既有理论上的阐释，又有经验总结。总之，涉及工人运动的各个领域，邓中夏都作了比较细致的分析，其内涵丰富、完整。

四、政策性和可操作性

邓中夏作为中国共产党早期工人运动的杰出领导人，承担着把马克思主义基本理论与中国工人运动实践相结合，探索中国特色的工人运动道路的重任。在探索历程中，邓中夏和苏兆征、刘少奇、李立三等共产党人思索、制定和宣传党的工人运动政策，因此，邓中夏的工人运动思想现实性、针对性强，具有鲜明的政策性和可操作性。

政策是国家政权机关、政党组织和其他社会政治集团为实现一定历史时期的路线和任务而制定的行动准则，是实现一定社会目标的手段或工具。政策既是理论的具体化、规范化，是理论指导实践的中介，又是实践经验的原则化。政策作为指导实践的行为准则，调整社会关系和利益关系，对人们的行为具有普遍的约束性。邓中夏担任过中国劳动组合书记部主任，长期担任中华全国总工会主要负责人，在马克思主义理论指导下，为中华全国总工会起草了许多重要文件，撰写了大量理论和政策性文章，宣传中华全国总工会的有关政策，教育、引导工人。如邓中夏撰写的《全国总工会组织原则决议案》《赤色职工国际之东方策略》《罢工政策及其胜利》《工会论》等，介绍、宣传中国共产党和中华全国总工会的有关方针，不仅具有理论性，而且政策性很强。

邓中夏的工人运动思想不仅政策性强，而且具有简明、具体和可操作性的特征。邓中夏工人运动思想并没有简单"移植"马克思主义的工人运动理论，也没有用一些抽象的概念，让人难以把握和琢磨，而是针对中国工人实际的每一个具体方面进行分析说明。在阐述工人运动思想时，邓中夏务实的多、务虚的少，言简意赅，将复杂的理论简单化，贴近工人生活，具有很强的可操作性。1925 年 5 月，邓中夏在论述海员工人的责任时，没有高谈阔论，而是实实在在地提出三个方面的责任："其一，即须整顿本身的组织，我们海员从前的组织实在太涣散了，只有上层组织，没有下层的组织，往后应着手将每条船都组织一支部，支部下每五人或十人组织一小组，以造成一个有系统而严固象军队一样的组织，夫然后才能作第二次的大奋斗。其二，即须与各国海员联合，一国的海员团结，力量固已伟大，然为求力量更加伟大起见，与各国海员联合就有必要了。虽然外国海员经济地位比较高，并不免有人种的界限，然而他们终是一样受资本家之榨取与剥削，他们自欧洲大战后不少已有觉悟而左倾了，所以与外国海员联合在现今实有可能，只看我们努力如何罢了。其三，即须帮助其他工人组织。海员因交通便利，来往全世界各大城市，眼界广，见识广，是别的工人所不能及的，然而正因此故，所以他应尽他的力量，帮助其他工人组织……所有的工人组织了，这就是说我们工人阶级的革命即须成功了，我们工人阶级的解放可以完全达到了。"[1] 邓中夏就是通过这样实实在在的方式对工人阐述革命道理，操作简便易行。

五、逻辑上的辩证性和语言上的通俗性

邓中夏尽管不是哲学家，"但在他的理论活动和实践活动中，即在探讨中国革命道路，形成新民主主义革命理论的过程中和实践领导革命运动的过程中，处处闪耀着马克思主义哲学即辩证唯物主义和历史唯物主义的光辉，他能相当熟练地运用马克思主义基本原理，特别是历史唯物主义的基本原理，分析和解决中国革命的实际问题"[2]。马克思主义唯

---

① 《邓中夏全集》（上），人民出版社 2014 年版，第 523—524 页。
② 阎长贵、葛洪泽：《邓中夏》，孟庆仁编：《著名马克思主义哲学家评传》第 3 卷，山东人民出版社 1991 年版，第 396 页。

物辩证法要求我们用联系的观点、发展的观点和矛盾的观点看问题，反对孤立、静止、片面地看问题。邓中夏在领导工人运动中，强调要坚持马克思主义，但反对照搬照抄。如在职工运动组织形式上，邓中夏强调要把原则性和灵活性相结合。邓中夏在分析工人从事政治斗争与经济斗争、长远利益与眼前利益、整体利益与局部利益等关系时，处处闪耀着唯物主义辩证法的光辉。由此可见，邓中夏工人运动思想具有思维上的辩证性。

作为北京大学国文系的毕业生，邓中夏有较高的文学素养。从邓中夏撰写的《孤鸾曲》《过洞庭》《觉悟的门前》等诗歌中可以看出，邓中夏知识渊博，文采飞扬。但为了使工人阶级更好理解，邓中夏在阐述工人运动理论时没有用华丽的辞藻，而是使用一些大众化、通俗化语言，甚至使用一些方言。如在省港大罢工中，邓中夏本人是湖南人，为了更好地动员和组织工人，他学习和运用广州本地语言。根据广东人、香港人的语言习惯，在撰写文章中有时也把英帝国主义比作"红毛鬼"，把工人们称作"细佬"，以便广大群众更好理解。纵观《邓中夏文集》，邓中夏撰写有关工人运动方面的论文，语言朴素、简洁，通俗易懂、说理透彻。语言上的通俗性是邓中夏工人运动思想的外在表现形式。

第二节　对邓中夏工人运动思想的总体评价

一、邓中夏工人运动思想的历史地位和指导意义

（一）继承和发展了马克思主义工人运动思想，是中国共产党早期工人运动的行动指南

五四运动后，中国工人阶级以一支独立的政治力量登上政治舞台，显示出极其伟大的力量，但总的来说，在中国共产党成立前，中国工人

阶级对帝国主义和军阀有一定的认识，但认识不深刻，还没有完全认识其阶级本质，工人罢工仍然利用一些帮会、秘密结社等落后组织来发动和组织群众，工人阶级还缺乏全国范围内的联合，没有提出自己斗争的革命纲领。这些说明中国工人阶级还不是一个自为阶级。如何实现工人阶级由自在阶级向自为阶级转变，毛泽东在《实践论》中指出："无产阶级对于资本主义社会的认识，在其实践的初期——破坏机器和自发斗争时期，他们还只在感性认识的阶段，只认识资本主义各个现象的片面及其外部的联系。这时，他们还是一个所谓'自在的阶级'。但是到了他们实践的第二个时期——有意识有组织的经济斗争和政治斗争的时期，由于实践，由于长期斗争的经验，经过马克思、恩格斯用科学的方法把这种种经验总结起来，产生了马克思主义的理论，用以教育无产阶级，这样就使无产阶级理解了资本主义社会的本质，理解了社会阶级的剥削关系，理解了无产阶级的历史任务，这时他们就变成了一个'自为的阶级'。"[1] 在这里毛泽东指出中国工人阶级要成为自为阶级必须具备以下基本条件：通过马克思主义教育，工人的阶级意识提高，在共产党的领导下，联合起来，对资产阶级进行有意识和有组织的斗争。

在半殖民地半封建的中国，中国工人阶级文化水平较低，阶级意识不强，政治觉悟不高，保留着浓厚的农民和小资产阶级意识。为了把中国工人阶级组织起来，实现由自在阶级向自为阶级的转变，邓中夏通过创办工人劳动补习学校、创办杂志等方式对工人进行马克思主义理论灌输，培训工人运动人才，通过工会把工人联合起来，进行有组织的斗争等方式，逐步解决马克思主义与中国工人运动相结合所要解决的基本问题。湖南师范大学谭献民教授指出："邓中夏对中国工人运动和中国革命运动独特的理论贡献之一，是在全国第一次劳动大会前后，努力探索

---

[1] 《毛泽东选集》第 1 卷，人民出版社 1991 年版，第 288—289 页。

用马克思主义阶级斗争学说和现代产业工会的组织原则来改造和克服中国无产阶级自身弱点，主张理论灌输和科学组织的统一，由此而经济斗争、政治斗争直到夺取政权的斗争，完成由'自在阶级'向'自为阶级'的历史转变。"①邓中夏通过在工人中开展宣传教育，唤醒了民众，加强工人组织建设等实践和理论，为中国工人开展有组织的反帝反封建的斗争打下理论基础和组织基础。

中国共产党成立后，对于如何开展工人运动，必然要经历一个探索历程和经验积累阶段。在这个探索历程中，许多共产党人都作了积极思考，提出许多新的见解，不论正确与否，都是中国共产党的宝贵精神财富。邓中夏作为早期中国共产党的领导人之一，长期处在工人斗争的第一线，在领导工人运动中认识到工人阶级的力量以及工人运动的长期性和艰巨性。他根据马克思主义原理，提出在工人阶级领导下，争取中间势力，建立广泛的统一战线；在领导工人运动中，把经济斗争和政治斗争、长远目标与眼前目标结合起来等策略思想，为中国工人运动发展提供理论指导，推动了中国工人运动的发展。在省港大罢工中，邓中夏"以渊博的马列主义知识、杰出的宣传才能和诲人不倦的精神，使大批罢工工人懂得了革命的真理，把他们引上革命的道路。所以工人们由衷地称他和苏兆征同志为'两盏指路明灯'"②。

（二）丰富中国共产党工人运动思想理论宝库，为新民主主义革命理论的形成提供了基本思想资料

中国共产党成立后，对于如何领导和开展工人运动，许多共产党人进行了探索，取得了一系列重大理论成果。笔者认为，在早期老一辈无产阶级革命家中，在工人运动理论方面建树比较突出的有邓中夏、瞿秋白、

---

① 谭献民：《为实现无产阶级由"自在"向"自为"阶级的转变而奋斗——论一次劳大前后邓中夏工人运动思想的内涵与意义》，《中国劳动关系学院学报》2007年第5期。

② 姜平：《邓中夏的一生》，南京大学出版社1986年版，第161页。

李立三、刘少奇、苏兆征等人，特别是邓中夏，对于中国工人运动理论的探讨起步较早、工人运动思想也较系统完备。邓中夏工人运动思想是中国共产党工人运动思想的重要组织部分，邓中夏工人运动思想丰富了中国共产党工人运动思想理论宝库。

邓中夏工人运动思想中涉及新民主主义革命的领导阶级、依靠力量、革命对象、斗争策略等问题，在这些领域，邓中夏进行了马克思主义的初步分析，对中国新民主主义革命的一些重大理论问题进行了理论探讨。"当时，他虽然还没有明确提出新民主主义革命概念，但却具有了关于它的一系列的基本观点，这对于党的新民主主义革命基本思想的形成，不能不是一个重要的贡献。"[1]

新民主主义革命理论是马列主义与中国革命实践相结合的产物，是对中国革命实践经验的概括和总结，经历了一个逐步形成和发展的过程。1922年7月，中国共产党第二次全国代表大会尽管制定了反帝反封建的民主革命纲领，但并不代表中国共产党对民主革命规律有清醒的认识。邓小平指出："提出了反帝反封建这个任务就等于真正懂得什么叫反帝反封建吗？不！因为制定和执行反帝反封建的正确的战略和策略是很不容易的。在这个革命阶段当中，应当如何反帝反封建，依靠什么力量，团结什么力量，打击什么力量，这些问题，我们党在一个相当长的时期内没有解决，没有搞清楚。"[2] 如前所述，中国共产党一直到1925年召开的四大才提出无产阶级领导权思想。1926年前后，中国共产党才逐步形成了新民主主义革命的基本思想，新民主主义革命理论一直到抗日战争时期才成熟。邓中夏工人运动思想，在新民主主义革命理论形成和发展历程中占有极其重要的地位，它对新民主主义革命理论的形成

① 谭双泉：《邓中夏对新民主主义革命基本思想的贡献》，《求索》1984年第4期。

② 《邓小平文选》第1卷，人民出版社1994年版，第340—341页。

作出了十分宝贵的理论贡献。

首先，邓中夏较早提出无产阶级领导权思想，而无产阶级领导则是新民主主义革命区别于旧民主主义革命的根本标志。关于谁是无产阶级领导民主革命思想的首倡者这个问题，学术界有不同观点。宋士堂在《瞿秋白是我党最早提出无产阶级对民主革命领导权问题的》（《光明日报》1982 年 7 月 5 日）和《论瞿秋白是我党最早明确提出无产阶级对民主革命领导权的问题——兼与禾兮商榷》（《社会科学研究》1987 年第 5 期）两篇文章中认为瞿秋白是无产阶级领导民主革命思想的首倡者。宋士堂指出："在中国共产党初创时期，我党最早明确提出和全面论述无产阶级对民主革命领导权问题的还是瞿秋白，而不是邓中夏等同志。邓中夏是我们党早期工人运动的领袖、理论家，他在 1923 年 12 月发表的《论工人运动》一文中已萌芽和闪烁着无产阶级对民主革命领导权问题的思想光辉，在 1924 年 11 月发表的《我们的力量》的名著中，又明确提出并论述了这个重要问题。邓中夏这些光辉篇章和思想理论，无疑是对丰富和充实马列主义、毛泽东思想宝库所做出的重大贡献。"[①]赵楚芸则在《邓中夏的无产阶级领导权思想述评》（《江淮论坛》1988年第 1 期）和《邓中夏是无产阶级领导民主革命思想的首倡者——兼与宋士堂同志商榷》（《社会科学研究》1990 年第 1 期）两篇文章中则认为邓中夏是无产阶级领导民主革命思想的首倡者。赵楚芸指出："无产阶级领导权思想的提出和形成，有一个历史过程，是革命先辈艰苦探索的结果，是马列主义与中国革命实践相结合的产物。它包含了集体智慧，但有的人贡献突出，邓中夏是这一思想首倡者、积极宣传者和鼓动

---

① 宋士堂：《论瞿秋白是我党最早明确提出无产阶级对民主革命领导权的问题——兼与禾兮商榷》，《社会科学研究》1987 年第 5 期。

者，这是不能抹杀的。"① 笔者认为，究竟是邓中夏还是瞿秋白最先提出无产阶级领导权思想，作为一个学术问题可以继续探讨。但从宋士堂和赵楚芸两人的学术讨论中可以看出邓中夏是中国共产党党内较早提出无产阶级领导权思想的，宋士堂在其文章中也高度评价邓中夏对无产阶级领导权思想的卓越贡献。正是邓中夏等人的探索，1925 年 1 月，中国共产党第四次全国代表大会把无产阶级领导权思想写进党的决议。

其次，邓中夏在工人运动实践中，对中国社会各阶级作出正确的分析，为新民主主义革命总路线的最终确定打下了理论基础。1948 年 4 月，毛泽东《在晋绥干部会议上的讲话》中指出："无产阶级领导的，人民大众的，反对帝国主义、封建主义和官僚资本主义的革命，这就是中国的新民主主义的革命，这就是中国共产党在当前历史阶段的总路线和总政策。"② 新民主主义总路线的形成和发展，经历了一个长期的探索和认识过程，凝聚着中国共产党人的集体智慧。邓中夏为新民主主义革命总路线的确立作出不可磨灭的贡献。"早在一九二四年前后，邓中夏同志已经认识到：（一）帝国主义、军阀、官僚、地主豪绅、买办阶级和国民党右派是国民革命的敌人。……（二）无产阶级（即工人阶级）是国民革命的领袖。农民阶级和城市小资产阶级是无产阶级的同盟军。充分发动农民，加强工农联盟是实现无产阶级领导权的关键。……（四）民族资产阶级既有反帝反封建的一面，又有动摇妥协和害怕群众的一面，它不能充当国民革命的领袖。但它为了在中国建立资产阶级专政，必然要与无产阶级争夺革命的领导权。"③ 邓中夏的这些理论探索成果，无疑

---

① 赵楚芸：《邓中夏是无产阶级领导民主革命思想的首倡者——兼与宋士堂同志商榷》，《社会科学研究》1990 年第 1 期。

② 《毛泽东选集》第 4 卷，人民出版社 1991 年版，第 1316—1317 页。

③ 姜平：《邓中夏大革命时期对中国社会各阶级的分析》，《近代史研究》1981 年第 2 期。

为毛泽东 1925 年 12 月撰写《中国社会各阶级的分析》和中国共产党确立新民主主义革命总路线提供了理论借鉴。

最后，邓中夏在工人运动中，要求无产阶级同农民联合起来，建立广泛的统一战线，并注意斗争的政策和策略等理论，为新民主主义革命理论中建立无产阶级领导的统一战线理论奠定了理论基础。

（三）邓中夏为马克思主义中国化作出重大理论贡献，其关于工人运动的真知灼见成为中国化马克思主义理论——毛泽东思想的理论素材

中国共产党一成立，就把马列主义确定为党的指导思想。在某种意义上讲，中国共产党的历史就是一部马克思主义中国化的历史。马克思主义中国化就是将马克思主义基本原理同中国具体实际相结合。1938 年 10 月，毛泽东在中国共产党六届六中全会中指出："共产党员是国际主义的马克思主义者，但是马克思主义必须和我国的具体特点相结合并通过一定的民族形式才能实现。马克思列宁主义的伟大力量，就在于它是和各个国家具体的革命实践相联系的。对于中国共产党说来，就是要学会把马克思列宁主义的理论应用于中国的具体的环境。成为伟大中华民族的一部分而和这个民族血肉相联的共产党员，离开中国特点来谈马克思主义，只是抽象的空洞的马克思主义。因此，使马克思主义在中国具体化，使之在其每一表现中带着必须有的中国的特性，即是说，按照中国的特点去应用它，成为全党亟待了解并亟须解决的问题。"[1]

马克思主义中国化是一项集体性的事业，它凝聚着中国共产党集体智慧。在马克思主义中国化历程中，党的领袖发挥着核心作用，但马克思主义中国化绝非是他们的专利，为他们所垄断，中国共产党的各级领导干部乃至普通党员都作出了一定贡献。在中国共产党成立之前，邓中

---

[1]《毛泽东选集》第 2 卷，人民出版社 1991 年版，第 534 页。

夏和李大钊等一些具有共产主义思想觉悟的知识分子研究和宣传马克思主义，为马克思主义中国化提供了理论准备。邓中夏在领导工人运动的实践中，通过创办杂志和工人补习学校等方式，帮助工人群众提高思想觉悟和组织程度，筹建共产主义小组，致力于马克思主义与中国工人运动相结合，为马克思主义中国化提供了实践基础和组织保证。可以说，邓中夏在推进马克思主义中国化的历程中作出了不可磨灭的贡献，邓中夏工人运动思想为中国化马克思主义理论宝库增添了光彩。"邓中夏等中国共产党早期重要领导人在把马克思主义中国化的过程中，立足中国革命的实际，从理论到实践，把马克思主义基本原理和中国革命的具体实际结合起来。而他的革命理论和革命思想诞生于党的理论水平不高、斗争经验不丰富的幼年时期，产生于对中国革命如何与马克思主义结合的探索阶段。尽管对一些问题的看法和探索是粗糙的，但他的理论为纠正党内的错误思想、传播马克思主义、加强党的理论建设、丰富新民主主义革命理论等方面，起了重大的理论和现实指导作用，是毛泽东思想的重要组成部分。为马克思主义中国化作出重大贡献。"[①]

在领导中国革命和建设的过程中，以毛泽东同志为主要代表的中国共产党人，把马克思列宁主义的基本原理同中国革命的具体实际结合起来，创立了毛泽东思想，第一次实现了马克思主义的中国化。毛泽东思想是马克思列宁主义在中国的运用和发展，是中国共产党集体智慧的结晶。邓中夏是中国共产党集体中的重要一员，他关于中国工人运动的论述和探索是毛泽东思想的理论因子。根据《中国共产党中央委员会关于建国以来党的若干历史问题的决议》，毛泽东思想主要在以下六个方面"以独创性理论丰富和发展了马克思列宁主义"[②]：关于新民主主义革命、

---

① 杨军：《邓中夏思想研究》，吉林大学出版社 2009 年版，第 271 页。

② 《十八大以来重要文献选编》（上），中央文献出版社 2014 年版，第 692 页。

关于社会主义革命和社会主义建设、关于革命军队建设和军事战略、关于政策和策略、关于思想政治工作和文化工作、关于党的建设。在毛泽东思想这六个领域的创造性发展中，有许多地方邓中夏的工人运动思想为其提供了理论素材。首先，邓中夏关于中国工人阶级领导权问题、关于中国社会各阶级的分析和关于工农联合等思想，为新民主主义革命理论的形成提供了基本思想资料。其次，邓中夏关于中国工人运动的政策和策略思想，成为毛泽东政策和策略思想的重要组成部分。最后，邓中夏关于对工人进行宣传教育的思想，构成了毛泽东关于思想政治工作和文化工作理论的重要内容之一。

　　总之，邓中夏作为杰出的工人运动领袖，在领导中国工人运动实践中，坚持马克思主义与中国工人运动相结合，推动了马克思主义中国化的历程。"邓中夏革命的一生，反映了中国共产党早期领导人在探索把马克思主义中国化的艰难曲折的历史过程。他为中国化马克思主义理论成果——毛泽东思想的形成，作出卓越的贡献。他以马克思列宁主义为指导，从中国的基本国情出发，在学习研究马克思主义和探索中国革命道路的过程中，对中国革命的性质、中国革命的对象、中国革命的动力、中国革命的领导权、中国革命的政权形式、中国革命的发展阶段、中国革命的前途、工人运动的理论、中国革命与世界革命的关系等方面，都进行了思考和论述，有许多精辟的见解。是毛泽东思想的重要组成部分。"①上述引文指出邓中夏思想是毛泽东思想的重要组成部分，笔者认为这种观点值得商榷，因为毛泽东思想尽管是集体智慧的结晶，"但它不是集体智慧的简单相加，而是一个有机联系的严谨的科学体系。'集体智慧'是毛泽东思想的来源，'结晶'是对集体智慧进行创

---

①　杨军：《邓中夏思想研究》，吉林大学出版社 2009 年版，第 271 页。

造性的理论概括，使之成为有机联系的严谨的科学体系"①。既然毛泽东思想不是中国共产党每个人思想的简单相加，因此不能简单地认为"邓中夏思想就是毛泽东思想的重要组成部分"，但有一点可以肯定，在毛泽东思想这个集体完成的作品中，邓中夏写下了历史的重要一笔，邓中夏思想（当然包括邓中夏的工人运动思想）为毛泽东思想的形成提供了思想理论素材。

（四）中国共产党和中国人民宝贵的精神财富

当今，邓中夏工人运动思想形成和发展的历史条件已发生巨变，其工人运动思想亦不能简单进行复制，但他对工人阶级的深厚感情、领导工人运动中形成的工作作风和撰写的工人运动方面的著作等，是邓中夏留给我们的宝贵遗产，是中国共产党和中国人民宝贵的精神财富。

邓中夏在北京大学毕业后，完全可以凭借其父亲的关系，走向"仕途"，但他以拯救国家危亡、人民困苦为己任，毅然献身于工人阶级的解放事业。他以马克思主义为指导，对工人阶级的特点进行辩证分析，指出工人阶级在中国革命中的伟大作用。在领导工人运动中，邓中夏保持艰苦朴素的生活作风、不知疲倦的工作精神、爱憎分明的阶级感情和英勇无畏的斗争胆略。据他的战友们回忆，在省港大罢工期间，"他'和罢委的同志住在一起'。每天'一清早起身'，一直工作'到半夜为止'；有时因突击任务还通宵不眠"。"邓中夏同志的生活非常艰苦朴素，从不讲究吃穿。……他身上穿的通常是一套旧的学生装，脚上穿了一双旧的黄皮鞋，吃的是和工人一样的伙食。有时外出开会回来，罢工委员会机关食堂'开饭的时间过了，饭冷了，菜也没有了，他就随便吃点什么剩饭剩菜，从来没有意见'。"②"邓中夏对周围的同志极为关心爱护。他平

---

① 吴玉才：《毛泽东与中国化马克思主义理论体系的形成》，《科学社会主义》2008年第3期。

② 姜平：《邓中夏的一生》，南京大学出版社1986年版，第156页。

易近人，和蔼可亲，从不摆一点领导人的架子，大家都乐意在他的领导下工作，对他非常尊敬。中夏对工人群众也是满腔热情。'工人有什么事去找他，他当天有空当天就解决；问他的问题，无论问题大小，有问必答，而且答复得很详尽。因此工人群众都十分喜爱他，很得人心。'周围同志或工人群众在生活上有困难，凡是他能帮助解决的，都热情予以帮助，真正把他们看成是自己的阶级兄弟。"① 邓中夏这种在工人运动中表现出的阶级感情、工作态度，对工人阶级解放和中华民族复兴的坚定信念和忠诚态度，是他给我们留下的一笔宝贵精神财富。

邓中夏学习和宣传马克思主义，为马克思主义在中国的传播作出了巨大贡献。但他在领导工人运动实际中，并没有盲目照搬马克思、恩格斯、列宁等个别论断，而是坚持一切从实际出发，理论联系实际，把马克思主义理论与中国工人运动实际相结合，不断探索中国特色的工人运动道路。邓中夏在领导工人运动中深入群众、深入实际、深入基层，不断创新，在工人运动实践中勤于学习、不断思考总结、实事求是的工作作风，显示出共产党人为了国家和民族利益上下求索的精神风貌，是他留给中国共产党和中国人民的又一份宝贵精神财富。

在繁忙的工作之余，邓中夏还撰写了大量的工人运动方面的著作，特别是他在莫斯科完成的《中国职工运动简史（1919—1926）》是他留给党和人民的宝贵文化遗产。《中国职工运动简史（1919—1926）》不仅比较完整地勾画了中国早期工人运动发展的基本轮廓，而且是"一部中国工人阶级英勇斗争的光荣史，进行工人斗争光荣史教育的好教材，也成为后来革命传统教育的好教材，成为后来广大青年学习中国工人阶级优秀品质、光荣传统的极好的教材"② 。《中国职工运动简史（1919—

---

① 姜平：《邓中夏的一生》，南京大学出版社1986年版，第157页。

② 桂遵义：《马克思主义史学在中国》，山东人民出版社1992年版，第248页。

1926)》最早由苏联中央出版局出版，1943 年，延安解放社根据苏联中央出版局版本，在国内首次出版。"解放社在《再版声明》中，对《中国职工运动简史》作了很高的评价：'本书内容主要是叙述中国职工运动的初期发展，到大革命为止，其基本论点，大体上是正确的。由于职工运动不能脱离整个中国革命运动，而且为中国革命运动发展初期的主要内容，对于研究中国大革命初期历史，特别是关于中国职工运动发展史，提供了许多具体斗争史料，故本书不仅为职工运动中之宝贵文献，同时是中国革命运动史上的文献'。"① 这些都是邓中夏给我们留下的宝贵文化遗产。唐玉良同志在研读邓中夏的《中国职工运动简史（1919—1926)》后指出，其有以下几个方面的可贵之处："第一，它是第一部这样系统的论述我国工运历史的著作，而且是用马克思主义观点正确论述我国工运历史的第一部专著。第二，它是把中国工人运动作为中国共产党领导的整个人民革命运动的重要组成部分来论述其历史发展的。因而，它既体现了工人运动的发展与社会历史条件和整个人民革命的密切联系，又体现了工运史作为一门专史在内容和形式上应该具有的特色。第三，它对工运历史的论述，采取分期概述和重点详述相结合的办法，既简明扼要地说明了各个时期工运发展的总体状况和趋势，又比较深入详细地论述了一些重大事件的经过和经验教训。第四，本书叙事较好地贯彻了史论结合的原则，大多数立论正确，行文简洁流畅。特别是书中对有些重大史实的论断和提法，具有开创性的重要意义，如把 1922 年全国各地的罢工浪潮称为'中国第一次罢工高潮'，把这年 1 月爆发的香港海员大罢工，作为这次全国罢工高潮的'起点'，等等。后来谈及

---

① 史兵：《邓中夏》，《中国工人运动的先驱》第 2 集，工人出版社 1983 年版，第 121 页。

这段工运历史的人们，大都参照了他的一些提法。"①《中国职工运动简史（1919—1926）》是邓中夏留下的最后一份宝贵遗产，是中国共产党和中国人民的宝贵财富。

二、历史局限性

由于受历史条件的影响和制约，邓中夏工人运动思想对一些问题的认识还是初步的、不成熟的、不完备的，须进一步完善。存在一些须完善的地方既反映了邓中夏个人的认知水平受当时历史因素制约，也折射出在中国共产党成立初期，全党的理论水平不高、斗争经验不足的状况。

（一）在无产阶级领导权问题上，邓中夏没有明确指出中国共产党必须掌握工人武装力量（军队）的领导权这一关键问题

邓中夏尽管较早提出了无产阶级领导权问题，要求工人阶级与农民、小资产阶级结成联盟，孤立和打击主要敌人。这些观点无疑是正确的。但是，在内部没有民主、外部没有民族独立的半殖民地半封建社会，工人阶级及其政党不掌握武装力量，没有一支党领导下的新型人民军队，工人阶级根本谈不上有领导权，更谈不上争取中间阶级，因为"须知政权是由枪杆子中取得的"②。邓中夏在领导工人运动的实践中，初步认识到工人阶级建立工农武装的重要性，在省港大罢工中，在罢工委员会下也成立了两千多人的纠察队。尽管这支纠察队在工人运动中，甚至在北伐战争中发挥了巨大作用，对此，邓中夏也给予高度评价，但邓中夏一直没有如何把这支纠察队组建成为中国共产

---

① 唐玉良：《功业永在　浩气长存——纪念中华全国总工会主要缔造者之一邓中夏烈士诞辰110周年》，中国工人历史与现状研究会组织编写：《中国工人历史与现状研究》，中国劳动社会保障出版社2006年版，第41—42页。

② 《毛泽东文集》第1卷，人民出版社1993年版，第47页。

党领导下的人民军队的设想。这从一个方面说明邓中夏还没有认识到建立一支党领导下的人民军队对工人运动的重要性。在旧中国，没有一支人民军队，便没有人民的一切。由于邓中夏"没有明确指出共产党人应该掌握军队这个领导权中最关键的问题"，因而领导权的问题也未能真正解决①。

（二）在工人组织建设问题上，邓中夏没有分析中国共产党与工会的关系，对待中国境内黄色工会存在着一些"左"的意识

尽管邓中夏在《中国职工运动简史（1919—1926）》中指出："中国'现代式的'职工运动，无疑的是从中国共产党手里开始。有了共产党，然后才有'现代式的'工会，从此中国的工会才渐次的相当具有组织性、阶级性以至于国际性。"②由此可见，邓中夏是肯定中国共产党对领导工会和工人运动的重大意义的。邓中夏在领导工人运动的实践中，深深感受到工人基层党组织薄弱、工人党员数量少的艰难情况。关于中国共产党与工会的关系，邓中夏强调要加强党对工会的领导，这是非常难能可贵的，但对中国共产党如何通过工会组织领导工人运动，笔者在研读《邓中夏文集》时，发现邓中夏很少涉及这一重要问题。作为其工人组织建设的代表作——《工会论》，也无该方面的阐述。中国共产党对工会的领导并不是党要包办工会的一切事务，也不是在工人中发展更多的党员就可以解决问题，它需要相关的政策和制度。邓中夏系统探讨了无产阶级对中国革命的领导方式，却没有探讨中国共产党对工会组织的具体领导方式，这表明邓中夏对中国共产党和工会组织两者关系的认识还处于萌芽时期。

邓中夏对于中国黄色工会和赤色工会的分析基本是正确的，但也有

---

① 姜平：《邓中夏大革命时期对中国社会各阶级的分析》，《近代史研究》1981年第2期。

② 《邓中夏全集》（下），人民出版社2014年版，第1357页。

一些不合理成分。1929年，邓中夏在《在赤色职工国际第十次执行委员会上的发言提纲》中指出："中国黄色工会的基础是自然极其微弱"①，"赤色工会不能建立与发展的原因，在客观上自然是白色恐怖太厉害，但在主观上则由于我们的党对于赤色工会工作不充分"②。批评党内在对待黄色工会上的两种错误倾向："一种是左倾幼稚病，拒绝到黄色工会中工作；一种是右倾的机会主义，主张无条件的在黄色工会中工作，不另组织秘密的赤色工会，说是怕黄色领袖骂我们分裂工会。"③要求"加紧在有群众的所谓黄色工会中工作去夺取其群众"④。邓中夏的这些主张无疑是正确的，但他同时认为黄色工会兴起的原因是"政治的而不是经济的"，"黄色工会目前的主要作用，是如何帮忙国民党消灭工人阶级的罢工斗争"。⑤这种观点值得商榷，因为在中国，一些工会组织要求在经济上进行改良，在工人阶级生活非常痛苦的背景下，我们对此不能一概排斥，不能拒绝一切合法斗争。在大革命失败后，中国革命暂时处于低潮，工人阶级在策略上要有"必要的退却"。邓中夏对此没有清醒的认识，相反，他指出"工人阶级消沉状态已经过去"⑥。如按此认识开展工人运动，必然导致盲动主义，势必给中国革命带来巨大损失。根据邓中夏等人的发言精神，赤色职工国际讨论通过了《关于中国黄色工会的决议案》。该决议案的精神总体来说是正确的，对中国工人运动的深入开展有一定的指导作用，但对黄色工会的危害性估计过高，指出"黄色工会对于工人阶级的危险比国民党御用之白色工会尤大"，"现时反对黄色领袖及加紧在黄色工会中工作，尤为革命

---

① 《邓中夏全集》（下），人民出版社2014年版，第1334页。
② 《邓中夏全集》（下），人民出版社2014年版，第1337页。
③ 《邓中夏全集》（下），人民出版社2014年版，第1338页。
④ 《邓中夏全集》（下），人民出版社2014年版，第1341页。
⑤ 《邓中夏全集》（下），人民出版社2014年版，第1335、1336页。
⑥ 《邓中夏全集》（下），人民出版社2014年版，第1340页。

工会的主要任务"①。在革命处于低潮时，工人运动的主要任务是争取一切可以团结的力量，积蓄力量，迎接革命高潮的到来。要利用和逐步改造黄色工会，甚至黄色工会的领导人，而不是进行"无情打击"。

（三）在工人斗争政策和策略方面，邓中夏没有提出公开斗争和秘密斗争相结合、合法斗争和非法斗争相结合的策略

邓中夏关于工人斗争的政策和策略是正确的，对中国工人运动的发展是具有指导作用的。但笔者把邓中夏的工人运动策略与刘少奇等人的工人运动思想进行比较，则发现在工人斗争政策和策略方面，邓中夏没有提出公开斗争和秘密斗争相结合、合法斗争和非法斗争相结合的策略。这不能不说是一大遗憾。

邓小平在《敌占区的组织工作与政策运用》中全面系统分析了公开斗争和秘密斗争相结合、合法斗争和非法斗争的关系。邓小平指出："所谓合法与非法，都是对敌人来讲的。合法斗争就是敌人允许的斗争，非法斗争就是敌人不允许的斗争；合法形式就是敌人允许的形式，非法形式就是敌人不允许的形式。合法斗争与合法形式是相关联的，没有合法的形式就没有合法的斗争。敌人并不允许我们有什么斗争，只是这种斗争是用合法形式表现，而为合法形式所隐蔽，才得到了敌人一定程度的许可。非法斗争则是用非法形式出现的，是敌人不许可的。合法斗争的形式是多样的，如请愿、告状、利用伪组织活动等等，都是敌人今天一般还许可的。非法斗争的形式也是多样的，如示威游行、抗缴粮款、拒绝维持、组织革命团体，乃至暴动、反正、武装斗争等等，而以武装斗争为非法斗争的最高形式，这些都是敌人不许可的。"② 一般

---

① 中华全国总工会中国职工运动史研究室编：《中国工会历史文献（1927.8—1930.3)》(2)，工人出版社1958年版，第227、228页。

② 《邓小平文选》第1卷，人民出版社1994年版，第59页。

说来，合法斗争是公开的，非法斗争是秘密的。公开斗争与秘密斗争是辩证统一的，"公开工作的目的，是为着建立秘密工作。没有公开工作的掩护，秘密工作是很难建立的，有了公开工作的掩护，才更保护了我们工作的秘密性"①。邓小平进一步指出："合法斗争与非法斗争、公开工作与秘密工作，是密切联系着、配合着、互相帮助着的。因此，当我们布置合法斗争时，一定要想到非法斗争的配合，布置非法斗争时，也要想到合法斗争的配合。所谓联系与配合，不是把合法与非法、公开与秘密混淆起来，或由一个人去兼任两种工作，这样的结果没有不暴露而遭失败的。必须着重指出，我们虽然不允许抛弃合法与公开的一面，甚至有一点公开合法的可能都要尽量利用，但是我们的目的，却是发展非法与秘密的一面，这才合乎我们积蓄革命力量、削弱敌人力量的要求，忽视了这一点，就会陷入合法主义的错误。同时，在进行合法斗争时，我们一方面要领导群众争取斗争的胜利，一方面必须充分暴露敌人的狰狞面貌。"②

马克思主义认为，无产阶级及其政党要善于利用公开斗争和合法斗争。列宁在《共产主义运动中的"左派"幼稚病》中指出，无产阶级反对不作任何的妥协，要善于利用合法的形式，"至于1907年、1908年以及以后几年中的抵制，就是极其严重而难于补救的错误了，因为当时一方面不能期望革命浪潮会非常迅速地高涨并转为起义，另一方面，资产阶级君主制度正在维新的整个历史环境，使我们必须把合法的工作同不合法的工作配合起来。现在如果回顾一下这个十分完整的历史时期（它同以后各时期的联系也已经完全显示出来了），就会特别清楚地看出：假使布尔什维克当时没有在最严酷的斗争中坚持一定要把合法的斗

---

① 《邓小平文选》第1卷，人民出版社1994年版，第61页。

② 《邓小平文选》第1卷，人民出版社1994年版，第61页。

争形式同不合法的斗争形式结合起来，坚持一定要参加最反动的议会以及其他一些受反动法律限制的机构（如保险基金会等），那么他们就决不可能在 1908—1914 年间保住（更不用说巩固、发展和加强）无产阶级革命政党的坚强核心"①。在中国共产党领导的工人运动早期，在白色恐怖下，工人运动要把公开斗争和秘密斗争、合法斗争和非法斗争有机结合起来。如果拒绝任何合法斗争、公开斗争，必然导致盲动主义。纵观邓中夏工人运动的生涯及其著述，对工人如何利用合法斗争、公开斗争的关注不够。在敌强我弱的大背景下，如果一味跟敌人死打硬拼，势必给革命带来不必要的损失。

---

① 《列宁全集》第 39 卷，人民出版社 2017 年版，第 16 页。

结　语

　　邓中夏是中国共产党早期杰出的工人运动领袖，他的工人运动思想反映了中国新民主主义革命初期，中国工人阶级要求社会变革的呼声，也真实地记录了中国共产党在早期历史上领导中国革命的实践和理论探索的历程。

　　在中国社会变革关头，邓中夏自觉地学习、接受马克思主义，实现了世界观、人生观、价值观的转变，献身于中国工人运动。在工人运动中，邓中夏把马克思主义普遍原理与中国工人运动实践相结合，不断推动马克思主义理论的创新，为马克思主义中国化作出巨大贡献。邓中夏不仅领导和组织了许多工人运动，而且撰写了大量工人运动方面的文章，系统地总结了中国共产党领导工人运动的经验教训，为以后党的工人运动工作的开展提供了宝贵资料。邓中夏的一生虽然短暂，但他为工人阶级和全国人民的解放事业立下了不朽功勋。邓中夏的生平事迹和思想，是我们开展保持共产党员先进性教育、建设马克思主义学习型政党和激励后人的宝贵素材。

　　光阴似箭，时间老人已经把我们送进 21 世纪。邓中夏的工人运动思想产生的时间距离现在也近一个世纪，中国工人阶级也由过去受压迫、受剥削的地位上升到国家的领导阶级。但邓中夏工人运动思想仍然给我们许多启示。

1.不断推进马克思主义中国化，进行理论创新

无论是革命、建设时期还是改革开放的今天，我们必须坚持马克思主义，这一点是毫不动摇的。但我们决不能把马克思主义当作教条，照抄照搬，必须把马克思主义基本原理与中国革命、建设和改革的实践结合起来，寻找中国特色的革命和建设道路，并把中国的实践经验上升为理论。

邓中夏工人运动思想之所以在工人运动中发挥巨大的指导作用，其重要原因之一就是邓中夏在实践中创造性地运用和发展了马克思主义。历史经验告诉我们，只有不断创新，才能开拓马克思主义新境界；只有理论创新，才能发展。如果我们因循守旧、停滞不前，必然要落伍。当然，理论创新离不开实践，理论创新必须服务于、落脚于实践。邓中夏工人运动思想给我们的启示之一就是不能教条式地对待马克思主义，要与时俱进，不断推动马克思主义理论创新。

2.坚持全心全意依靠工人阶级的思想，重视和发挥工人阶级在现代化建设中的作用

中国工人阶级是先进生产力和先进生产关系的代表，在新民主主义革命时期，工人阶级是中国革命的领导阶级。新时期，中国工人阶级仍然是国家的领导阶级。毛泽东指出："人民民主专政需要工人阶级的领导。因为只有工人阶级最有远见，大公无私，最富于革命的彻底性。整个革命历史证明，没有工人阶级的领导，革命就要失败，有了工人阶级的领导，革命就胜利了。"[①] 改革开放的今天，中国工人阶级队伍发生了巨大变化，但工人阶级作为国家主人翁的地位一点没有变化，工人阶级始终是推动中国社会发展的一支重要力量。在对待工人阶级问题上，我们要学习和发扬邓中夏对工人阶级力量深信不疑的精神。"二七"惨案

---

① 《毛泽东选集》第4卷，人民出版社1991年版，第1479页。

发生后，中国工人运动处于低潮时，许多人开始怀疑工人阶级的作用，但邓中夏丝毫不动摇，始终坚信工人阶级是中国革命的领导阶级。时代在变，但工人阶级的先进性没有变，中国革命、建设和改革开放的全过程，工人阶级自始至终是领导阶级。习近平总书记于 2018 年 10 月 29 日在中南海同中华全国总工会新一届领导班子成员集体谈话时指出，我国工人运动事业是党的事业的重要组成部分，工会工作是党治国理政的一项经常性、基础性工作，坚持和发展中国特色社会主义，必须巩固工人阶级的领导阶级地位，充分发挥工人阶级的主力军作用。

全心全意依靠工人阶级，重视和发挥工人阶级在现代化建设中的作用，这就要求必须保障包括农民工在内的全体职工的合法权益。在政治上、经济上、文化上各个方面关心爱护他们，把他们都组织到工会中去，健全工会组织等。

3.学习邓中夏及其工人运动思想，有助于我们建设马克思主义学习型政党

2013 年 3 月，习近平总书记在中共中央党校建校 80 周年庆祝大会暨 2013 年春节学期开学典礼上指出："我们党历来重视抓全党特别是领导干部的学习，这是推动党和人民事业发展的一条成功经验。在每一个重大转折时期，面对新形势新任务，我们党总是号召全党同志加强学习；而每次这样的学习热潮，都能推动党和人民事业实现大发展大进步。"① 他要求全党在认真学习马克思主义理论、学习党的路线方针政策和国家法律法规的同时，"各级领导干部还要认真学习党史、国史，知史爱党，知史爱国。要了解我们党和国家事业的来龙去脉，汲取我们党和国家的历史经验，正确了解党和国家历史上的重大事件和重要人物"②。

---

① 《习近平谈治国理政》，外文出版社 2014 年版，第 401 页。
② 《习近平谈治国理政》，外文出版社 2014 年版，第 405 页。

党的历史是学习活动重要内容之一。邓中夏是中国共产党杰出代表之一，他自觉学习和宣传马克思主义，树立崇高的理想信念，把自己的命运与祖国的兴衰紧紧联系起来。在工人运动中，邓中夏深入群众，勇于探索，把握无产阶级革命规律，不断创新。可以说，邓中夏及其工人运动思想就是学习党的历史和中国工人运动历史的重要内容，邓中夏的奋斗精神是激励我们不断学习和创新的精神动力，邓中夏工人运动思想是我们党的宝贵精神财富。建设马克思主义学习型政党就要学习和发扬老一辈无产阶级革命家的优良传统和作风，用他们的光辉思想鼓舞和激励每一个共产党人。

4.必须注意对工人的工作方式、方法

邓中夏在长期工人运动中，非常重视对工人阶级的宣传教育和工人运动的政策及策略。时代已发生巨变，我们不能简单地模仿，但邓中夏在工人运动中采取的措施仍然给我们以启迪。思想教育是基础，新时代必须加强对工人阶级的教育和指导，在教育中，一定要结合工人的思想实际，不能夸夸其谈。与此同时，必须维护和发展好工人阶级的物质利益，正确把握工人阶级长远利益与眼前利益、整体利益与局部利益的关系。

参考文献

一、经典著作类

《马克思恩格斯选集》第 1—4 卷，人民出版社 2012 年版。

《马克思恩格斯文集》第 10 卷，人民出版社 2009 年版。

《列宁选集》第 1—4 卷，人民出版社 2013 年版。

《列宁全集》第 2 卷，人民出版社 2013 年版。

《列宁全集》第 23、26、28、33、39、48 卷，人民出版社 2017 年版。

《斯大林选集》（上、下），人民出版社 1979 年版。

《毛泽东选集》第 1—4 卷，人民出版社 1991 年版。

《毛泽东文集》第 1 卷，人民出版社 1993 年版。

《周恩来选集》上卷，人民出版社 1980 年版。

《邓小平文选》第 1—2 卷，人民出版社 1994 年版。

《习近平谈治国理政》，外文出版社 2014 年版。

《李大钊全集》第 2—3 卷，人民出版社 2013 年版。

《孙中山文粹》下卷，广东人民出版社 1996 年版。

《陈独秀文集》第 2 卷，人民出版社 2013 年版。

《邓中夏全集》（上、中、下），人民出版社 2014 年版。

《邓中夏文集》，人民出版社 1983 年版。

二、文献资料及著述类

魏巍、钱小惠：《邓中夏传》，人民出版社 1981 年版。

晓北、姜伟：《邓中夏》，中国青年出版社 1994 年版。

姜平：《邓中夏的一生》，南京大学出版社 1986 年版。

杨军：《邓中夏思想研究》，吉林大学出版社 2009 年版。

中共党史人物研究会编：《中共党史人物传》第 35 卷，陕西人民出版社 1987 年版。

《建党以来重要文献选编（1921—1949）》第 1—5 册，中央文献出版社 2011 年版。

《联共（布）、共产国际与中国国民革命运动（1920—1925）》，北京图书馆出版社 1997 年版。

《联共（布）、共产国际与中国国民革命运动（1926—1927）》（上、下），北京图书馆出版社 1998 年版。

《共产国际、联共（布）与中国革命文献资料选辑（1917—1925）》，北京图书馆出版社 1997 年版。

《共产国际、联共（布）与中国革命文献资料选辑（1926—1927）》（上、下），北京图书馆出版社 1998 年版。

《〈中共中央关于坚持和完善中国特色社会主义制度、推进国家治理体系和治理能力现代化若干重大问题的决定〉辅导读本》，人民出版社 2019 年版。

中共中央党史研究室：《中国共产党历史（1921—1949）》第 1 卷上册，中共党史出版社 2002 年版。

中国社会科学院现代史研究室、中国革命博物馆党史研究室选编：《"一大"前后——中国共产党第一次代表大会前后资料选编》(1)，人民出版社 1985 年版。

中共武汉市委党史研究室、中共五大会址纪念馆编著：《中国共产党第五次全国代表大会》，中共党史出版社 2007 年版。

中共中央文献研究室：《关于建国以来党的若干历史问题的决议（注释本）》，人民出版社 1983 年版。

中华全国总工会中国职工运动史研究室编：《中国历次全国劳动大会文献》，工人出版社 1957 年版。

中华全国总工会中国职工运动史研究室编：《中国工会历史文献（1927.8—1930.3）》(2)，工人出版社 1958 年版。

中国人民政治协商会议广东省委员会文史资料研究委员会编：《广东文史资料》第 29 辑，广东人民出版社 1980 年版。

中国工运学院工人运动历史研究所编：《中国工人运动史研究文集》，中国工人出版社 2000 年版。

中华全国总工会工运史研究室等合编：《二七大罢工资料选编》，工人出版社 1983 年版。

广东哲学社会科学研究所历史研究室编：《省港大罢工资料》，广东人民出版社 1980 年版。

中国科学院历史研究所第三所编：《五四运动回忆录》，中华书局 1959 年版。

中国科学院历史研究所第三所近代史资料编辑组编辑：《五四爱国运动资料》，科学出版社 1959 年版。

中国社会科学院近代史研究所近代史资料编辑组编：《五四爱国运动》（下），中国社会科学出版社 1979 年版。

中共河北省委党史研究室、唐山市李大钊研究会编：《李大钊人格风范》，红旗出版社 1999 年版。

《第一次国内革命战争时期的工人运动》，人民出版社 1954 年版。

《毛泽东思想和中国特色社会主义理论体系概论（2018 年版）》，高等教育出版社 2018 年版。

《思想道德修养与法律基础（2018 年版）》，高等教育出版社 2018 年版。

陈永发：《中国共产革命七十年》，台北联经出版事业公司 1998 年版。

盖军主编：《中国工人运动史教材简编（1919—1949）》，华东师范大学出版社 1988 年版。

高放主编：《国际共产主义运动通史教程》（上），北京师范大学出版社 1986 年版。

高爱娣编著：《中国工人运动史》，中国劳动社会保障出版社 2008 年版。

桂遵义：《马克思主义史学在中国》，山东人民出版社 1992 年版。

郭德宏主编：《共产国际、苏联与中国革命关系研究述评》，中共党史出版社 1996 年版。

郭德宏、刘晶芳主编：《中国共产党的历程》第 1 卷，河南人民出版社 2007 年版。

胡绳主编：《中国共产党的七十年》，中共党史出版社 1991 年版。

黄宗良、孔寒冰主编：《世界社会主义史论》，北京大学出版社 2004 年版。

黄澍霖主编：《国际共产主义运动史简明教程》，山东人民出版社 1986 年版。

吉狄马加主编：《东方之光——献给中国共产党建党八十周年诗选》，云南人民出版社 2001 年版。

姜琦、许可成主编：《国际共产主义运动史》，高等教育出版社 1993 年版。

李良明、钟德涛主编：《恽代英年谱》，华中师范大学出版社 2008 年版。

李新、陈铁健主编：《中国新民主革命通史（1919—1923）伟大的开端》（1），上海人民出版社 2001 年版。

李颖：《陈独秀与共产国际》，湖南人民出版社 2005 年版。

梁怡、李向前主编：《国外中共党史研究述评》，中共党史出版社 2005 年版。

林茂生：《马克思主义在中国的传播》，书目文献出版社 1984 年版。

刘立凯、王真：《一九一九至一九二七年的中国工人运动》，工人出版社 1953 年版。

刘明逵、唐玉良主编：《中国工人运动史》第1—3卷，广东人民出版社1998年版。

刘明逵编：《中国工人阶级历史状况》，中共中央党校出版社1985年版。

马连儒：《风云际会：中国共产党创始录》，中国社会科学出版社2001年版。

孟庆仁编：《著名马克思主义哲学家评传》第3卷，山东人民出版社1991年版。

卢权、禤倩红：《省港大罢工史》，广东人民出版社1997年版。

钱传水编著：《中国工人运动简史》，安徽人民出版社1986年版。

史兵：《中国工人运动史话》第2集，工人出版社1985年版。

王奇生：《中国近代通史》第7卷《国共合作与国民革命（1924—1927)》，江苏人民出版社2006年版。

《吴玉章回忆录》，中国青年出版社1978年版。

吴家林：《中国现代革命史人物研究》，中国人民大学出版社1991年版。

萧超然：《北京大学与近现代中国》，中国社会科学出版社2005年版。

萧超然主编：《中国新民主革命通史（1923—1926）国民革命的兴起》(2)，上海人民出版社2001年版。

萧超然、沙健孙主编：《中国革命史稿》，北京大学出版社1984年版。

徐天新、许平、王红生主编：《世界通史（现代卷)》，人民出版社2004年版。

杨云若：《共产国际和中国革命关系纪事（1919—1943)》，中国社会科学出版社1983年版。

云光主编：《国际共产主义运动史》，群众出版社1986年版。

《阎长贵学术文集》，河北教育出版社1997年版。

俞祖华主编：《中国通史教程教学参考（现代卷)》，山东大学出版社2001年版。

曾成贵主编：《中共党史论谈》，湖北人民出版社2002年版。

曾成贵主编：《中国革命史人物研究综览》，河南人民出版社1989年版。

中国工人历史与现状研究会组织编写：《中国工人历史与现状研究》，中国劳动社会保障出版社2006年版。

张静如主编：《中国新民主革命通史（1926—1927）北伐战争》(3)，上海人民出版社2001年版。

张静如主编：《中国共产党通史（插图本)》第1卷上册，广东人民出版社2002年版。

张允侯等：《五四时期的社团》(2)，生活·读书·新知三联书店1979年版。

张中云主编：《国际共产主义运动史》，中共中央党校出版社1997年版。

周作翰、梁亚栋主编：《国际共产主义运动史》，高等教育出版社1991年版。

[日] 中村三登志：《中国工人运动史》，王玉平译，工人出版社1989年版。

[美] 裴宜理：《上海罢工：中国工人政治研究》，刘平译，江苏人民出版社

2001 年版。

[英] C.L. 莫瓦特编:《新编剑桥世界近代史》(12), 中国社会科学院世界历史研究所组译, 中国社会科学出版社 1999 年版。

三、期刊论文类

陈守岭:《邓中夏关于中国工会运动的几个重要思想》,《求是学刊》1991 年第 6 期。

杜万启:《初期红色工会国际与中国工人运动及建党的关系》,《北京党史研究》1996 年第 5 期。

范忠程:《大革命时期邓中夏对农民运动的理论贡献》,《求索》2008 年第 10 期。

葛洪泽:《邓中夏对新民主主义革命理论的历史贡献》,《毛泽东思想研究》1995 年第 1 期。

关海庭、郭钢:《邓中夏与北京大学》,《湖南党史通讯》1985 年第 10 期。

霍新宾:《国共党争与阶级分野——广州国民政府时期工商关系的实证考察》,《安徽史学》2005 年第 5 期。

姜平:《邓中夏在五四运动中的历史功勋》,《苏州大学学报》1995 年第 1 期。

姜平:《邓中夏大革命时期对中国社会各阶级的分析》,《近代史研究》1981 年第 2 期。

江敏锐:《邓中夏与省港大罢工》,《广东社会科学》1985 年第 2 期。

林建华:《红色工会国际的历史轨迹初探》,《工会理论与实践·中国工运学院学报》1995 年第 3 期。

刘功成:《简述中国工运史学科的形成过程》,《中国工运学院学报》1988 年第 3 期。

罗礼堂:《邓中夏对中国革命基本问题的理论贡献》,《四川师范大学学报(社会科学版)》1992 年第 3 期。

老史:《杰出的工运领袖——邓中夏生平和思想研讨会综述》,《毛泽东思想论坛》1995 年第 1 期。

钱小惠:《邓中夏与"二七"大罢工》,《武汉文史资料》2003 年第 1 期。

谭双泉:《邓中夏对新民主主义革命基本思想的贡献》,《求索》1984 年第 4 期。

谭献民:《邓中夏研究综述》,《湖南师范大学社会科学学报》1986 年第 5 期。

谭献民:《为实现无产阶级由"自在"向"自为"阶级的转变而奋斗——论一次劳大前后邓中夏工人运动思想的内涵与意义》,《中国劳动关系学院学报》2007 年第 5 期。

谭献民:《邓中夏与中国工人阶级的现代化意识》,《湖南师范大学社会科学学报》1996 年第 1 期。

宋侠:《邓中夏关于革命领导权问题的理论贡献》,《党史研究》1980年第5期。

宋士堂:《论瞿秋白是我党最早明确提出无产阶级对民主革命领导权的问题——兼与禾兮商榷》,《社会科学研究》1987年第5期。

唐玉良:《赤色职工国际与中国工运相互关系的初步探讨》,《中国工运学院学报》1989年第3期。

王永玺:《我国现代工人运动的开拓者——邓中夏》,《中国工运》1995年第2期。

王洪恩等:《论邓中夏的无产阶级领导权思想》,《辽宁师范大学学报(社会科学版)》1982年第1期。

王德夫:《战斗的一生 光辉的榜样——邓中夏的革命业绩和理论贡献》,《燧石》1994年第5期。

吴家林:《试论邓中夏的工人运动思想》,《党校教学》1990年第4期。

吴家林:《邓中夏与我国工人运动》,《历史教学》1982年第10期。

吴玉才:《毛泽东与中国化马克思主义理论体系的形成》,《科学社会主义》2008年第3期。

夏霖:《邓中夏论中国工人阶级的特点》,《湖南师大学报(哲学社会科学版)》1985年第6期。

夏霖:《大革命时期邓中夏对统一战线理论的重要贡献》,《求索》1989年第2期。

闫永增、刘云伟:《邓中夏与开滦工人运动》,《工会理论与实践·中国工运学院学报》2004年第1期。

曾天雄、李小辉:《试析青年邓中夏共产主义思想形成中的三次转变》,《湖南社会科学》2008年第6期。

曾长秋:《论邓中夏对中国工运史学的建树》,《郴州师专学报(综合版)》1994年第3期。

张玉玲:《论大革命时期邓中夏的无产阶级领导权思想》,《河南大学学报(社科版)》2005年第6期。

赵楚芸:《邓中夏的无产阶级领导权思想述评》,《江淮论坛》1988年第1期。

赵楚芸:《邓中夏是无产阶级领导民主革命思想的首倡者——兼与宋士堂同志商榷》,《社会科学研究》1990年第1期。

郑景致、周敦义:《工人运动的领袖——邓中夏》,《山西师院学报(社会科学版)》1982年第2期。

周绍威:《论邓中夏对党的新民主主义理论的突出贡献》,《北京联合大学学报》1991年第1期。

左双文、郑建良:《邓中夏对革命统一战线有哪些理论贡献?》,《毛泽东思想研究》1991 年第 4 期。

[苏联] T.H. 阿卡托娃：《一九二五——一九二六年的省港大罢工》，魏宏远、来新夏译，《历史教学》1956 年第 8 期。

四、报纸类

《中共中央关于加强和改进新形势下党的建设若干重大问题的决定》，《人民日报》2009 年 9 月 28 日。

《邓中夏：永远的丰碑》(14)，《人民日报》2005 年 2 月 15 日。

《永远的丰碑：邓中夏》，《光明日报》2005 年 2 月 15 日。

《邓中夏磐石般的信念》，《人民日报》1990 年 10 月 4 日。

《〈邓中夏传〉出版》，《人民日报》1981 年 8 月 14 日。

冯资融：《邓中夏：工人运动和新闻事业紧密结合的实践者》，《中国新闻报》2007 年 2 月 14 日。

何沁：《忠诚的共产主义战士——纪念邓中夏同志就义五十周年》，《人民日报》1983 年 10 月 7 日。

何沁：《邓中夏同志关于民主革命理论的贡献》，《人民日报》1981 年 12 月 15 日。

马祥林：《邓中夏 浩气永驻雨花台》，《北京青年报》2001 年 4 月 29 日。

马建群：《邓中夏同志在长辛店》，《北京日报》1959 年 2 月 7 日。

帅孟奇、蹇先任：《永不熄灭的明灯——纪念邓中夏同志》，《人民日报》1980 年 2 月 19 日。

夏明：《写在〈邓中夏传〉出版的时候》，《人民日报》1981 年 8 月 11 日。

许宝驹：《谒南京雨花台人民烈士墓，追怀邓中夏烈士》，《人民日报》1957 年 2 月 17 日。

许德珩：《回忆五四时期的邓中夏同志》，《光明日报》1959 年 4 月 17 日。

杨东莼：《回忆邓中夏同志》，《光明日报》1959 年 5 月 9 日。

后　记

本书是根据我的博士学位论文修改完成的。

1995 年，当我手捧硕士学位证书、踌躇满志南下时，自以为此生知识足矣，有此学历虽不敢说纵横天下，但今生混碗饭吃应没问题。岁月匆匆，形势逼人，在工作中，我渐渐认识到自己才疏学浅和知识的价值，于是，在接近不惑之年时，我脑海中经常闪烁着继续深造的念头。

非常幸运，2006 年，当我迈进不惑之年时，我的导师李良明教授收留了我这位高龄学生。李老师是我国中共党史界著名学者，学识渊博，著述颇丰，愚钝的我能投其门下，得到他的指点，真乃三生有幸。

重返桂子山四年中，我无数次聆听李老师的亲切教诲，追随李老师参加学术研讨会、进档案馆，在他的指导下从事学术研究。李老师密切跟踪学术前沿，治学态度严谨，辛勤耕耘，这深深地影响着我。更难能可贵的是，李老师诲人不倦，对学生在学术上的点滴进步，给予充分的肯定和鼓励，对于学业上的不足之处，李老师以一位忠厚长者的身份及时给予善意的提醒。李老师的身上充分体现了当代中国学者良好的师德和风范。在这四年中，受李老师的熏陶，我不仅在学术上有所进步，更重要的是我明白许多做人的道理。李老师的教诲，让我受益匪浅，终生难忘。

　　博士学位论文从选题到最终定稿，历经两年，数易其稿，每一阶段都凝聚着导师的大量心血。李老师不仅在学理上对论文的框架进行宏观把握和睿智点拨，而且精心审阅，写下详细的修改意见。对于导师的辛勤劳动和悉心指导，学生会铭记在心，在此表示衷心感谢。此外，每次到华师，可敬的师母都忙里忙外，盛情款待，在此，对师母的辛勤劳动我发自内心表示感激。

　　导师组郭圣福教授在我攻读硕士学位时就指点过我，再一次接受郭老师的教导，我收获良多。郭老师学术功底深厚，见解深邃，每次聆听他的教诲都很受启发。导师组田子渝教授思维活跃，语言风趣幽默，上他的课如沐春风，令人难以忘怀。对于两位老师的谆谆教导，在此表示深深的谢意。

　　在博士学位论文答辩中，武汉大学宋镜明教授、丁俊萍教授，湖北大学田子渝教授，华中师范大学郭圣福教授和李敬煊教授对论文的进一步完善提出了宝贵意见，他们高屋建瓴的点评和对学术前沿的把握，使我很受启发。根据他们的建议，我对论文进行了修改完善。对于他们的教育和帮助，学生铭记在心。

　　本书修改和完善得到了人民出版社吴继平老师和韦玉莲老师的关心和帮助，对于他们的付出和辛勤劳动在此深表谢意。

　　本书得到华南农业大学马克思主义学院资助出版，衷心感谢马克思主义学院的领导和广大同仁的关心和支持。

徐大兵

2020 年 5 月于广州

责任编辑：韦玉莲

封面设计：徐　晖

图书在版编目（CIP）数据

邓中夏工人运动思想研究／徐大兵　著．—北京：人民出版社，2021.1

ISBN 978－7－01－022501－2

I.①邓…　II.①徐…　III.①邓中夏（1894—1933）-工人运动-政治思想-

研究　IV.① K827=6 ② D092.6

中国版本图书馆 CIP 数据核字（2020）第 183323 号

邓中夏工人运动思想研究

DENG ZHONGXIA GONGRENYUNDONG SIXIANG YANJIU

徐大兵　著

人民出版社 出版发行

（100706　北京市东城区隆福寺街 99 号）

山东韵杰文化科技有限公司印刷　新华书店经销

2021 年 1 月第 1 版　2021 年 1 月北京第 1 次印刷

开本：710 毫米 ×1000 毫米 1/16　印张：15.75

字数：210 千字

ISBN 978－7－01－022501－2　定价：49.80 元

邮购地址 100706　北京市东城区隆福寺街 99 号

人民东方图书销售中心　电话（010）65250042　65289539